蘭臺簡牘文物考古論叢八

古俗新研

◎汪寧生 著

蘭臺出版社

本書承

聯合報系文化基金會

資助出版

摘要

本書是一本有關中國古代社會史和文化史的論文集。與同類著作相比，本書有一個顯著特點，即所有文字都是以自己調查的或前人記錄的民族志資料進行類比（analogy）方法而得出結論的。

大部份論文討論了中國古史中長期聚訟的疑難問題，往往能作出較爲合理的解釋。例如，根據作者以上述方法研究的結果，明堂是簡單社會常見的集會房屋，這種房屋是『大室無壁』，較一般房屋明亮，故稱『明堂』；狩獵多與農業勞動相結合，故狩獵又稱『田獵』；八卦中陰陽兩爻原是巫師占卜時記錄奇數和偶數的符號，而八卦不過是占卜三個奇偶數的排列和組合；媵原是原始婚姻普遍存在的姊妹共夫制（sororate polygyny），只不過塗上了宗法制度的色彩。此外，對於古代禮俗中的分胙、獻帛、椎牛祭墓、磔狗祭風等等，作者均提出自己的看法，而且介紹了現今中國西南少數民族仍然存在的同類習俗作爲參考。

民族志的類比還可運用於古文字的考釋。本書有三篇文字是這方面的嘗試。例如，『辛』字過去都認爲像黥面工具之形，而根據作者最新研究，『辛』是人形之倒繪，原意死亡，後演變爲代表奴隸的符號。這樣的解釋，對深入理解古代奴隸制度是大有助益的。

本書所數一些短文札記廣泛討論了遠古時代日常生活、生產技術、器物用途等問題，多爲前人所忽略，卻是今後全面復原古代社會生活所必需。

本書之重要價值在於除了提出一種新的歷史研究法（即把『禮失而求諸野』付諸實施）外，還提倡一種樸實求真的學風，即對於古史之中未曾解決的複雜問題，應剝去古人和今人的文飾和附會，直探核心，恢復其本來面目。史學應真正成為科學，而不應是政治的工具。

簡歷

汪寧生，一九三〇年五月八日出生於南京。北京大學歷史系考古專業畢業（一九五九），曾在中央民族學院歷史系（一九五九—一九六四）、雲南省歷史研究所（一九六四—一九七二）、雲南省博物館（一九七二—一九七九）等機構從事教學和科研工作。一九七九年以後，先後任雲南民族學院副教授、教授，並曾兼雲南民族研究所副所長、歷史系主任。

通訊處：雲南昆明蓮花池雲南民族學院　郵編：650031　電話：（0871）5154458轉2805或5119830　電子郵件：nswang@public.km.yn.cn

專　長：中國西南地區考古學和民族學

著　作：

一、論著

1.《雲南考古》，雲南人民出版社，一九八〇（一九九三再版）。全書十五萬字，圖版一〇四頁，插圖八〇幅。

2.《雲南滄源崖畫的發展和研究》，北京：文物出版社，一九八五。全書十三萬字，圖版十六頁，彩版八頁，插圖一一七幅。

3.《銅鼓與南方民族》，吉林教育出版社，一九八九。全書約一〇萬字，圖版三二頁，插圖三六幅。

4.《民族考古學論集》，北京：文物出版社，一九八九。共收論文廿五篇，約五〇萬字，圖版一六頁。重要論文有〈八卦起源〉、〈從原始記事到文字發明〉、〈從原始記量到度量衡制度的產生〉、〈中國考古發展中「大房子」〉、〈試論中國古代銅鼓〉等，在國內外有一定的影響。其中〈仰韶文化葬俗和社會組織研究〉、〈石寨山青銅器上所見民族考〉等已有英文本發表。

5.《西南民族的歷史與文化》，雲南民族出版社，一九八九。共收論文十九篇，二〇餘萬字。重要論文有〈南詔城址的考察〉、〈南詔中興二年畫卷考釋〉、〈滇楚關係新探〉、〈雲貴高原上古代養馬業〉等。

6.《文化人類學調查》，北京：文物出版社，一九九六。全書十六萬字。

7.《西南訪古卅五年》，濟南：山東畫報出版社，一九九九。全書二〇萬字。

二、譯著

《事物的起源》（J.E.Lips 著），四川民族出版社，一九八二（甘肅敦煌文藝出版社二〇〇〇年再版），三〇萬字。

三、國外發表的論文

1. *Rock Paintings in Yunnan*. Expedition, 1985.
2. *An Introduction to Rock Paintings in Yunnan Province*, Rock Art Research 1:2,1984.

3. *Yangshao Burial Customs and the Study of Social Organization* ,Early China, 1987：2.

4. *Ancient Ethnic Groups as Represented on Bronzes of Yunnan* , *China* in Archaeological Approaches to Cultrual Identity, S. Shennan ed., London：Unwin Hyman, 1989.

5. *Preservation and Development of Minority Cultures in SW China* ：*A study on Ethnoecolgy*. A paper presented at ICAES（Zagreb, 1988）.

6. *The Early State Formation in Highland SW China*. A paper presented at International Conference on Bronzc Culture in SE Asia and SW China（Thailand, 1991）.

7. *The Ethnic Change of Han Imigrants in Wa Hill*（1600－1900）.A paper presented at Conference of Ethnicity,Politics and Cross－Border Cultures in Southwest China：Past and Present（Lund University,2000）

學術交流

1. 一九八三年九月～一九八四年九月　美國賓夕法尼亞大學人類學高級研究員。
2. 一九八四年九月～一九八五年二月　德國海德堡大學東方藝術史系客座教授。
3. 一九九一年十二月～一九九二年八月　挪威奧斯陸大學客座教授。
4. 一九九二年九月～一九九三年一月　美國西雅圖華盛頓大學人類學系訪問科學家。
5. 一九九八年五月　臺灣中央研究院歷史語言研究所訪問學者。
6. 二〇〇〇年五月～七月　挪威奧斯陸大學訪問教授。

磯），澳大利亞墨爾本 La Trobe 大學及香港大學和香港中文大學，臺灣清華大學作學術演講或講座。

7.一九八三年以來，先後應邀在美國哈佛、斯坦福、夏威夷、加利福尼亞大學（伯克利、洛杉

8.一九八三年以來，由美中關係全國委員會、美國科學院美中學術交流委員會、澳中理事會、英中文化交流協會、加拿大使館等機構的邀請和安排，先後訪問過美、英、加、澳、德國、挪威、瑞典、荷蘭等國參加學術會議，進行參觀或學術交流。

目錄

前言

此書是近十幾年新發表有關中國古代社會史和文化史論文和短文札記的結集。也有幾篇發表較早，曾收入《民族考古學論集》，因對澄清當前中國古史領域中混亂思潮頗有助益，現一併收入。所有文字收入本集前，均作了較大幅度的修改、删節或補充。

按中國史學要想不斷取得發展，必須汲取當代社會科學特別是人類學新的研究成果。著名的法國人類學家列維·斯特勞斯（C. Leví－Strauss）即曾提出歷史學家和人類學家應通力合作，使這兩門學科「相互滲透」（見《結構人類學》一書的序言）。對此我個人的體會是史學之有賴于人類學之處更多。以中國古史而言，不僅需要不斷學習人類學新的理論，以正確觀點觀察古代社會和分析問題；而且需要利用人類學各個分支所發現和積累的資料來滋養自身和啓發新知。考古學的發掘可爲古史研究提供新的實證，語言學的分析可爲古史研究（特別是民族歷史及社會習俗等問題）提供有用資料，固不待言，即民族學（文化人類學）調查來的資料，也可供研究古代社會和文化進行類比。研究中國古史現在已不再限於王國維先生「二重證據法」，而應提倡「三重證據法」（文獻、考古發現和民族學資料），甚至「多重證據法」，即有關學科所能提供一切證據均可利用。關於後進民族保存的制度和習俗有助於理解和復原古代制度和習俗，人們對此早有認識。二千多年前中國先哲即曾提出「禮失而求諸野」的方法（見《漢書·藝文志》），但究應如何運用這一方法於史學研究，並未留下系統論述，全靠研究者自己不斷探索，積累經驗。

我個人幾十年來在中國西南地區從事民族考古調查研究工作。在調查過程中曾有意識地從「活的社會」中搜集和積累有助考史的有用資料，針對中國古史中長期聚訟的疑難問題（明堂、八卦、耒耜、耦耕、媵、分胙、獻帛、左衽……），進行專題研究，常得到與前人不同的合理解釋。研究範圍殊爲廣泛，除上述古代社會、宗教、禮俗等重大問題外，還涉及日常生活、遠古技術及古器物製造和用途等等前人不甚注意的方面。這些「小問題」似乎繁瑣零碎，而今後若要全面復原古代中國社會生活，卻是必需了解清楚的。現在把這些長短不一的文字編輯成集，爲今後編寫一本詳明可靠的中國社會史或文化史做點打基礎的工作。更重要的是爲了提倡一種新的歷史研究法，表明利用民族學資料（當然也要參考考古資料）研究古史，是大有可爲的。

本書部份文字還表明，有些被視爲「國粹」的典章制度和禮俗，實爲淺化社會中常見現象，世界其他民族亦有，並無特殊之處。如何對待古史，近幾年中國大地上興起一股浮誇不實的學風。在發揚傳統文化藉口下，八卦被視爲「中國古代哲學的結晶」，可用來「指導」現代人的生活，甚至還包含有「計算機的原理」；明堂被說成古代「人民大會堂」，作爲幾千年前中國已有宏偉殿堂式建築之證明；如此等等，不一而足。而中國傳統文化中真正有價值的東西，特別是能較好處理人與人之間、人與自然之間關係的倫理道德和行爲規範，卻不加提倡和弘揚。史學界竟對五四以來以「古史辨」爲代表的科學的治史方法也加以反對，似乎是疑古使中國有文字的歷史縮短，便比不上世界上其他文明古國，於是三皇五帝不再是傳說人物，他們的故事幾成「信史」各地不惜巨資大修古帝王的廟宇和所謂「陵墓」，而真正有價值的文物古蹟卻無力保護，盜掘破壞成風。本書的出版希望能發出不同的聲音，即史學是科學，應以事實爲依據，以探索歷史的真實面貌爲惟一目標。一切爲了宣揚什麼主義或配合某種政治目的的史學研究，最終經受不住時間的考驗。

本書所收短文札記，曾以《古俗新研》專欄形式分別在《大陸雜誌》、《故宮文物月刊》、《中國文物報》、《華僑日報·學林》、《雲南文史叢刊》等報刊發表（各篇之後不再一一註明），現就以此書名，表明本書特點就是以今天「活的社會」來研究古代社會。中國古代的「俗」字，涵義廣泛。例如，《荀子·富國》篇有云：「凡主相臣下百吏之俗」。《周禮·地官·土均》「禮俗」下鄭玄註：「邦國、都鄙民之所行先王舊禮也」。《禮記·曲禮》「入國而問俗」下鄭玄註：「俗，謂常所行與所惡也」。由上可見「俗」絕不僅僅是 custom（風俗），還包括有 ceremony（禮儀）、etiquette（禮節）、behavior regulation（行爲準則）、code of ethnic（道德規範），乃至 sociopolitical system（社會政治制度）諸意。本書名中的「俗」正是在此廣泛意義上使用的。

汪寧生

一九九八年五月客居於臺北南港中央研究院學術活動中心

附記：

本書承聯合報系文化基金會資助出版；秦照芬博士代爲接洽聯繫，耗費她不少寶貴的時間和精力；蘭臺出版社及盧瑞琴女士精心操作，把一束雜亂的稿件編排成書；謹在此表示衷心的謝意。

汪寧生

二〇〇〇年十二月於昆明

明堂考略

中國古史中有些名物制度，原不過當時社會生活中的常見事物，然而經過陰陽家及歷代經師的附會和解釋，變得神秘莫測，面目俱非。明堂問題就是突出的一例。

漢代以來釋明堂者數十家，由於盡信古書，不能衝破前人佈下的迷霧，考釋愈多，問題愈加複雜，衆說紛陳，莫衷一是。正如王國維所說：「古制中聚訟不決者，未有如明堂之甚者也。」①及至現代，具備人類學素養的學者，以新的眼光重讀古書，乃發現所謂明堂實不過是世界上普遍存在的集會房屋（meeting house）和男子公所（men's house 或 club house）之類（以下簡稱「會所」）②，這才接觸到明堂的實質。

然明堂原來形制如何？是否如前人所說是平面呈亞形的「五室」或「九室」？明堂因何得名？其基本功能有哪幾項？這些問題尚待作出進一步的闡釋。

一

早期明堂的形制，並非如過去所復原的那樣一種平面呈亞形的多室建築，而只是較一般房屋爲大

---

① 王國維《明堂寢廟通考》，《觀堂集林》卷三。

② 凌純聲《中國的封禪文化與兩河流域的昆侖文化》，《中央研究院民族學研究所集刊》第一九期（一九六五年）。

的長方形或方形的簡單建築。我們的理由如下。

第一，所謂「亞形五室」或「九室」是根據《禮記·月令》（《呂氏春秋·十二紀》同），《大戴禮·明堂》等記載復原出來的，這些記載多出於陰陽家言。按陰陽五行學説興起於戰國末期，至漢而大盛③，故他們所言戰國以前名物制度，除非有可靠的實物證據，自難輕信。

第二，近年大量考古發現，並未能提供出這方面的證據。從遠古至商周的建築遺址迭有發現，其中有一些已可確定屬於會所性建築。例如，屬於仰韶文化的陝西西安半坡I號大房子④、華縣泉護村的大房子⑤、臨潼姜寨爲小房所圍繞的五座大房子⑥、甘肅秦安大地灣的四〇五號大房子⑦、河南偃師二里頭的早商宮殿遺址⑧、陝西岐山鳳雛村西周時期的封閉性院落建築羣⑨，基址均不作亞形。若今後考古工作仍無發現，只能認爲所謂「亞形五室」或「九室」的明堂在先秦時期不曾有之；而歷代經師和史家復原的各種「明堂圖」，包括王國維這樣值得尊敬的學者所作的復原（見所著《明堂寢廟

---

③ 參見梁啓超《陰陽五行説之來歷》，顧頡剛《五德終始説下的政治和歷史》，並見《古史辨》第五册。
④ 《西安半坡》，文物出版社，一九六三年，一三～二〇頁。
⑤ 《陝西華縣柳子鎮第二次發掘的主要收獲》，《考古》一九五九年第二期。
⑥ 《臨潼姜寨第四至十一次發掘紀要》，《考古與文物》一九八〇年第三期。
⑦ 《秦安大地灣四〇五號新石器時代房屋遺址》，《文物》一九八三年第一一期。
⑧ 《河南偃師二里崗早商宮殿遺址發掘簡報》，《考古》一九七四年第四期。
⑨ 《陝西岐山鳳雛村西周建築基址發掘簡報》，《文物》一九七九年第十期。傅熹年《陝西岐山鳳雛西周建築遺址初探——周原西周建築遺址研究之一》，王恩田《岐山鳳雛村西周建築基址的有關問題》，並載《文物》一九八一年第一期。楊鴻勛《西周岐邑建築遺址的初步考察》，《文物》一九八一年第三期。

通考》），均難信從⑩

第三，「亞形五室」或「九室」的明堂全根據陰陽家的理想而設計，當時人自認不諱。所謂大室居中、東南西北各接一室的「亞形五室」，是爲了配合五行。《太平御覽》卷五三三引《禮記外傳》云：「五室者，象地載五行也。」而「九室」則是「五室」的擴展和引申，是爲了「以象九洲」（見蔡邕《明堂月令論》）。還有作「十二室」的，則分明爲了與十二月或十二宮相配。故顧頡剛先生早就指出：「《月令》式的明堂，乃陰陽家之集中表現，全出理想。」⑪

第四，首先把以五室配合五行的亞形明堂這一理想付諸實現的是王莽，在他之前没有實物存在。漢武帝曾令趙綰、王臧等「議立明堂」，爲「不好儒術」的竇太后所阻而未成功⑫。他後來在泰山附近所建明堂，用的是濟南人公玉帶所獻圖樣（詳後），與亞形明堂全不相侔。元始四年（西元四年）王莽在長安建立明堂無古制可依，羣臣奏書有云：「明堂、辟雍墮廢千載莫能興。」⑬一九五八年在西安南郊發掘了一座禮制形建築，據研究即王莽時期遺迹⑭。據復原，這是一座上有重屋、四隅各有

⑩ 王國維的古代研究，成績是巨大的。但由於時常誤信僞史僞書（參見顧頡剛《古史辨》第一册自序），不能認爲他對每個問題的考證都是正確的。

⑪ 《史林雜識》明堂條，中華書局，一九六三年。

⑫ 《漢書·武帝紀》。

⑬ 《漢書·王莽傳》。

⑭ 黃展岳《漢長安城南郊禮制建築遺址羣發掘報告》，《考古》一九六〇年第七期。

一室、大廳「敞開」的建築，基址確是呈亞形⑮。這大概就是亞形明堂，而且是最早的一座。易言之，亞形明堂的歷史只能上溯到此。正因爲明堂並非自古如此，在較早經典中沒有留下什麼記載，故明堂的建築形制以及有關祭祀制度，後世一直在爭論之中⑯。

第五，中國內地的早期明堂，應從上述漢武帝時公玉帶所獻「明堂圖」中窺知其面貌。《史記・封禪書》（《漢書・郊祀志》略同）云：「（武帝）欲治明堂，未曉其制度。……濟南人公玉帶上黃帝時明堂圖。明堂圖中有一殿，四面無壁，以茅蓋，通水。……於是上令奉高作明堂汶上如帶圖。」這一圖樣所繪便 是陰陽五行學說興起以前的明堂，所言某些特徵與散見於文獻中有關古老明堂的記載相符。「四面無壁」與《淮南子・主術訓》所云「（明堂）有蓋而無方」相合；「茅蓋」云云，與《呂氏春秋・召類》所云「周明堂……茅茨蒿柱，土階三等」及《大戴禮・明堂》「以茅蓋屋」，可以相互印證。此圖僞托爲黃帝時，自非事實，所繪明堂卻符合古制。此點前人已有論述。如宋人馬端臨有云：「（明堂）其制大概由質而趨於文，由狹而趨於廣。以是推之，黃帝特無明堂則已，苟有之，則一殿無壁，蓋以茅，正太古儉樸之制。又按武帝欲求仙延年，方士之謬誕者多假設黃帝之事，以售其說。……皆矯誣古聖，張大其詞，以迎合時主之侈心。獨公玉帶所上明堂之制，乃簡樸如此，……固未有以其言之並出於封禪求仙之時而例黜之也。」⑰

---

⑮ 王世仁《漢長安城南郊禮制建築（大土門村遺址）原狀的推測》，《考古》一九六三年第九期。

⑯ 劉子健《封禪文化與宋代明堂祭天》，《中央研究院民族學研究所集刊》第十八期（一九六四年）。

⑰ 《古今圖書集成》禮儀典卷一七七引。

總之，早期明堂應就是這樣「一殿」、「無壁」的建築，它的實物證據可由考古發現中一些大房子遺址中求之，雖然目前我們還不能確指哪一處大房子爲明堂之遺迹。按明堂又稱「世室」⑱，「世室」即「太室」或「大室」⑲。金文中屢見「太室」「大室」，《書·洛誥》有云「王入太室祼」；《左傳·昭十三年》云「埋壁於大室之庭」；《呂氏春秋·驕恣》」「齊宣王爲大室，大益百畝……」，而「太室」或「大室」者，即大房子之意。從已發現的大房子基址，很難判斷有無牆壁，即使發現了屬於「貼牆柱」的柱洞，也無法證明是完整的牆還是半牆。惟雲南晉寧石寨山一件青銅貯貝器蓋上，塑鑄一座集會房屋的形象（圖一），確是四面無壁⑳（這條材料至少可作爲旁證），後世明堂向南一室仍然要「四面闓達」㉑，西安南郊王莽時期明堂的大廳便是向外「敞開」的㉒，似乎保留了古老明堂的遺風。

二

明堂因何得名?若依古書的解釋，則一個「明」字竟寓有微言大義，無限哲理。如《逸周書·大

---

⑱《尸子》（《三輔黃圖》略同）記明堂之異名云：「夏後『世室』，殷『陽館』、『重屋』，周人『明堂』。」

⑲如《公羊傳》文十三年「世室屋壞」，《左傳》文十三年作「大室之屋壞」。以上參見孫詒讓《周禮正義·匠人》、王國維《明堂寢廟通考》。

⑳《雲南晉寧石寨山古墓羣發掘報告》，文物出版社，一九五九年，圖版伍貳。

㉑戴震《戴東原集·論明堂》。

㉒王世仁《漢長安城南郊禮制建築（大土門村遺址）原狀的推測》，《考古》一九六三年第九期。

匡》：「明堂所以明道。」《考工記·匠人》「明堂」，下鄭玄注：「明堂者，明政教之堂。」《續漢書·禮儀志》劉昭注引《新論》：「天稱明，故命曰明堂。」蔡邕《明堂月令論》云：「明者，南方之卦也。聖人南面而聽天下，向明而治，人君之位，莫正於此焉。故雖有五名，而主以明堂也。」㉓

實際上，明堂初創時期人們頭腦中沒有這樣多的抽象思維和玄妙的思想。當時人們只能根據事物的特徵來爲事物命名。明堂的突出特徵是什麽？除室大外，便是「無壁」這一點。按國內外民族的會所之類建築多是如此，或四面無牆，或兩端或一面無牆，或只砌半牆。在熱帶、亞熱帶或溫帶地區，這樣的會所常見。僅就手邊材料略加翻檢，即得數例，茲介紹於下。

1. 臺灣馬太安的阿美人

古代會所建築於村落中心，分老人會所、中年會所、青年會所等。「較一般房屋高大，四面無壁，屋頂竹架，前後屋緣伸延甚低。」大頭目在會所中有固定坐位，會所之前爲聚會時頭目向村民演講之處。所有會所均朝向中央廣場。古代會所毀壞後，在原地再建會所，布局仍與過去相同，有竹編的牆壁，而向中央廣場一面仍是無壁。

會所爲集體活動的中心，是各年齡層等級的活動場所。青年在此接受訓練並負擔部落守衛之責。白天村民在此活動或休憩，惟婦女不得入內。夜晚未婚男子及老人按照所屬的年齡組織，宿於各自的

㉓《古今圖書集成》禮儀典卷一七七引。

會所中。凡遇盛大慶典，村中男女羣集會所前廣場唱歌跳舞，飲酒歡樂。遇有重大事件，村民於會所內聚會議事㉔。

2. 臺灣大港口的阿美人

會所原位於村落中央地區。「其形與家屋相似，但比家屋要大，……三面有牆，前面沒有牆，以便活動。」現有些會所已較家屋爲小。

會所是各年齡層組織活動場所。白天有老人在裏面從事手工業製作，夜晚青年組織的前三個等級住宿其中。全村集體性經濟活動和宗教活動，以及謀劃或解決公共事務，訓練青年，均以會所爲中心㉕。

3. 蘇門答臘的巴他族（Batak）

村中有一個處理村落公共事務的處所，一般位於廣場正中，稱爲 Soppo。其規模和美觀不下於一切住房，而建築特別堅固，隅柱粗大，梁柱上有雕刻和圖案畫。它「没有四堵牆壁」，院落也只是圍著一道僅三～三點五呎的板牆或胸牆，隔牆可見村落的廣場，「兩邊進口處無門」。內置寬板凳，以備村內男人及客人下榻。這種 Soppo 專供議事、集會、招待賓客及舉行儀式之用，並儲藏宗教物品

㉔ 李亦園等《馬太安阿美族的物質文化》，臺灣南港，一九六二年，一九二～一九五頁。

㉕ 阮昌鋭《大港口的阿美族》，臺灣南港，一九六九年，一四二、一五四、二三五頁。

（如敵人的頭骨、水牛的下顎骨及鼓等）㉖。

4. 蘇門答臘的英加佬人（Engano）

這裏一般房屋是建造在高達二十呎的柱子上的圓形建築，除入口外沒有窗户，十分黑暗。而「每村卻有一間四方形公所，稱爲Kadiofe，也築在柱子上，沒有牆」。這裏「是會客、休憩的地方，也是談論政治事件的地方」㉗。

5. 太平洋所羅門羣島

這裏許多俱樂部房屋（按：即男子公所），較普通住房爲大，且建造較好，形式上基本類似，而大小和細部有相當的差異。雙斜面房頂上草片緊密相迭，使房頂較厚，捆扎工作也較精緻。「有些俱樂部兩端是敞開的」；「沒有俱樂部房屋是有牆的，僅圍以籬笆以防豬闖入」。

這是男人們集中討論事情、舉行宴會、從事交易、接待來訪者、進行審判及休憩的地方。婦女不能入內，婦女死亡多被認爲由於走近這種房屋之故㉘。

㉖ H.柯諾《經濟通史》（吳覺先譯）第一卷，商務印書館，一九三六年，六五二～六五三頁。

㉗ E. M. 勒布和 R. 海涅、革爾登《蘇門答臘民族志》（林惠祥譯），廈門大學，一九六〇年，八二頁。

㉘ D. L. Oliver, *A Solomon Island Society: Kinship and Leadership among the Siuai of Bougainville*, Boston: Beacon Press, 1967, pp. 372～380.

6. 其他地區

美拉尼西亞諸島上，集會房屋兼作放置船或獨木舟的地方，故亦稱「船屋」。其外形與一般房屋相似，「但前後没有牆」㉙。波利尼西亞諸島上也有類似的建築，例如夏威夷的「船屋」有好幾種，大的一種稱爲 Halau Wa'a，「有雙斜面屋頂，但兩邊和兩端是敞開的」。另有一些較小的「船屋」，兼作教導青年舞蹈及摔跤之用㉚。今天訪問夏威夷，若去「波利尼西亞文化中心」參觀，即能見到這種無牆的「船屋」。馬來西亞吉蘭丹地區一個操孟高棉的族羣，其一般房屋全以木板爲壁，而集會房屋則僅有半壁。

若撇開後人對明堂的誇飾之詞，早期明堂在形制上實與上述一些原始民族的會所有共同的特徵。第一，它較一般房屋爲大。第二，它無牆壁或僅有半壁，至少有一面向外敞開。由於第一個特徵，明堂獲得「大室」的稱號。由於第二個特徵，它便被稱爲「明堂」。原始房屋少有窗户、室内黑暗（如上述蘇門答臘英加佬人的房屋）；而會所之類建築，由於無牆，室内光線充足，人們很自然地便以明堂相稱。明堂者，明亮的房子之謂。有些文獻釋明堂之得名云：「得陽氣明朗，謂之明堂。」或「明

㉙ C. A.托卡列夫、C.JI.托爾斯托夫《澳大利亞和大洋洲各族從人民》（李毅夫等譯），三聯書店，一九八〇年，五四六～五四七頁。

㉚ D. D. K. Mitchell, *Resource Unit in Hawaiian Culture*, Honolulu：The Kamehameha School, 1982, p.199.

者，陽也，光也。向陽受光，故曰明。」㉛這些說法若作上述理解，與事實相去不遠。或謂明堂是爲了崇拜太陽而設㉜，尚無法證明。

三

爲什麼明堂之類會所要建造成無牆的形式？這個問題應與這類建築的功能聯繫起來考察。接會所之類的基本功能，綜合起來計有下列八項：⑴舉行祭祀及其他盛典。⑵議事。⑶處理公共事務。⑷青年的教育和訓練。⑸作保衛鄉土戰士的戍所。⑹養老。⑺招待賓客。⑻明確和提醒社會成員各自的身分。這最後一點是通過頭目和羣衆、老人和青年在會所中有自己固定的位置來實現的。以上有關例證，可參見拙文《中國考古發現中的大房子》（《考古學報》一九八三年第三期），又從本文上舉六例中亦可見一斑。

明堂已被加上一層層神聖的外衣，剝去這些外衣，可以看出它的功能與原始的會所仍可相互類比，雖然在進入複雜社會以後，統治者曾利用明堂原有功能達到加强統治的目的。早期明堂的基本功能仍不外乎上述八項。例如：明堂是室內祭天場所，兼祀祖先，所謂「通神靈，感天地」㉝，這便是

㉛《孝經援神契》、《玉燭寶典》引《月令章句》。
㉜ 肖兵《明堂之秘密：太陽崇拜和輪居制》，載《神與神話》，臺北：聯經出版公司，一九八八年。
㉝《禮記·樂記》、《白虎通·辟雍》。

祭祀的功能。明堂被稱爲「天子布政之宮」㉞，是處理政事的地方，統治者要「聽朔」其中，這應是從原來議事和處理公共事務功能轉化而來。明堂常與辟雍、太學相連，當是曾在此進行青年訓練和教育的反映。李尤《明堂銘》説明堂是「秋歷武人，冬謹關梁」㉟，這是明堂曾作爲保衛鄉土的武士成所或訓練之所的證明。王莽曾於明堂行「養三老五更之禮」㊱，所謂「禮三老於明堂」㊲，這是養老功能的遺留。明堂又是朝會諸侯的地方，這大概是由原始部落在此招待賓客沿襲下來的。而在會見諸侯時，各種等級的人在明堂中站在何處有嚴格的規定㊳，當是明堂曾以固定位置明確或提醒各人社會身分這一原有功能的强化，即所謂「明堂也者，明諸侯之尊卑也」㊴。

明乎明堂的功能，即可知它原來是公衆活動場所，處理的是公共事務，其中没有什麼隱私要向公衆保密；有些活動還要求公衆參與或目睹，以擴大影響。這就是爲什麼早期明堂可以甚或有意識地建造成「四面無壁」的根本原因。用今天的話説，這是原始的民主政治具有較多透明度的一種表現。這一道理前人業已發現。如《呂氏春秋·愼大覽》云：「周明堂，外户不閉，示天下不藏也。」（清）惠棟《明堂大道錄》解釋明堂原四面無壁是當初天下爲公，而後來「大道即隱，天下爲家，……始有

㉞《三輔黄圖》。
㉟《古今圖書集成》禮儀典卷一七七引。
㊱《漢書·王莽傳》。
㊲《文逸》注引《白虎通》。按今本《白虎通·鄉射》中作「享三老五更於太學」。
㊳見《逸周書·明堂》、《禮記·明堂位》。
㊴《禮記·明堂位》（《大戴禮·明堂》略同）。

室及户牖矣」。雲南一些少數民族直至近代，村寨頭人開會議事，男性村民可隨意入内旁聽，尚保存原始民主政治的遺風。

綜上所述，我們對明堂的看法如下：

㈠明堂原是集會房屋或男子公所，或是兩者的結合，遠古時期即有存在。它除較一般房屋爲大外，還具有無壁的特徵。由於這樣的房屋較其他房屋明亮，故稱明堂。

㈡古文獻中所謂亞形明堂是戰國末期以後陰陽家的想像或設計，王莽以前這樣的明堂是否實際存在，是值得懷疑的。據目前材料，亞形明堂的歷史只能上溯到王莽時期。

㈢明堂原是公衆集會之處和各種集體活動的中心，具有祭祀、議事、處理公共事務、青年教育和訓練、守衛、養老、招待賓客及明確各種人社會身分等功能。進入文明社會以後，明堂更成爲統治者祭祀和布政施教之處。

（原載《文物》一九八九年九期）

圖一　雲南晉寧石寨山青銅器上無壁的集會房屋模型

八卦起源

我們從事文物考古工作，研究中國古代歷史和文化，經常遇到八卦這個難解之謎。八卦出現在器物的裝飾圖案中，作爲方位的名稱，並是儒生、方士崇拜的對象和巫覡弄神弄鬼活動中常用符號。然而，這八個奇怪的符號原來代表什麽意義呢？究竟是如何創造出來的呢？

關於八卦的起源，傳統說法是伏羲氏觀察天地之象和鳥獸之文等等而創作的①，或說是所謂「河出圖，洛出書」②的產物。漢魏以來，說《易》之書不下一二百種，一再重覆這套神話，而且愈說愈玄，八卦簡直成了不可思議的東西。現代學人開始想對八卦起源作出科學的解釋。就我們所見到的，共有過四種不同的意見。第一種意見認爲，八卦中的陽爻（⚊）和陰爻（⚋）分別是男女性器官的象徵③。第二種意見認爲，八卦是由文字引導出來的④。第三種意見認爲，八卦是龜卜兆紋所演化⑤。

---

① 《易·繫辭》下：「古者庖犧氏之王天下也，仰則觀象于天，俯則觀法于地，觀鳥獸之文與地之宜，近取諸身，遠取諸物，於是始作八卦。」

② 《易·繫辭》上。

③ 錢玄同：《答顧頡剛先生書》，《古史辨》第一册，七七頁。郭沫若：《中國古代社會研究》，人民出版社，一九五四年，二六頁。

④ 郭沫若：《周易之制作時代》，《青銅時代》，人民出版社，一九五四年，六八—七〇頁；范文瀾：《羣經概論》，一九三三年，北京。三〇頁。

⑤ 本田成之：《作易年代考》，見江俠庵編《先秦經籍考》上；余永粱：《易卦爻辭的時代及其作者》，《中央研究院歷史語言研究所集刊》第一本第一分；屈萬里：《易卦源於龜卜考》，《中央研究院歷史語言研究所集刊》第二七本一九五六。

第四種意見仍然相信是伏羲氏摶土成⚊⚋之形重疊之而成八卦；或說摶土成圭，每圭刻一卦，共八卦⑥。看來，迄今尚無一種較有說服力的解釋，爲大家所公認。

八卦原是《周易》中的符號，而《周易》是一部筮法占卜的卦書，因此八卦必然是和筮法這種占卜之術相聯繫的。要想對八卦的起源作出合理的解釋，應該從古代筮法及其演變過程中尋找答案。

本篇據西南少數民族保存類似古代筮法的占卜方法，試對八卦起源問題提出一些看法，供進一步研究的參考。

西南少數民族之中普遍流行以數占卜之俗，在民族學中或稱之爲「數卜法」。最簡單的一種是通過投擲、刻劃等方式，看物的正反或數的奇偶，判斷吉凶 。例如：

苗族把一塊木頭劈爲兩片，據兩片木頭落在地上的正反情況（一正一反、兩正或兩反），決定是吉是凶，或是不吉不凶⑦

納西族則有所謂「⿰貝巴卜」，是用背面磨平塗上黑色的海貝來占卜。最簡單的方法即以兩個這樣的海貝投擲於地上或碗中，看其正反情況。過去在路口山洞中便放有這樣的海貝或其仿製品（「木⿰貝巴」），專供行人卜問旅途的平安⑧。

---

⑥ 馬叙倫：《六書之商榷》；高亨《周易古經今注》，貴陽，一九四四年。按高亨氏後來似已揚棄這一說法，認爲「⚊象一節竹之形」，「⚋象兩節竹之形」。爻和卦乃象這些竹棍之形。（見《周易雜論》，齊魯書社，一九七九年，四—五頁。）—一九八五年四月十二日補注。

⑦ （清）顏如煜：《苗疆風俗考》（《小方壺齋輿地叢鈔》第八帙）。

⑧ 陶雲逵：《麼些族之羊骨卜及⿰貝巴卜》，《人類學集刊》一卷一期（一九三八）。

西盟佤族用小木棒在地上隨便劃許多短線條，然後計其總數，看是奇數還是偶數，奇數主凶，偶數主吉。過去佤族巫師（「魔巴」）即用此法卜問蓋房是否相宜，是否需要做鬼，等等。

這樣一次就作決定，而且只能有兩種（吉、凶）或三種（吉、凶、不吉不凶）答案，不能適應比較複雜的社會生活的需要。有些人在決定一些重大事件時，不想「草率從事」，而想多有幾種答案以供選擇，就採取多卜幾次的方法。又由於「三」這個數字在很多後進民族心目中常具有一種神秘的意義，並作爲多數的代表，故一般都是占卜三次，綜合三次所得奇偶數排列情況，來判斷是吉是凶。這種卜必三次的「數卜法」曾在很多民族之中流行。例如：

四川阿垻地區藏族用牛毛繩八根隨便打結，丟在地上，如是者三次，最後看三次所得奇偶數的排列關係，以定吉凶。

上述地區羌族不用牛毛繩，而用數麥稈的辦法，共數三次，也可得出三個奇偶數的排列關係⑨

雲南西北部的傈僳族有一種占卜法名叫「賽薩」，用竹籤三十三根，一手握之，另一手數之，口中念念有詞，共數三次，事情吉凶即視這三個數字的情況而定。盈江縣的景頗族也從傈僳族學會這種占卜法。

以上各種占卜方法和以數蓍草而卜問吉凶的筮法已有若干相似之處，然而與古代筮法最相似的還要算四川涼山彝族的占卜方法，故有必要詳作介紹。此法或名「雷夫孜」，其具體情況是這樣的：「畢摩」（彝族巫師）取細竹或草稈一束握於左手，右手隨便分去一部分，看左手所餘之數是奇是

---

⑨ 莊學本：《羌戎考察記》，上海，一九三七年，一〇八頁。

偶。如此共行三次，即可得三個奇偶數（圖一）。有些地方用一根樹枝或木片，以小刀在上隨便劃上許多刻痕（圖二），再將木片分爲三個相等部分，看每一部分刻痕共有多少，亦可得出三個數字。然後「畢摩」根據這三個數是奇是偶及其先後排列，判斷「打冤家」（過去在彝族奴隸主操縱下一種氏族械鬥）、出行、婚喪、之吉凶⑩。

由於數分二種而卜必三次，故有八種可能的排列和組合，即共有八種答案。關於這八種排列組合情況，何者爲吉，何者爲凶，是因事而異的，而且各個地區或家支的解釋亦有所不同。隨著社會的變化，現在會作具體解釋的人已不多，一九六〇年我們在涼山調查時想作詳細了解即很困難。幸四十年代徐益棠先生曾記錄下一套打木刻以卜問「打冤家」的解釋方法⑪。茲摘錄於下，以見一斑：

偶偶偶——不分勝負（中平）。
奇奇奇——非勝即敗，勝則大勝，敗則大敗（中平）。
偶奇奇——戰鬥不大順利（下）。
奇偶偶——戰必敗，損失大（下下）。
偶奇偶——戰鬥無大不利（中平）。

---

⑩ 按這兩種占卜原理一樣，僅具體方法及所用材料不同。前者稱「雷夫孜」流行於所謂「小褲腳地區」（布拖、金陽等地）。後者流行於「大褲腳地區」（美姑、甘洛等地），意爲「手籤」稱爲「斯也莫」，意爲打木刻。甘洛打木刻方法是這樣的：取馬桑樹枝一根，長約一米，從上而下任意削若干道（削時不能計數）再從下而上削平兩齒，使全部刻齒分隔爲三部分，計算每一部分之數，看是奇是偶，綜合起來，以定吉凶。——一九八五年十一月九日補注。

⑪ 徐益棠等：《打冤家——儸儸氏族間之戰爭》，《邊政公論》一卷七—八，八一—八二頁。

偶偶奇——戰鬥有勝的希望（上）。

奇奇偶——戰鬥與否，無甚關係（平）。

奇偶奇——戰必勝，擄獲必多（上上）。

每當「打寃家」之前，常要以此決定行動。如遇上卦，當然要打。如遇中卦或下卦，則要考慮是否非打不可了⑫。

二

古代筮法很明顯屬於「數卜法」的一種，而且它像其他事物一樣，必然經歷過從簡單到複雜的過程。《周易》一書反映的筮法已比較複雜，不是數字觀念薄弱的遠古居民所能運用，故不能代表筮法開始時的情況。傳統的説法是有上古之易和中古之易之分，或説伏羲畫卦文王重卦⑬。撇開其中聖人制卦的神話不談，把筮法的演進分爲兩個階段則是符合實際情況的。所謂重卦，就是六十四卦；所謂畫卦，應只有八卦。

---

⑫ 除上述諸族外，他魯人的占卜法亦與古代筮法類似。他們用四十二顆包穀粒占卜。分之爲三組，各除去四或四的倍數，看其中餘數各是多少。以左邊一組爲己，右邊一組爲他人，己方多者吉，反之凶。參見汪寧生《雲南永勝他魯人的原始婚姻形態》，《西南民族研究》一期（一九八三年）。——一九八六年一月十八日補注。

⑬ 褚少孫補《史記·日者列傳》：「自伏羲作八卦，文王演三百八十四爻」。揚雄《解難》（見《漢書·揚雄傳》）：「宓犧氏之作易也，緜絡天地，經以八卦，文王附六爻」。《論衡·正説》：「説易者皆謂伏羲作八卦，文王演爲六十四。關於畫卦和重卦的作者。還有其他説法，不再列舉。參見李鏡池：《周易筮辭考》，《古史辨》第三册。

重卦階段的筮法從《易·繫辭》上篇可以想見大概。即蓍草四十九根中分去幾根，看其餘包含四的倍數，是九、七，還是六、八，決定是陽爻還是陰爻，共卜六次，每卦包括六爻。畫卦階段的筮法是如何進行的呢？文獻中没有留下任何記載，用多少蓍草及如何計數的方法不清楚，但必然和彝族「雷夫孜」法一樣，是只卜三次，每卦包括三爻。我國古代占卜習俗與「三」這個數字的關係是很密切，可以幫助説明這一點。不僅占卜之事均分三類（如三兆、三夢）⑭，占卜者多用三人⑮，而且龜卜就是以三次爲定⑯。最近郭沫若先生據新出土之卜骨三個一組排列情況，又進一步論證了這一問題⑰。筮法最初亦應以卜三次爲準。《禮記·曲禮》説：「卜筮不過三」，應該是一句古老的成語。每次從蓍草中得到一個奇數或偶數，共卜三次，排列起來，也就和涼山彝族「雷夫孜」法一樣，只能有八種可能的排列情況，即只有八種卦象。

人們在揲蓍時，每卜一次所得結果必然要記下來以防遺忘，即後世舉行筮法時仍是如此。這就是所謂「畫地記爻」和「書卦於木」⑱，即每得一爻先在地上劃個標記，卜完以後再將爻的排列（卦）寫在木板上，來判斷吉凶。每次所得的奇數或偶數究竟如何來表示呢？簡單方便的辦法，就是用一畫

⑭ 參見《周禮·太卜》。

⑮ 《書·洪範》：「三人占，則從二人之言」。《儀禮·士喪禮》：「卜日……占者三人」。

⑯ 《書·金縢》：「乃卜三龜，一習吉」。《論衡·知實》：「乃卜三龜，三龜均吉。」

⑰ 郭沫若：《安陽新出土牛胛骨及其刻辭》，《考古》一九七二年二期。

⑱ 《儀禮·士冠禮》：「筮，與席所卦者」。鄭玄注：「所卦者，所以畫地記爻」。《少牢饋食禮》：「卦以木卒筮，乃書卦於木」。鄭玄注：「每一爻畫地以識之，六爻備書於版」。

代表奇數，用二畫代表偶數。我想，這就是陽爻（⚊）和陰爻（⚋）的由來。把奇數和偶數八種可能的排列情況，分別用這兩種符號畫出來，這就是八卦的由來。如將上述涼山彝族的「雷夫孜」法的卜問「打冤家」八種排列法用這樣符號表示，不就是一套八卦嗎?!（如「奇奇奇」是「乾」卦，「偶偶偶」，是坤卦，等等。）

其實，古代筮法一直用陽爻和陰爻這兩種符號表代表奇偶數，奇數九、七爲陽爻，偶數六、八爲陰爻，就已說明了這一點。而且在從下而上的各爻排列次序中，若在奇數（初、三、五）的位置上得陽爻，偶數（二、四、上）的位置上得陰爻，就叫位「正」，反之就叫位「非正」⑲。這也反映原來就是把陽爻和陰爻分別看成奇偶數的標誌的。這兩種符號之稱爲「陰」「陽」，無疑是後來所賦予的名稱。據研究，抽象的陰陽概念初見於西周晚期⑳，在《周易》卦辭、爻辭本身中還不見「陰」「陽」兩字。最早應該是僅有⚊⚋兩個符號而沒有名稱。與此相適應的是八卦開始時也應該是只有卦形，而沒有卦名。至於「乾」「坤」「震」「巽」「坎」「離」「艮」「兑」這八個卦名的來源，過去的解釋不能令人滿意，是尚待揭穿之謎。

總之，八卦原是古人舉行筮法時所用一種表數符號。它既不是真正的文字，又與男女生殖器無關，當然更不是龜卜的兆紋所演化。卜兆呈交叉狀，八卦卻由平行線條組成，兩者之間毫無沿襲遞變

---

⑲《易·繫辭》下虞翻注：「乾六爻，二、四、上非正；坤六爻，初、三、五非。」

⑳《國語·周語》記幽王二年地震事說：「陽伏而不能出，陰迫而不能蒸，於是有地震」。這是關於「陰陽」的最早記載。參見馮友蘭《中國哲學史新編》，人民出版社，一九六二年，五五—五六頁。

之迹可尋。像《周易》所代表那樣複雜的筮法是很晚的東西，若就筮法的開始來說決不會晚於卜法。只是卜法所用龜骨易於保存，筮法所用蓍草之類不能保存而已。儘管有「筮短龜長」㉑、「天子無筮」㉒、「大事卜小事筮」㉓等說法，也只能反映古人對卜法比較重視，並不能說明卜法比筮法早。相反在更多文獻中卻經常卜筮並稱，《周禮》中既有「卜人」之官，又有「筮人」之官。筮法和卜法同樣古老，就沒有理由認爲筮法中所用的符號一定要模仿卜法的兆紋。《禮記·曲禮》說：「卜筮不相襲」，就表明兩者原屬不同的系統，故不能相混。

筮法和卜法一樣，是由原始社會（簡單社會）就流傳下來的占卜方法，後成爲階級社會（分層社會）中神道設教的工具。筮者感到八種卦象太少，於是將八卦相重衍變爲六十四卦，這就是所謂「重卦階段」。揲蓍之法也愈演愈繁，要經過「四營而成易」「十有八變而成卦」㉔。此外，本卦以外還有變卦，卦辭之外又加爻辭，並將各種卦象的解釋固定化，寫成卦書，每得一卦取卦書對照以定吉凶，這就是《周易》之類書籍的由來。據一般說法，《周易》中的卦辭爻辭最早要到周初才逐漸形成的㉕。

㉑《左傳·僖公四年》。
㉒《禮記·表記》。
㉓《禮記·曲記》鄭玄注。
㉔《易·繫辭》上。
㉕王國維：《古史新證》。容肇祖：〈占卜的源流〉，《中央研究院歷史語言研究所集刊》第一本第一分。顧頡剛：〈周易卦爻辭中的故事〉，《燕京學報》第六期。

《周易》原不過是一部卦書，後人作所謂「十翼」（《彖傳》、《象傳》、《繫辭》、《文言》、《説卦》、《序卦》、《雜卦》），利用占卜之辭發揮他們自己的哲學思想，作爲《周易》一書中的符號八卦便被視爲神聖玄妙的東西。然八卦本身的創制純粹是爲了占卜，並非是爲了説明什麼哲理。假如一定要找到其中有什麼哲學思想的話，那最多也只能説是一種數字神秘主義，即和西元前六世紀希臘的畢達哥拉斯學派一樣，認爲數的排列和組合有無窮奧妙，認爲數產生萬物並可預知未來。

總結上述，我們的看法是陰陽兩爻是古代巫師舉行筮法時用來表示奇數和偶數的符號，八卦則是三個奇偶數的排列和組合。

（原載《考古》一九七六年四期）

補記：

這原是寫給郭沫若先生的一封信，承他改成文章形式並推荐發表。近年來，由於周原甲骨中發現了數字組成的符號，張政烺先生聯繫傳世銅器上及過去發現的卜骨中的同類符號，認出它們就是單卦（三個數字組成）和重卦（六個數字組成）（見〈試釋周初青銅器銘文中的易卦〉，《考古學報》一九八〇年第四期）。這不僅進一步證實了拙説，即八卦是由奇數和偶數排列組合而成，而且使人們知道在以一 -- 兩種符號記爻以外，有直接寫下數字的記爻之法。前者或是後者的簡化。

——一九八五年十月二十七日

圖一　四川涼山彝族表演「雷夫孜」(布拖)

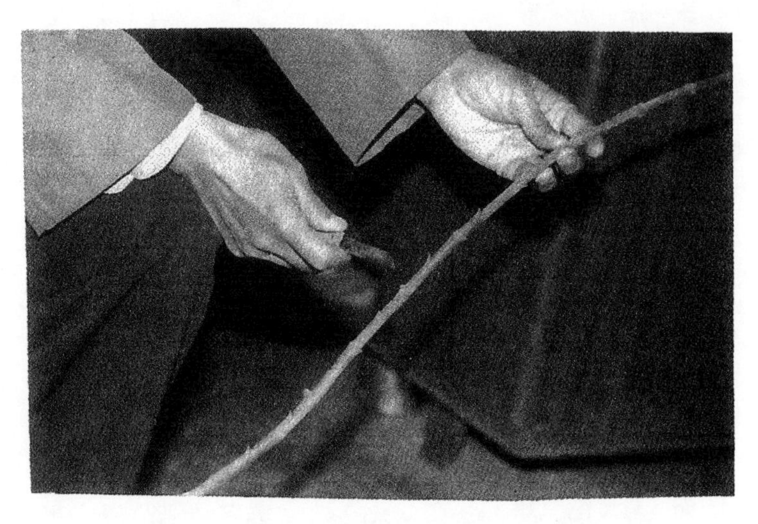

圖二　四川涼山彝族「打木刻」(西昌)

陰陽觀念探源

陰陽五行觀念是古代中國人宇宙觀的重要組成部分，長期支配中國人的思想，影響社會和政治。五四以後，出現了一系列卓越的論文，如梁啓超《陰陽五行說之來歷》（一九二三）、顧頡剛《五德終始說下的政治和歷史》（一九三〇）及由此引發的討論文字①，給這個「二千年迷信的大本營」（梁啓超語）以很大衝擊。然當時學者多從史學角度通過文獻考訂來論證陰陽五行之說興起時間及演變，未曾從哲學和人類學觀點分析其實質。

時至今日，陰陽五行之說在中國仍有很大影響。臺港及近年的中國大陸流行風水、擇日、算命、看相等等，即以陰陽五行之說爲依據。民間迷信活動姑暫置勿論。奇怪的是近年大陸知識界興起一股盲目信古崇古之風，否定以古史辨爲代表學者們幾十年來取得的成績，在總結和發揚中國優秀文化遺產的旗號下，認爲陰陽五行之說中也有不少對現代生活「仍然有用的東西」，是中國人「哲學上偉大的創造」云云。這就有必要正本清源，還它本來面目。作者不揣冒味，搜集國內外淺化民族同類的觀點進行一番比較研究，並吸收前人研究成果，對陰陽五行之說實質略作分析，就正於方家。

茲篇先言陰陽。

---

① 諸文收入《古史辨》第五册下編。

一

甲骨文有陽（阳）無陰，金文中有陽（陽、陽）有陰（阴、陰）。《說文》中除从阜之陽陰外，另有昜、侌兩字。段玉裁（《說文解字注》）謂爲「陰陽正字」，乃陰陽兩字之初文。昜象日光飛揚之狀；侌从雲今聲，意爲有雲蔽日；可見陰陽表示「見雲不見日」及「雲開而見日」兩種氣象②。

陰陽由形容天氣陰晴即陽光有無引申出受光或被光、向陽或背陽之意。古文字及較早文獻中的陰陽，已有這兩層意義③。甲骨金文中陰陽从阜，說明當時已用以代表方位。《說文》：「阜，大陸山無石者」，此當指黃土高原的「原」而言，陰陽即表示「原」上受陽背陽的不同方位。它或是黃土高原上遠古居民最早的一組詞匯。向陽和背陽又可作爲南北之代名詞，用以構成許多地名。其構成法則如《穀梁傳·僖二十八年》所云：「水北爲陽，山南爲陰」，又《說文·阜部》：「陰，闇，水之南山之北也」。在水之北或山之南之地可命名爲「×陽」，如洛陽在洛水之北，沭陽（江蘇）在沭水之北，衡陽在衡山之南，華陽泛指華山之南（《漢書·地理志》顏注）等等；而在水之南或山之北之地則命名爲「×陰」，如淮陰在淮河之南，江陰在長江之南，華陰在華山之北，山陰（紹興）因有「會稽山在其南」（《續漢書·郡國志》），蒙陰因「蒙山在西南」（《漢書·地理志》）而得名等等。中國地名學這套特殊命名法，前人多能言之，然何以山水南北之地作出相反之命名？則應略作解釋。蓋

② 參見朱駿聲《說文通訓定聲》。

③ 例如，以下記載中陰陽，是表示天氣陰晴的。

《大雅・卷阿》：「桐梧生矣，於彼朝陽」

《大雅・公劉》：「度其夕陽，豳居允荒」

《小雅・湛露》：「湛湛露斯，匪陽不晞」

《小雅・正月》：「又窘陰雨」。

《豳風・七月》：「春日載陽」。

《豳風・鴟鴞》：「迨天之未陰雨」。

《曹風・下泉》：「凡凡黍苗，陰雨膏之」。

《衛風・谷風》：「習習谷風，以陰以雨」。

《衛風・終風》：「曀曀其陰，虺虺其露」。

以下記載的陽和陰是表示方位的：

《虢季子白盤》：「薄伐玁狁於洛之陽」（《三代吉金文存》一、三二）。

《㠱伯簋》：「其陰其陽」。（同上，一七、一九）。

《屭羌鐘》：「先會於平陰」（《商周金文錄遺》一七七）。

《永盂》：「易矢師永𤰔（厥）田湇（陰）昜（陽）洛疆」。（《文物》一九七二年一期五八頁）。

《大雅・公劉》：「既景乃崗，相其陰陽」。

《大雅・大明》：「在洽之陽」。

《大雅・皇矣》：「在岐之陽」。

《周南・殷之靁》：「在南山之陽」。

《魯頌・閟宮》：「居岐之陽」。

《豳風・七月》：「三之日納於凌陰」。

《易・文辭》中孚九二：「鳴鶴在陰，其子和之」。

此與中國地處北半球之地理地位有關。在北半球人們視覺中，太陽自東徂西偏南運行，向南者受陽，向北者背陽；山之南日照必多，而水之情況則相反，太陽初升河流最先受陽之處乃在北岸，水之北日照必多。這就是爲什麽「水北爲陽山南爲陽」之故。很多以陰陽構成之地名，一直沿用至今④。

陰陽由表示天氣、方位的普通名詞變爲陰陽觀念，即陰陽被想像是宇宙的兩種「氣」，這一觀念不知始於何時？前人多認爲在孔子之後⑤。然《國語·周語》記虢文公勸周宣王舉行籍田之禮提到陰陽二氣共三處：

陽癉憚發，土氣震發。

陽氣俱蒸，土膏其動。

陰陽分布，震雷出滯。

同書記伯陽父解釋周幽王二年地震之成因有云：

陽伏而不能出，陰迫而不能蒸，於是有地震。

《國語》成書雖晚，沒有理由認爲以上所記不是宣幽時代之言論。西周時期已有陰陽二氣的明確記錄。

---

④ 以陰陽命名之地，有方向稍偏，不在山水之正南或正北者，乃由於古人對方向之認定只是大體而言，未必精確。又如水北爲陽，水亦可指大海而言，如廣東潮陽得名於在「大海之北」，而山東海陽則因大海在其南而得名。

⑤ 參見《古史辨》第五冊下編有關文字。

總之，陰陽共有三層意思：陰天和晴天，向陽和背陽，陰氣和陽氣。至遲在西周時期，這三層意思均已存在。雖然從字形及語意演變一般規律來看，抽象的陰陽觀念或較前二者稍晚，卻不是孔子之後才有。

陰陽二氣除用以解釋地震、雷電、霜凍等自然現象形成的原因（如上引《國語・周語》記載，又如《易・象傳》坤初六：「履霜堅冰，陰始凝也」）外，還被認爲是整個宇宙構成的基礎。世界上事物均可以分屬陰陽，不僅自然界如此，時空和數字觀念如此，人類及人類社會也無不如此。例如，天（乾）屬陽，地（坤）屬陰；日屬陽，月屬陰；上屬陽，下屬陰⑥；春夏屬陽，秋冬屬陰⑦；東南屬陽，西北屬陰⑧；左屬陽，右屬陰⑨；奇數屬陽，偶數陰⑩；禽獸之雄（牡）者屬陽，雌（牝）者屬陰；男人屬陽，女人屬陰⑪。人類親屬關係中的父與子、夫與妻；反映社會分層的君與臣、貴與賤、

---

⑥《易・繫辭》：「陰陽之意配日月」。《莊子・則陽》：「天地者，形之大者也，陰陽者，氣之大者也」。《墨子・辭過》：「天地也則曰上下，四時也則曰陰陽」。《禮記・禮運》：「故天秉陽，垂日月；地秉陰，竅於山川」。

⑦《管子・乘馬》：「春夏秋冬，陰陽之推移也。時之短長，陰陽之用也。日月之易，陰陽之化也」。同書《形勢解》「春者，陽氣始上，故萬物生。夏者，陽氣畢上，故萬物長。秋者，陰氣始下，故萬物收。冬者，陰氣畢下，故萬物藏」。

⑧《黃帝素問・五常政大論》：「東南方，陽也。……西北方，陰也」。

⑨《禮記・內則》：「凡男拜尚左手，凡女拜尚右手」。（鄭玄注：「左」，陽也；右，陰也」）。

⑩《易・繫辭》：「陽卦奇，陰卦偶」。《禮記・郊特牲》：「鼎俎奇，豆籩偶，陰陽之義也」。

⑪《墨子・辭過》：「……四時也則曰陰陽，人情也則曰男女，禽獸也則曰牡牝、雌雄」。

尊與卑⑫；甚至屬於社會習俗或道德範疇中的樂與禮⑬、仁與義、剛與柔⑭等等一組組概念，都與陰陽有對應的關係。正如《列子·天瑞》所說：「天地之道，非陰則陽」。這就形成一種對事物的二元分類，它稱爲「二元分類宇宙觀」。是古代人常有的一種宇宙觀。

在陰陽分類之外，中國還存在另一種五行分類，即認爲世界萬物分爲金木水火土五種元素或相互配合（或說也是五種「氣」⑮）所形成，這也是很早就存在的。《國語·鄭語》有云：「以土與金木水火雜以成萬物」。這是史伯對鄭桓公說的話，它也屬於宣幽時代的事，不晚於西元前八世紀。故《荀子·非十二子》篇說：「按往舊造說謂之五行」。五行和陰陽一樣應原是中國大地上原早存在（「往舊」）的兩種不同的事物分類法⑯（我們甚至可以假定，陰陽之說發源於黃土高原，而五行之

---

⑫《易·文言》坤卦：「陰，……地道也，妻道也，臣道也」。《說苑·辨物》：「其在民，則夫爲陽而妻爲陰；其在家，則父爲陽而子爲陰；其在國，則君爲陽而臣爲陰；故陽貴而陰賤，陽尊而陰卑，天之道也」。

⑬《禮記·郊特性》：「樂由陽來者也，禮由陰作者也」。

⑭《易·繫辭》：「陰陽合德而剛柔有體」。《易·說卦》：「立無之道，曰陰與陽；立地之道，曰剛與柔；立人之道，曰仁與義」。

⑮《論衡·物勢篇》：「或曰，五行之氣，天生萬物」。《釋名·釋天》：「五行者，五氣，於其方各施行也」。

⑯梁啓超已指出：戰國以前陰陽五行二事從未嘗並爲一談。最早系統討論這一問題的似爲范文瀾，見所著《與頡剛論五行說之起源》（載《古史辨》第五冊，六四〇——六四八頁）。他正確說明陰陽五行「原不是一回事」，而且都有一個從原始階段到神化階段的發展過程。陰陽五行之說原是兩種體系合而爲一的說法，現已爲多種有權威性的中國古代史著作所採用，如《劍橋中國秦漢史》，見該書中譯本（中國社會科學出版社，一九九二年），七三七頁。

說興起於東土及沿海地區）。較早陰陽記錄中不及五行，有關五行記錄中不及陰陽⑰，即使兩者在同一書中出現，也是互不相混雜的。陰陽和五行雖在戰國以前早已存在，但把這兩者結合起來，確是戰國末年之事，而且其誕生地應在齊國。燕齊多方士，齊國都城臨淄的稷下又一度聚集了來自各地的學者，各種各樣宗教的世俗的思想觀念、神話傳說在這裏交流和傳授，陰陽之說和五行之說在這裏被揉合在一起，用以解釋宇宙之形成及自然界和人類社會運行之「規律」是很自然的。齊國鄒衍（約前三五〇—二七〇）便是結合陰陽五行的代表人物，或者說他是最先把它系統化記錄下來的人。

鄒衍據說寫過「十餘萬言」，未曾流傳下來。史載他「深觀陰陽消息」「陰陽主運顯於諸侯」，又說他「論著終始五德之運」，說明在他的著作中陰陽變化和五行推移已經揉合在一起。他的言論在當時即目爲「怪迂」「閎大不經」，人們送他一個名褒實貶的外號：「談天衍」，用今天的話來說即談天說地不著邊際。雖然其說最終「不能行之」，然鄒衍不僅在齊國本土受到重視，而且他國「王公大人」們爲其「閎大」言論而懾服亦給予不同尋常的禮遇：「適梁，惠王郊迎，執賓主之禮。適趙，平原君側行撇席。如燕，昭王擁篲先驅，請列弟子之座而受業，築碣石宮，身親往師之」。他當時所受「尊禮」使司馬遷想起孔子陳蔡絶糧，孟子齊梁受困之事，兩相比較而不禁感慨萬分⑱。平允務實

---

⑰ 例如，《書·洪範》是較早記錄五行觀點的篇章，其中無隻字提到陰陽。《易·繫辭》中多有陰陽的記載，只有一處提到「天數五，地數五」，後人注釋謂與五行有關，但該處不涉及陰陽。

⑱ 以上引文均見《史記·孟子荀卿列傳》、《封禪書》。

之說往往不受重視，而新奇怪誕之論卻易譁衆取寵，見重於世⑲。今日某些學者對客觀事物了解不多，動輒提出自己一套「理論體系」，構造出「新的模式」，便能稱譽於一時。今猶如此，何況古代？

陰陽之說與五行之說結合以後，出現了一個更複雜的宇宙分類系統，其涵蓋範圍更廣，而且一件事物既屬於陰陽，又屬於五行。例如，春夏秋冬四季與陰陽相聯繫，又依次分配於木火金水（土無法分配，便定在夏秋之交）；東南西北四方既分屬陰陽又分配與木火金水（土無法分配，便算中央）⑳。人之身體內部器官分爲五腑（肝、心、肺、脾、腎）五臟（胃、膽、大腸、小腸、膀胱），原是對照五行的，又讓它分屬陰陽㉑。有些分類之後還可再分類，如樂與禮已屬陰陽，而禮之中又有陰陽之分，鄉射飲酒之禮爲陽，男女婚嫁之禮爲陰㉒；祭祀中禘礿之禮爲「陽義」，嘗烝之禮爲「陰義」㉓。

分類愈演愈繁。到了後世陰陽五行分類竟包羅萬象，自然和社會的幾乎所有現象都可歸入陰陽和

---

⑲ 揚雄《解嘲文》說鄒衍「以頡亢而取世資」，似即可作如此理解。

⑳ 參見《禮記・月令》（《呂氏春秋・十二紀》）、《淮南子・時則訓》等。

㉑ 見《黃帝素問・金匱真言論》。

㉒ 《周禮・大司徒》「陽禮」「陰禮」下鄭玄注。

㉓ 《禮記・祭統》。

五行㉔，繁瑣無稽。茲僅就以上所述陰陽分類中重要範疇列表如下，以便讀者：

陽	陰	陽	陰
天（乾）	地（坤）	男	女
上	下	夫	妻
日	月	父	子
左	右	君	臣
晝	夜	貴	賤
春夏	秋冬	尊	卑
東南	西北	樂	禮
奇	偶	剛	柔
雄	雌	仁	義
牡	牝	德	刑

陰陽分類不是建立在事物性質已有了解基礎上進行歸納的結果，而是全憑想像合併歸類。有些是據一些表面現象進行聯想，如日月、晝夜、春夏和秋冬、東南和西北之分屬陰陽、自與陽光之可見與不可見、照射時間之長短、出没之位置聯想而來。有些則全屬人爲地任意劃分，如爲什麼奇爲陽偶爲陰，而不是相反？人類社會現象及抽象概念，如仁義、樂禮等與陽陰分別對應又依據什麼？這些是說不出任何道理的。

陰陽五行統一分類後牽强附會之處更多。四季四方分屬陰陽很好解決，但要分屬五行便多出一個

㉔ 例如，有一部叫《性理會通》的書，（明）鍾人傑著，按動物、植物、用物、人體乃至人之性格、吉事、凶事諸項分類列成表格，將有關每一事物或概念分別歸入陰或陽以及五行，達數百項之多。

無法分配，於是《月令》不得不在夏秋之交憑空加上一個「中央土」，《淮南子·時則訓》做法不同，以「季夏之月」屬土，如此使夏季只有了二個月。而某項事物歸屬，説法常有不一致之處，甚至同一本書，也會前後不一，相互牴牾。例如，在《淮南子·時則訓》中，動物鱗類屬春，羽類屬夏，毛類屬秋，介類屬冬，如此應鱗類羽類動物屬陽，毛類介類動物屬陰。然同書《天文訓》又云：「毛羽者，飛行之類也，故屬予陽；介鱗者，蟄伏之類，故屬於陰」。

陰陽五行家認爲，自然和社會統一按照陰陽消長、五行相生相克的「規律」運行。每個季節穿什麼顔色的衣服，祭祀什麼神祇及如何祭祀，流行什麼音律，實行何種政治措施等等，都有一定的規定。這就是所謂「天人感應」。統治者要順天行事，即是順時行事。違反了便會出現「災異」。所謂「時得則治，時失則亂」㉕。例如，征伐、處決犯人等事只能在秋冬進行，若春「行秋令」或「行冬令」便會出現「大疫」「大水」「麥乃不熟」「寒氣時發」，「淫雨旱降」等自然災害。《月令》和《淮南子·時則訓》整篇講的就是這一套。其根據就在於上述對自然界和人類社會統一分類。《月令》仲秋之月有云：「必順其時，慎因其類」。《呂氏春秋·召類》有云：「類同相照，氣同則合」。可見戰國秦漢時人們很重視事物的「類」的歸屬，認爲應慎重對待。每個季節都與某種方位、顔色、音樂、神祇、祭典甚至政治措施相對應，順時就要使用或採取與季節同「類」的事物，這樣「氣」才可以「合」。例如，按陰陽分類，德屬陽而刑屬陰㉖，故用刑只能在屬於陰的秋冬季節。一

㉕《韓詩外傳》卷一第二十章。

㉖《管子·四時篇》：「陽爲德，陰爲刑」。

直到後世，已判決的犯人仍要「秋後問斬」。由上可見，陰陽五行說的基礎就是陰陽分類和五行分類，一切信仰和主張均由此而來。

總之，陰陽五行說的基礎乃在其對宇宙萬物的分類，曾對中國歷史發生重大影響的「天人感應」即以陰陽分類和五行分類爲依據，而這些分類卻是以幻想的聯繫來代替真實的聯繫，因而是非理性的，神秘主義的。

我們認爲陰陽五行說本是一種原始思維，它和一切淺化民族的思維一樣，從屬於巫術──宗教。李約瑟博士的《中國科學思想史》第二卷《科學思想史》是我十分愛讀之書。但他在對陰陽（他稱之「兩種基本力量」）五行的討論中，反對法國學者列維·布維爾（L. Levi－Bruel）把陰陽五行說歸入原始思維中數字神秘主義㉗的觀點（見該書一九九〇年中譯本三〇八頁），常引起我的思考。這可能出於四五十年代學術界對原始思維的理解還與今不同。他們可能認爲，陰陽五行之說能提出時間和空間相結合、自然和社會統一運行這樣一種複雜細緻的宇宙論，其思維能力如何可與整天與神靈打交道，頭腦中充滿神話幻想的淺化民族思維能力相提並論呢？然而人類學最新的研究表明，淺化民族不再如過去所想像那樣，思維能力像小孩一樣。他們宗教信仰、巫術行爲、神話傳說反映出來的宇宙觀

㉗ 列維·布留爾《原始思維》曾以中國陰陽五行說作爲數字神秘主義的例證，見商務印書館一九八六年出版中譯本，二〇六──二〇七頁，雖然其中有些說法是極不準確的。

「精緻得令人難以置信」㉘，很多淺化民族也能編織一個大的架構（或者說也有一個如《月令》中反映的「世界圖式」）來解釋宇宙、支配宇宙的力量及人在宇宙中的地位。他們對天體形成、動植物和人類來源、人類的生老病死及自然災害和社會變動，都有自己的解釋，當然多是虛妄的解釋。

從人類學觀點看陰陽五行之説，不僅作爲依據的陰陽五行分類充滿了神秘主義，而且其信仰和行爲也是巫術—宗教性的。據《禮記·月令》《淮南子·時則訓》，一年四季應輪流祭祀的對象，除「皇天上帝」、「名山大川」外，還有太皞、少皞、黃帝、炎帝、顓頊等古代帝王，句芒、祝融等大神，以及户、灶、門、井、中霤五個家内的神靈，以及自己的祖先。這是十足的萬物有靈論，正是巫術—宗教的特色。「天人感應」之説，即認爲人和上天之間有一種神秘的聯繫，人類行爲正確與否，將帶來福佑或災難，則是根據常見的巫術定律。如衆所知，巫術定律中有一條「類似律」（Law of Similarity），即認爲同類的相似的或互爲象徵的兩種事物之間能互相影響。某種事物或行爲既與某一季節同類，故順時才可邀福。這和原始民族使用某種犧牲祭祀據信喜歡某種犧牲神祇是一樣的巫術行爲。

現在轉入本文的主題，即陰陽分類這類的宇宙觀是否爲古代中國所僅有?

㉘ 參見基辛（R. Keesing）《當代文化人類學》，丁嘉雲、張恭啓譯，臺北，巨流圖書公司，一九八六年，五六五—五六六頁。

二

蓋初民和我們一樣也想認識和說明世界。世界上事物之間原有相互對立的現象，他們使用一系列的兩兩相對的概念來表達和形容，這在人類學上稱爲「二元對立」（Binary Oppsition）。幾乎所有民族都有二元對立觀點。古希臘畢達哥拉斯學派至少提出十組二元對立的概念：有限和無限，奇和偶，單一和多數，左和右，雄和雌，善和惡，動和靜，光和暗，方和長方，直和曲㉙。最能反映中國人固有的二元對立觀點的是《老子》一書，其中二元對立概念相當豐富，如牡牝、雌雄、天地、有無、長短、高下、重輕、直曲、前後、生死、禍福、吉凶、難易、寵辱、盈虛（冲）、靜躁、巧拙、辯訥、弱強、翕張、廢興、奪與、進退、柔剛、明昧、損益、陰陽等等。《老子》成書不論早晚，其中確實包含有不少原始樸素的觀念。

一組組兩元對立概念最早是並行的，不相統率的，並無必然的對應關係。例如《老子》也有一處提到陰陽：「萬物負陰而抱陽，冲氣以爲和」。此指陰陽二氣或仍指方位（負陰抱陽即背陰面陽、前南後北之意）尚難確定不得而知，無論如何其他二元對立概念與陰陽只是並列的關係，沒有任何從屬陰陽的意思。然而初民爲了進一步解釋和說明世界，把一組組二元對立現象人爲地構造出對應關係，並認爲其中一組是分類的核心，其他分別歸屬，宇宙萬物被簡單地分類爲二，如此便形成「二元分類

㉙ 參見李約瑟（J. Needham）《中國科學技術史》第二卷《科學思想史》，科學出版社，一九九〇，三〇一—三〇三頁。

宇宙觀」。這樣的宇宙觀雖非各民族均有，卻也是很普遍的。最常見的一種是看到人有男女，動物有雌雄，才能繁衍後代，以爲世界萬物也有性的區分才能被創造出來，便以男（雄）、女（雌）作爲分類的核心。很多語言（如俄語、德語）中無生命之物也有陽性名詞、陰性名詞之分，可以認爲就是這種古老觀念的遺留。漢語中無性的區分，是因爲中國選擇了陰陽，雖然陰陽與男女有對應關係，但陰陽原意爲陽光有無，與男女無關。

像陰陽分類這樣的宇宙觀古今不乏其例。茲僅從國内外淺化民族之中各舉一例。

分布於中國西南廣大地區之彝族有本民族文字寫成的典籍，包括史詩、神話傳說和譜牒，很多是供宗教儀式中誦讀的。近年貴州畢節專區彝文翻譯組翻譯出版了一系列彝文典籍，在卷帙浩繁的《西南彝志》（約成書於一六〇四—一七二九年）及《宇宙人文志》、《彝族源流》等書中，經常提到一組對立的概念—「哎」和「哺」，意爲清和濁（有時遝稱爲「哎清」和「哺濁」）。他們認爲「哎」「哺」就是宇宙構成的基本力量，世界萬物由其變化而來，清氣是青的，上升爲天；濁氣是紅的，下降爲地。天是虛空的，像影子一樣；地是實際的，爲有形之物，故影屬「哎」，形屬「哺」。人類是

㉚《西南彝志選》（貴州民族出版社，一九八二年）「當太初之世，無清濁二氣，無哎哺形象。先產青幽幽，後產紅彤彤；青變而爲『哎』，紅變而爲『哺』；在上有天影，在下有地形；『天哎』先天體，『地哺』成地體」（三九頁）。「天未產生時，地也不曾生，後來變化啦，出現了清氣；清氣青幽幽；出現了濁氣，濁氣紅彤彤；清氣升上去，升去成爲天，濁氣降下來，降來成爲地。……『哎』與『哺』結合，人類自有了，……先產生美影，先產生美形」（一二一—一二二頁）。

此文寫就後，始讀到《西南彝志》全譯本（貴州民族出版社，一九九一年）。兩相比較，選本文句似更易使一般讀者了解，故除出入較大者，未改引全譯本。

「哎」和「哺」配合産生的㉚，在「哎」「哺」和人類之間還有「且」「舍」「木」「確」等概念，很難確切地翻譯出來。（「且」「舍」有時認爲是「哎」「哺」的子女㉛，有時又作爲方位名稱）。最早屬於「哎」或天的是女人或稱「九千女」，屬於「哺」或地的是男人或稱「八萬男」，而父親又是屬於「哎」而母親屬於「哺」的，時常有「哎父」「哺母」的記錄㉜。

不僅天地人類如此分類，舉凡東南西北㉝、早晚、晝夜、日月㉞、君臣㉟等均分屬「哎」「哺」，甚至社會現象中一些抽象概念也被納入「哎」「哺」分類，如「權」（當指掌權者）屬

㉛《宇宙人文論》（羅國義、陳英譯）（北京：民族出版社，一九八二年）：「『哎』父與『哺』母，『且』子與『舍』女，宇宙四門轉，一人一地司」。

㉜《西南彝志選》：「『哎』『哺』又相配，『且』與『舍』生了。……『且』與『舍』一對，它倆又相配。『且』有九千女，『舍』有八萬男」（一七頁）。「『木』與『確』一對，兩者又相配，有了女和男。高處九千女，低處八萬男。……九千女化天，八萬男化地」（二三頁）。

《彝族源流》（貴州民族出版社，一九九一）：「清氣化爲『哎』，濁氣化爲『哺』，又相互配合，……『哎女』，吐芬芳，『哺男』舍武武，互相來配合……」。

㉝《西南彝志選》：「宇宙的南方，『哎父』來主管，宇宙的北方，『哺母』來主管，宇宙的東方，『且子』來主管，宇宙的西方，『舍』子來主管，……」（四二二—四二三頁）。

㉞《西南彝志選》「『且』『舍』又相配，有了曉與晚。……曉與晚一對，兩者又相配，出現了晨曦曦，出了夜瞑瞑」（一八頁）。

㉟《西南彝志選》：「清濁氣變化，出現『哎』和『哺』，『哎』翻來是君，『哺』翻來是臣。君臣的由來，隨『哎』『哺』産生。……『哎』位居於天，……管理地下臣。……『哺』位居於地，……在地上爲臣。……。日爲君施令，……月照臣滿滿。有日月普照，永遠不錯行，永遠受爵祿」（四四一—四四二頁）。

「哎」，「令」（當指執行者）屬「哺」；議論屬「哎」，文學屬「哺」㊱等等。

此外，「哎哺」又是彝族最早兩個祖先（氏族？）希幕遮、希度佐的名字，一代代傳至後世，且有譜牒記錄，混亂繁雜，不具引。茲將彝族「哎哺」二元分類所涉及重要者列表如下：

哎	哺	哎	哺
且	舍	南	北
清	濁	東	西
天	地	曉（晨）	晚
青	紅	晝	夜
影	形	日	月
女（九千女）	男（八萬男）	君	臣
父	母	權	令
子	女	議論	文學

「哎」「哺」二元分類是彝族固有的宇宙觀。翻譯者有時把「哎」「哺」逕譯爲陽和陰，使人誤會這套觀點就是漢族的陰陽觀。細查彝文書中直譯部分，凡譯爲陽陰兩字者，其對應詞匯是父母，面底或天地，毫無向陽背陽之意，字音也與陰陽不同㊲。可見「哎」「哺」意譯作陰陽是任意爲之。

㊱《西南彝志選》：「『且』與『舍』一對，它倆又相配，根深深地出。青的是天根，紅的是地根。青的是權根，紅的是令根。……」（一七頁）。「『木』與『確』一對，它們又相配，從而產生了，議論與文學。……它們產生後，議論與文一對，兩者又結合。……」（二四頁）。

㊲參見《西南彝志》（貴州民族出版社，一九九一年）六七、二七三等頁。

「哎」「哺」原意爲「清氣」和「濁氣」《西南彝志》一書彝文名稱叫「哎哺啥額」，意爲「哎哺清濁」。「哎」「哺」分類中，屬於「哎」或天的是女人（「九千女」）而屬於「哺」或地的是男人（「八萬男」），與陰陽分類中男女地位適好相反。還值得注意的是「哎」「哺」分類中很多項目爲陰陽分類所無，如與「哎」、「哺」天地相對應的還有青與紅。以青代表蔚藍色天空，易於理解。爲什麼以紅代表地呢？這只能因爲彝族久居西南紅土高原，在他們眼中，大地是一片紅色，而不是黃色或其他顏色。這樣的觀點不可能來自中原。哎哺說與陰陽說應是分別獨立發生的。至於彝族文書中也提到金木水火土，與五行一致；又有八個方位名詞被認爲是八卦（？）。它們是否從內地傳來，自應另做研究。

彝文書明代已有，那時彝族雖有社會分層，但經濟、文化較近代更不發達，卻已有像陰陽分類一樣的「二元分類宇宙觀」，即因它原是一種從遠古時代傳下來的宇宙觀，不必要到文明社會才能發展起來的。其他地區彝族對宇宙也有類似的看法。如雲南彝族的史詩《阿細的先基》有云：「輕雲飛上去，就變成了天，重的落下來，就變成了地」㊳。與「哎哺」說大同小異。彝族的阿細支系似乎沒有進入分層社會就被結合到統一的中華帝國之中了。

下面的例子來自國外屬於更爲淺化的民族。

著名人類家馬林諾斯基曾作長期調查美拉尼西亞的特羅布里安島（Trobriand）島上的居民，那裏也有「二元分類宇宙觀」。更是直接與巫術—宗教信仰有關。在他們想像中，整個世界分類爲上下

㊳ 馬學良等《彝族文化史》，上海人民出版社，一九八九年，六七三—六七四頁。

兩層，一切事物的劃分均以此爲出發點。祖先住在地下，自己住在地上，故靈魂在下而生人在上，非物質的無形物在下，物質的有形之物在上；死亡屬下，而生命屬上；地下必然黑暗，地上必然光明。由此又引申出月亮屬下而太陽屬上。上較下爲重要，於是又引申出平民爲下，頭目爲上；姻親關係爲下，血緣關係爲上；世俗之事爲下，神聖之事爲上；村寨之中，周邊爲下，中心爲上；而由於這裏婦女地位較高，故女人爲上而男人爲下。在特羅布里安島居民心目中，上和下（或稱「上位」或「下位」）如同我們的陰陽，是二元分類的核心。據後人對老一輩人類學家搜集的零星資料的綜合，特羅布里安人的二元分類所涵蓋的一組組二元對立概念，可表列如下㊴：

下（下位）	上（上位）	下（下位）	上（上位）
靈魂	人	女	男
非物質	物質	平民	頭目
不觀者	可觀者	姻親關係	血緣關係
黑暗	光明	世俗	神聖
周邊	中心	月	日

關於特羅布里安島民們的宇宙論一定還有深層次的內容未被前人記錄下來，或我們閱讀未遍未能掌握。僅就以上所述已可看出，他們也有一個把天體和人類、自然現象和社會現象結合起來加以解釋的「世界圖式」。

㊴ 上引R. 基辛《當代文化人類學》，五九九—六〇二。

三

據以上所述，陰陽觀念似可簡要表達爲如下幾點：

㈠陰陽原爲表示陰晴天氣及背陽和向陽（北和南）方位的普遍名詞。陽氣和陰氣的觀念無疑就是由陽光有無的兩種自然現象想像而來，在西周或以前即已存在。

㈡陰陽最初僅爲一組兩元對立概念，與其他兩元對立概念並列和平行的，不相統率。後來陽氣和陰氣被視爲構成宇宙兩種基本力量，與其他二元對立概念一一建立了對應關係，自然界和人類社會被統一分類爲陽和陰，這就形成了世界淺化民族中常見的「二元分類宇宙觀」。由於當時對具體事物了解有限，不得不以虛構代替事實，以幻想中事物聯繫代替真實的事物聯繫，分類是人爲任意劃分的，因而是非理性的神秘主義的，這正是古今淺化民族思維的特點。到了戰國晚期，陰陽分類又與五行分類相結合，形成更爲牽强附會的陰陽五行統一分類。

㈢「二元對立宇宙觀」在古今淺化民族中多有存在，雖然各個民族採用來作爲分類核心的一組概念各有不同（古代中國用原意陽光有無的「陰陽」，彝族用表示清濁的「哎哺」，特羅布里安人用「上下」）。它不是中國人才有的「哲學上偉大的創造」。

㈣對事物分類既充滿神秘主義意味，而「天人感應」所採用的更是巫術中的「類似律」原則。因此，整個陰陽五行說實質是一種原始思維。

關於對陰陽五行說的全面評價，前人論述已多。科學史家從中發現其中有不少「十分接近現代科學的觀點」，如事物間相互聯繫和協調的觀點，不斷分離的觀點，與多種學科思路相似㊵。他們對自然的重視和探索態度，尤受到稱道。哲學史家從中發現一些「符合辯證唯物主義」的觀點，如事物間相互制約和影響，而陰陽、五行所代表的「氣」是物質的東西等等㊶。這些經過多年深入研究的結論，當然值得重視。但這仍不能改變陰陽五行說原始思維的實質。巫術—宗教表現出原始思維原可包括對科學發展有用的東西，「巫術哺育了科學。而且巫術家就是最早的科學家」㊷。而原始樸素的宇宙觀中含有所謂「辯證法」或「唯物論」的因素也不足爲奇。我們假如對世界上淺化民族的宇宙觀進行細致研究，同樣可以發現類似的思想。

兩千多年的陰陽五行家就企圖對宇宙作出一個總體的說明，這種努力確實值得稱讚。沒有現代科學知識的人深信陰陽五行之說也不足深責。問題在於今天中國知識界還應信仰或盛讚陰陽五行嗎？李約瑟博士正確指出，與同時代世界上其他民族的宇宙認識論相比，陰陽五行體系並不落後，「唯一毛病是它們流傳到太久了，在西元一世紀是十分先進的東西，到了十一世紀還勉强可說，而到了十八世紀，就變得荒唐可厭了」㊸。這是因爲從十八世紀早期起人類已經有了現代科學，科學的宇宙觀已逐漸深入人心。不意到了二十世紀末，在中國大地上陰陽五行之說仍有很大市場，一些高級幹部還有一

㊵ 上引李約瑟書二九九，三〇一頁。
㊶ 馮友蘭《中國哲學史新編》第二冊，人民出版社，一九八四年，二九九—三二三頁。
㊷ 上引李約瑟書，三〇四頁。
㊸ 上引李約瑟書，三一八頁。

位作家和一位知名的物理學家，竟相信和支持與古代「陰陽先生」一脈相承的當代江湖術士展示「耳朵認字」、「遠距離施行氣功」爲人治病或使人長生等活動，就更加令人覺得荒唐可厭了。

無論陰陽五行説在中國科技史和思想發展史上起過多大作用，今人已很難從中「開發」出什麼對現代生活「仍然有用的東西」。當然對陰陽五行這一套要有人繼續加以研究，特別是我們學歷史的人，若不對此有起碼的了解，就不能讀懂中國史（如就不會知道爲什麼古代犯人必須「秋後問斬」）。但没有理由誤導大家都把注意力集中於此。例如據説德國早期科學家萊布尼茲（G. W. Leibniz, 1646－1716）曾稱讚中國八卦中的陰爻、陽爻就是最早的二進制計數法，而今天計算機原理正是建立在二進制算術基礎之上（這也是當今中國知識界經常津津樂道之事）。但我以爲一個計算機專業的學生卻不必熟知陰陽、精通《周易》。即使他對此一無所知，也不會妨礙他可能成爲中國的 B. 蓋茨。

一九九七年初稿

（原載《西安半坡博物館成立四十周年紀念論文集三秦出版社，二〇〇〇年。）

耒耜新考

耒耜是中國古代重要工具，自來爲古史研究者所注意。幾十年前徐中舒先生著〈耒耜考〉一文（載《中央研究院歷史語言研究所集刊》第二本第一分，一九三〇年），依據當時所能見到的材料（包括古文獻、古文字和傳世文物），對耒耜問題作出全面綜合研究，提出不少好的見解。此文至今仍不失其重要價值。

然《耒耜考》之發表去今已有半個世紀，考古發現層出不窮，其中有不少有關耒耜的文物和資料，爲當時所不及見；而隨著調查者之足跡深入邊陲，又發現少數民族仍在使用的工具中有一些正與耒耜相似，可以相互類比參照，本文以這些新發現之材料爲出發點，對耒耜的起源、製作、用途、分布及演變等問題，略加討論。

一、考古工作中有關耒耜的新發現

這裡要介紹的是近五十年來中國大陸地區出土比較明確的耒耜遺物和遺跡。若似是而非可作其他解釋者，則摒除在外。

茲分爲㈠實物㈡痕跡㈢模型與圖象三大類，按器物年代早晚依次叙述。

㈠實物類

1.餘姚河姆渡之「骨耜」和「木耜」

一九七三年浙江餘姚縣河姆渡遺址第三層和第四層，共發現「骨耜」數十件，係用偶蹄類動物肩胛骨製成。骨臼和骨脊多已削平，以便安柄，骨面中間多鑿雙孔，以供繩索縛扎。有的骨臼上還鑿有孔穴。由於長期使用，刃身磨光，刃口多已殘破。

又第三層發現「木耜」一件，平刃，上端有爲了安柄而留下之淺漕，槽部鑿有雙孔，情況與上述「骨耜」同。長約三十六、寬十五點五、厚一點五釐米（圖一：1、2）①。

按河姆渡遺址第四層屬河姆渡文化，經碳十四測定，距今七千至六千年；第三層屬馬家濱文化，碳十四測定年代距今約六千年左右②。

這裡發現的「骨耜」，從其形制及痕跡來看，可肯定爲安以堅柄的工具。定名爲「骨耜」是可以的，但目前流行的復原圖③，則未必可靠。如據部分骨臼上橫孔，便認爲安有橫木，以供足踏；實際上，骨器不能耐久，無法用於深挖，如國內景頗族有同樣形制工具（詳後），僅作除草等用；

---

① 〈河姆渡遺址第一期發掘報告〉，《考古學報》一九七八年一期，頁五四、七三、八〇，圖一〇、二六、三三；圖版伍、陸：1、2、3，拾貳：8、12，拾肆：7。

② 《中國考古學中碳十四年代數據集（一九六五至一九八一）》，北京，文物出版社，一九八三年。下文所引碳十四測定年代，均據此書，不再加以注明，又每一遺址常有好幾個經樹輪校正的碳一四年代，本文加以綜合後僅標以大約年代。

③ 宋兆麟：《河姆渡遺址出土骨耜的研究》，《考古》一九七九年九期。

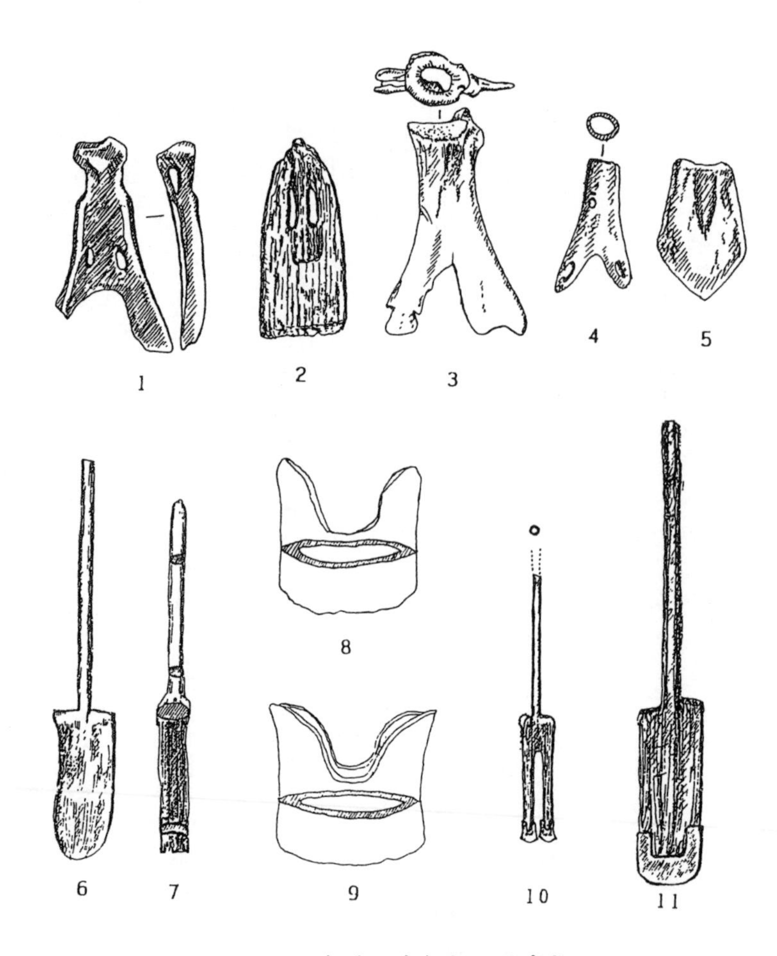

圖一　近年發現耒耜類工具實物

1、2 餘姚河姆渡「骨耜」（距今約7,000～6,000年）和「木耜」（距今約6,000年）

3、4 海安青墩「骨耜」和「鹿角耒」（距今約5,000年）

5　建平敖包山「石耜」（距今約5,000年）

6　銅綠山「木楸」（春秋戰國）

7　長沙曹娱墓「木楸」（西漢）

8　圻春毛家嘴「銅口臿」（西周）

9　上海博物館藏「銅口臿」（西周）

10　江陵紀南城「鐵口耒」（戰國）

11　長沙馬王堆「鐵口臿」（西漢）

又北美印第安人的希達查（Hidatsa）部落亦有同類工具，也是用於表土的④。這類工具沒有必要再安足踏橫木。河姆渡「骨耜」的骨臼橫孔僅爲了縛扎柄部，使更爲牢固。

2.海安青墩的「骨耜」和「角耒」

一九七八至一九七九年在江蘇海安縣青墩遺址中下文化層發現「骨耜」一件，似以鹿肩胛骨製成，骨臼及骨脊削平，與河姆渡出土者同。惟無雙孔，而利用骨臼鑿一豎銎，柄應直接插入其中，刃部已殘。

又有「角耒」三件，利用鹿角的天然枝叉製成，角幹部分鑿空成爲圓銎，似與同出「骨耜」一樣供插入豎柄之用。器身鑿有小孔，以便縛扎繩索。角尖磨擦光滑，爲長期使用之證（圖一：3、4）⑤。

此遺址屬青蓮崗文化崧澤類型，其年代距今有五千多年。

近年報導出土「骨耜」者尚多，細加審視，均非豎柄工具，不應歸入耜類。如浙江桐鄉縣羅家角遺址，屬馬家濱文化，亦稱發現四件「骨耜」。其骨臼鑿有橫銎，但不鑿穿，分明爲安橫柄而設⑥，當是鋤類。上述北美印第安人的希達查部落即有這樣骨鋤。

---

④ C. D.Forde, *Habitat, Economy and Society*, London: Methuen & Co. Ltd., 1934, P. 433.

⑤《江蘇海安青墩遺址》，《考古學報》一九八三年二期，頁一五六；圖11：18、19、22。

⑥〈桐鄉縣羅家角遺址發掘報告〉，《浙江省文物考古所學刊》，北京：文物出版社，一九八一年，頁七；圖一〇：九、一〇；圖版貳：一〇。

3.建平敖包山等地的「石耜」

很多考古報告稱發現了「石耜」，多有可疑之處。按這類器物之柄已不存在，亦無法從痕跡上肯定原來安有豎柄。現稱爲「石耜」者之中，有些無疑爲斧類。有一種兩端有缺口者，當是安有橫柄的砍砸類工具⑦。發現之石器究屬何類工具之頭部，應由收藏單位及發掘者根據痕跡作出具體的分析。

目前根據圖片能夠確定屬於直柄工具之「石耜」出土於遼寧建平縣敖包山遺址。共三件，兩件完整。其中一件長二三點六、寬一五點一、厚零點八釐米，上端磨有垂直凹槽，明顯爲了安置豎柄而設。下端略呈三角形，以利插入土中（圖一：5）⑧。

此遺址屬紅山文化，其年代距今約五千年左右。

4.圻春毛家嘴等地「銅臿」

一九五八年在湖北圻春縣毛家嘴的西周時期木結構長房遺址出土銅器一件，報告稱爲「斧」，呈凹字形，顯係套上器物之刃口。長十點八、寬十點五、厚一點七釐米（圖一：8、9）⑨。

同類器物在江蘇六合縣程橋及江西奉新縣亦有出土⑩。上海博物館亦藏有一件同樣器物，定名爲

---

⑦ 汪寧生：〈試釋幾種石器之用途〉，載《民族考古學論集》，北京：文物出版社，一九八九年。

⑧ 李宇峰：〈遼寧建平縣紅山文化考古調查〉，《考古與文物》一九八四年二期，頁一八，圖二。

⑨ 〈湖北圻春毛家嘴西周木構建築〉，《考古》一九六二年一期，頁五；圖七。

⑩ 〈江蘇六合程橋二號東周墓〉，《考古》一九七四年二期，頁一一九，圖五：2，圖版陸：2。〈近年江西出土的商代青銅器〉，《文物》一九七七年九期，頁六〇；圖五：1，六：1。

西周「銅臿」（圖一：9）⑪。按戰國秦漢時期曾發現大量凹形鐵口臿，內有一種形式與這類銅器完全形同（詳後）。

5.銅綠山古礦冶遺址「木楸」

一九七三年在湖北銅綠山屬於春秋末年到戰國時期的古礦坑中發現生產工具多件，內有一件豎柄挖掘工具，被稱爲「木楸」，通體木製。全長七六、頭長一六、寬一〇釐米（圖一：6）⑫。

6.江陵紀南城的鐵口雙齒耒

一九七九年今湖北江陵縣楚故都紀南城遺址共發現了古井十八處，在井中共出土雙齒耒三件，尖端均套有鐵口。其中一件保存較好，全長一〇九、尖長三三點五、柄寬四～三點五、尖寬五釐米。鐵口部分呈凹形，長七、寬八釐米，刃口兩端上翹。鐵口摩擦光滑，乃長期使用所致。這是第一次發現鐵口雙齒耒的實物，其年代屬戰國中期（圖一：10）⑬。

7.淮陽平糧台雙齒耒的鐵口

這裡曾發現小型凹形鐵器兩件。發現時兩者並列，當是一件雙齒耒的遺留下的鐵口，其柄已殘。此遺址屬戰國時期⑭。

---

⑪ 馬承源：《中國古代青銅器》，上海人民出版社，一九八二年，頁四五，圖版五：2。
⑫ 〈湖北古礦冶遺址調查〉，《考古》一九七四年四期，頁二五三；圖版別：2。
⑬ 〈一九七九年紀南城古井發掘簡報〉，《文物》一九八〇年一〇期，頁四六～四七；圖九：7。
⑭ 李京華〈河南古代鐵農具（續）〉，《農業考古》一九八五年一期，頁五九，圖九。

8.長沙馬王堆的鐵口臿

一九七三～一九七四年在馬王堆第三號墓填土之中發現鐵口臿一件，當係挖掘墓穴所遺。全長一三九點五釐米，圓柄，鐵口部分略呈凹形（圖一：11）。此墓時代爲西漢初年⑮。

像這樣完整的鐵口臿很少發現，然鐵口器戰國秦漢的墓葬中迭有發現，分布幾遍全國⑯，不必細舉。雖然並非所有凹形鐵器都是臿上之物⑰，但其中必有一大部分爲臿的鐵口。

9.長沙曹娛墓「木楸」

一九七四年長沙岳麓山發現一座墓，主人是一位名爲曹娛的婦女。填土中發現「木楸」一具，通長七五、頭長三四、寬四釐米。刃已殘。其年代屬西漢中期（圖一：7）⑱。

㈡痕跡類

古代窖穴之類坑壁上常留下當時人們挖掘工具的痕跡，是研究耒耜類工具的有用材料，其見於報

---

⑮〈長沙馬王堆二三號漢墓發掘簡報〉，《文物》一九七四年七期，頁四二，圖版肆：1、2。

⑯陳文華、張忠寬：〈中國古代農業考古資料索引㈠〉，《農業考古》一九八一年二期，頁一六五～一六六。

⑰在很多器物上都有可能安上凹形鐵口，如鋤頭、臿類和一種鋳。出土的鐵口所附之木葉及柄已殘，很難判斷用途，故有學者建議劃定一種標準，凡是作平刃或三角形刃者才可稱爲臿。參見黃展岳：〈古代農具統一定名小議〉，《農業考古》一九八一年一期。

⑱〈長沙咸家湖西漢曹娛墓〉，《文物》一九七九年三期，頁五，圖三七：3。

導較爲明確者有下列諸處：

1. 武安磁山

一九七六～一九七八年河北武安縣磁山發現一種新的新石器文化，被定名爲磁山文化。在儲糧窖穴的壁面可見長條狀，「可能是木耒之類工具的痕跡」⑲。磁山文化經碳十四測定，距今約七千年，是中原地區較早的新石器文化。

2. 西安半坡

一九五四～一九五七年發掘西安半坡村仰韶文化原始村落遺址有些窖穴坑壁上發現挖掘工具痕跡，作「長條狀」，寬三～四釐米，多由上而下傾斜排列，且常有交錯重疊現象。挖房基也留下了相同的痕跡⑳。如衆所知，半坡遺址距今六千多年。

3. 臨潼姜寨

一九七二～一九七三年最初發掘陝西臨潼縣姜寨遺址時，在仰韶文化層發現挖掘工具數組，「形與木耒近似」㉑。姜寨遺址屬仰韶文化半坡類型，其碳十四年代約距今五五〇〇～六五〇〇年。

---

⑲〈河北武安磁山遺址〉，《考古學報》一九八七年三期，頁三〇七。
⑳《西安半坡》，北京，文物出版社，一九六三年，頁四七，圖版肆玖：3、4。
㉑〈陝西臨潼姜寨第二、三次發掘的主要收獲〉，《考古》一九七五年五期，頁二八三。

4. **陝縣廟底溝**

一九五五年在河南縣廟底溝遺址的 HG553北壁上發現當時掘土留下的「雙齒形工具痕跡」。齒徑四、齒長約二〇、兩齒之間相距四～六釐米㉒。此項發現屬早期龍山文化層，或稱「廟底溝二期文化」。經碳十四測定，此遺址年代距今四七〇〇年左右（圖二：1）。

5. **襄汾陶寺**

從一九六三年開始，發掘了山西襄汾縣陶寺遺址。在灰坑壁面上可見工具痕跡。一種作平行雙齒狀，齒長一〇餘釐米；另一種爲單齒，齒長約三〇、寬一〇、深三～四釐米㉓。該遺址仍屬龍山文化，或稱「陶寺類型」，距今四千多年。

㉒《廟底溝和三里橋》，北京，科學出版社，一九五九年，頁二三，圖一二，圖版玖貳。

㉓〈山西襄汾縣陶寺遺址發掘簡報〉，《考古》一九八〇年一期，頁一九。

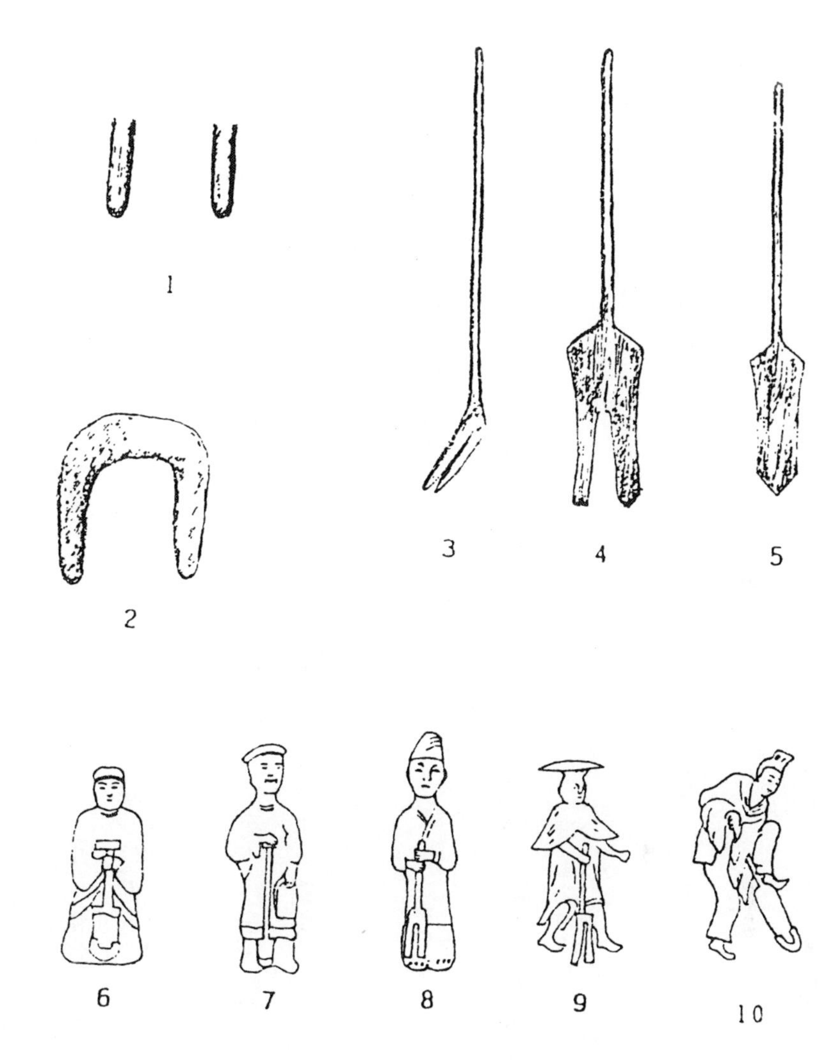

圖二　近年發現耒耜類工具的痕跡和模型

1　陜縣廟底溝木耒痕跡（龍山文化）
2　安陽小屯西地木耒痕跡（殷）
3　江陵鳳凰山木俑手持的耒（西漢）
4、5　長沙伍家嶺等木俑所持的耒和耜（西漢）
6　郫縣持臿石人（東漢）
7　宜賓翠屏村持臿陶俑（東漢）
8　靈寶張灣持耒陶俑（東漢）
9　徐州小李村畫像石上持耒人像（東漢）
10　鄧縣畫像石上「郭巨持臿埋兒圖」（東漢）

6. 廣河齊家坪

一九七六年甘肅廣河縣齊家坪遺址一個窖穴坑壁上發現工具遺痕，有「三個齒尖，齒寬約一〇釐米……入土深度達二〇釐米，可能爲木耒之類工具」㉔。正式報告尚未發表，是否真爲三齒木耒尚待核實。該遺址屬齊家文化，有一個碳十四年代數據，距今約四五〇〇年左右。

7. 安陽殷墟

一九五八～一九五九年安陽殷墟發現許多窖穴，「有不少窖穴壁上發現清晰的木耒痕跡，都是雙齒的」。大如小屯西地三〇五號灰坑所發現者，齒長一九、齒徑八釐米。小如大司空村一一二號灰坑所發現者，齒長一八、齒徑四、齒距四釐米（圖二：2）㉕。

㈢模型和圖象類

近年出土的古代雕塑品和圖畫中，常見人手持耒耜類工具，爲研究耒耜問題提供了形象化資料。茲列舉如下：

1. 江陵鳳凰山木俑

一九七五年湖北江陵市鳳凰山發現西漢初年古墓羣，一六七號墓中出土一件「持臿俑」。據摹錄

㉔ 何雙全：〈甘肅先秦農業考古概述〉，《農業考古》一九八七年一期，頁五八。

㉕ 〈一九五八—一九五九年殷墟發掘簡報〉，《考古》一九六一年二期，頁六七，圖五。

的圖象來看，所持者是一種雙齒的工具，按習慣上應稱爲「耒」（圖二：3）㉖。

2. 長沙伍家嶺木俑

五十年代初在長沙伍家嶺第二〇三號墓中，出土木俑多件，手持雙齒耒，報告稱爲「叉形器」；另發現同類工具八件，與上述雙齒耒形同，似原亦爲木俑所持物，而俑已失（圖二：4、5）。此墓屬西漢後期㉗。

3. 郫縣石人

一九五五年四川郫縣一座漢墓中發現一件石人，高一米多，雙手持臿，臿有凹形刃口（圖二：6）㉘。

4. 宜賓翠屏村等地的陶俑

一九五五年四川宜賓縣翠屏村古墓中，出土一批陶俑，內有一種「執鍤俑」者，作一手持臿一手提箕之狀。這批墓葬屬東漢初期（圖二：7）㉙。

同樣的陶俑在四川其他地區，如成都，重慶、新津、廣漢、郫縣、灌縣、東山、彭山、資陽等

㉖〈江陵鳳凰山一六七號漢墓發掘簡報〉，《文物》一九七六年一〇期，頁三三。陳文華〈試論我國農具史的幾個問題〉，《考古學報》一九八三年四期，圖四：6。

㉗《長沙發掘報告》，北京，科學出版社，一九五七年，頁一二五；圖版捌捌：2～4。

㉘于豪亮：〈漢代的生產工具——臿〉，《考古》一九五八年八期，頁四四〇，圖一。

㉙〈四川宜賓市翠屏村漢墓清理簡報〉，《考古通訊》一九五七年三期，頁二二，圖版陸：7。

地，經常發現，多一手持臿一手提箕㉚。臿爲起土工具，而箕爲盛土之器，兩者常配套使用。箕亦稱「籠」，所謂「負籠荷臿」（《漢書·王莽傳》）即指此而言。

5. 靈寶陶俑

一九七二年河南靈寶縣張灣發現東漢墓葬羣，在第三號墓中發現陶俑一件，手持雙齒耒（報告稱「臿」）（圖二：8）㉛。又在該縣犁灣原村亦曾收集到一件同樣的持耒俑㉜。

圖象中之耒耜類工具主要見於漢畫像石和畫像磚。武梁祠象石中有「神農執耒圖」和「夏禹執耒圖」，前人著作已常引用。近年新發現者有：

6. 銅山小李村畫像石上人像

江蘇徐州地區銅山縣小李村收集的東漢畫像石中，有一執耒人像，耒作雙齒狀，與武梁祠畫像石上所見者略同（圖二：9）㉝。

7. 鄧縣畫像磚上郭巨像

河南鄧縣發現彩色畫像磚墓中有「郭巨埋兒圖」，表現郭巨挖土之狀，所用工具爲一長方形臿，

㉚ 史占揚：〈從陶俑看四川漢代農夫形象和農具〉，《農業考古》一九八五年一期。于豪亮：〈漢代的生產工具——臿〉，《考古》一九五八年八期。

㉛ 〈靈寶張灣漢墓〉，《文物》一九七五年一一期，頁八〇，圖六、二九。

㉜ 李京華：〈持耒俑〉，《農業考古》一九八七年二期，頁八五。

㉝ 《江蘇徐州漢畫像石》，北京：科學出版社，一九五九年，圖一六。

臿頭甚大，安有鐵口，以左足踏之（（圖二：10））㉞。

二、中國少數民族所用耒耜類工具

中國少數民族現仍使用一些原始挖掘工具，可與耒耜相類比。這些材料是近三四十年才爲世人所知的，有必要詳加介紹。凡屬他人調查的，悉加注明；凡未注明者，均據作者自己調查。

1.佤族的單尖掘土棒

分布在雲南西盟、滄源等縣的佤族，有一種掘土棒，就是選擇一根直而牢固的樹枝，將一端削尖後，再用火燒，使其堅硬，人們用此來點種、挖洞、挖掘塊根等等（圖三：1），從事採集和簡單農業。

雲南金平縣的苦聰人、貢山縣的獨龍族、福貢縣的怒族、勐海縣的布朗族等，也有同樣的掘土棒。

2.獨龍族的雙尖掘土棒

獨龍族分布於雲南西北部的貢山縣境，他們除使用上述單尖掘土棒外，還有一種雙尖掘土棒，乃用一根帶杈樹枝或竹桿修治出兩個尖端而成，用以除草、覆土、挖掘塊根等等（圖三：2、3）。當地還有一種木鋤，亦可用來除草等，易與雙尖掘土棒相混淆。然木鋤的頭部與柄成銳角，而

㉞《鄧縣彩色畫像石墓》，北京，文物出版社，一九五八年，頁一七。

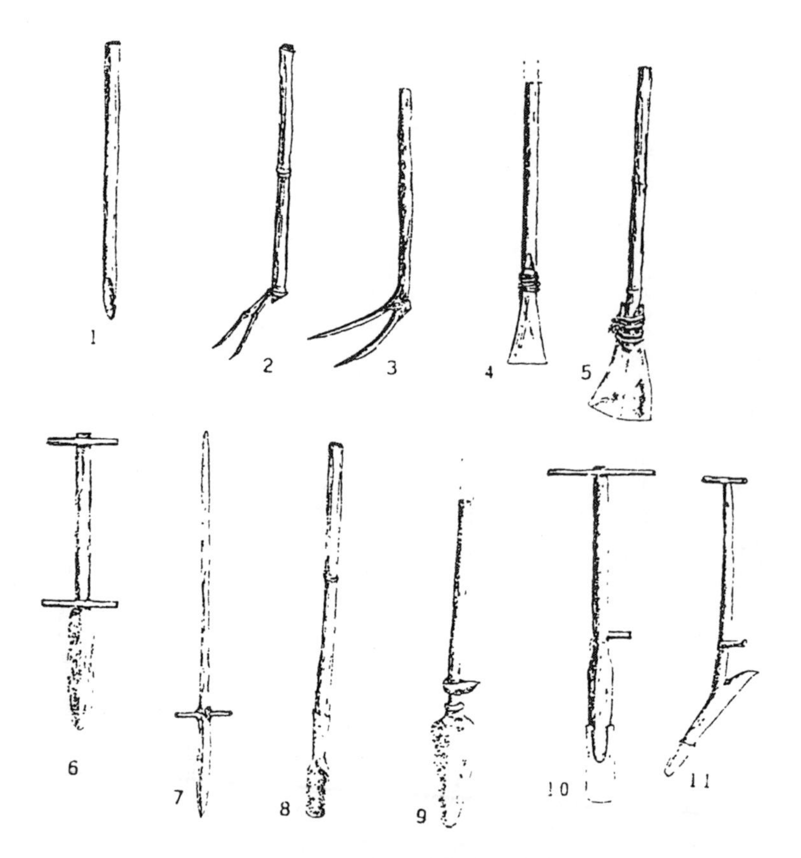

圖三　國內少數民族所用類似耒耜的工具

1　　苦聰人的單尖掘土棒

2、3 獨龍族的雙尖掘土棒

4　　拉祜族的「木戳鏟」

5　　景頗族的「申邊」

6　　洛巴族的「打洛」

7　　門巴族的「盧」

8　　西雙版納傣族的「鐵口戳鏟」

9　　廣東連南瑤族的「亞丘」

10　水族的踏犁

11　壯族的踏犁

雙尖掘土棒則成鈍角，兩者形制迥異。

3.景頗族的「申邊」

景頗族分布於雲南隴川、梁河、盈江、瑞麗、潞西五縣。部分地區的景頗族在三四十年前還使用一種骨製工具，稱爲「申邊」。它是一種複合的工具。將牛肩胛骨的骨臼部分削平，縛於竹棒或木棒之上。此物可用以鏟草，清除牛糞等，但不能深挖。（圖三：4）。

4.拉祜族的「木戳鏟」

拉祜族分布於雲南西南邊境，以瀾滄縣爲主要聚居區。三四十年前仍保存一種木質工具，稱爲「木戳鏟」。「戳」在雲南土語中讀如 do，意爲由上而下刺土之意。此爲一種複合的掘土棒。柄係用一根木棒，用一般木料即可。頭部要用另一種特殊的堅固木料，當地人稱爲「紫楊木」者，削成上窄下寬之狀，長約一五～二〇、厚約一釐米，將窄的一端縛於木柄之上。當地人說：「紫楊木」極爲耐磨，貴重難得，若通體都以它來製造，殊爲浪費云云。

這種工具除點種和挖土外，除草更爲合用，據云「鋤下不去的地方，它能下去」（圖三：5）。

5.門巴族的「盧」

門巴族分布於西藏門隅區的墨脱、錯那等縣。他們尚保存一種通體木製工具，稱爲「盧」。這實際上是一種製作精緻的單尖掘土棒，用一種稱爲「青崗木」的材料製成，故亦稱「青崗叉」。棒通長約一七〇釐米，一端削尖，距棒尖約六〇釐米處安裝一根長約一五釐米之橫木，以便作挖土時足踏用力。此器主要用途是翻耕土地。翻土時有時要兩人各持一「盧」，同時共刺一穴（圖三：7）㉟。

6. 珞巴族的「打洛」

珞巴族分布於西藏洛渝地區及相鄰的察隅、米林等縣。「打洛」是他們的一種木製農具，形如上述門巴族之「盧」，惟頭部寬扁如葉狀。通長一五〇、頭部長四七、寬一五釐米，除足踏橫木外，柄端另安横樑，以便手扶操作。由於亦要用「青崗木」製成，故又稱「青崗楸」。主要用於翻土（圖三：6）㊱。

7. 傣族的鐵口「戳鏟」

雲南西雙版納傣族有一種由掘土棒發展而來的「戳鏟」，在木棒一端安上有銎鐵頭，其形略如今考古田野工作中所用之探鏟，惟柄較短。通長一三〇～一四〇、鐵頭部分長約二〇釐米。傣語稱鐵為Sham，此物亦稱Sham，似為傣族最早鐵工具。此物用途甚廣，舉凡挖洞、鏟草、挖草根、點種等工作均可用之（圖三：8）。

雲南西南邊境受傣族文化影響的其他民族之中亦偶見此物。

㉟《西藏錯那縣勤布門巴族社會歷史調查報告》，中國社會科學院民族研究所，一九七八年，頁三～四。又見胡德平、杜耀西：〈從門巴、珞巴族的耕作方式談耦耕〉，《文物》一九八〇年一二期。

㊱《西藏米林縣珞巴族社會歷史調查報告》，中國社會科學院民族研究所，一九七八年，頁一一。又見杜耀西：〈珞巴族農業生產概況〉，《農業考古》一九八二年二期。

8. **瑤族的「亞丘」**

廣東連南縣瑤族也有一種由掘土棒發展而來的鐵農具，稱爲「亞丘」。在木柄上安裝略呈三角形鐵頭，鐵頭部分長約二〇、寬一二～六釐米。在近鐵頭處，還安有一個鐵製足踏。其主要用途爲翻耕及挖掘（圖三：9）㊲。

9. **西南諸族的「踏犁」**

踏犁是中國西南地區古老的鐵農具。北宋周去非《嶺外代答》一書中已有記載（見該書卷四踏犁條），流傳千年不衰。西南很多民族、如廣西的壯族、瑤族、毛難族、仫佬族，貴族的水族、侗族、苗族，四川甘洛地區的藏族（耳蘇人），直至今天還在使用這種農具㊳。

據本文作者在貴州水族和廣西壯族之中的觀察和了解，踏犁實由原始掘土工具安上鐵頭發展而來形略呈彎曲狀，前端寬扁，鑲包以鐵，另有足踏橫木及柄首扶手。其主要用途是翻耕山地，在山坡上若由高而低翻土更易著力（圖三：10、11）。

三、有關耒耜幾個問題的討論

在前兩部分，我們不憚其煩地介紹各項新發現之材料，一方面因爲這些材料散見各種專業刊物，

㊲《廣東連南瑤族自治縣南崗、內田、大掌瑤族社會調查》，廣東，一九五八年，頁二九。

㊳ 宋兆麟：〈我國古代踏犁考〉，《農業考古》一九八一年一期。

把它們集中起來，或可稍免他人翻檢之勞；另一方面則是爲下面的討論提供方便。我們只有時刻利用這些新材料，檢驗前人有關耒耜各種解釋，看那些可以成立，那些應予修正、補充，才不致流入空泛的討論。

我以爲，由於新材料之發現，下面這幾個問題現已可以提出與前人不同的看法。

(一)耒耜的起源——掘土棒

耒耜類工具起源於掘土棒，現在研究者已無異詞。爲了具體探討各類耒耜工具如何起源，有必要從宏觀的角度先對掘土棒這種世界普遍流行原始工具有較多的了解。

按掘土棒原盡採集工具，隨著人類從採集進入農業，遂又成爲人們從事初期農業常用農具。人們用它挖掘塊根、挖土、點種、打碎土塊和清除草萊。當然在建房、挖墓時它也是必不可少之物，它實有後世鏟、鋤、钁等工具的功能，可說是一種萬能工具。

一般認爲掘土棒只是一根簡單的有尖木棒。若把民族志中所見掘土棒綜合起來，它實有三種形式：

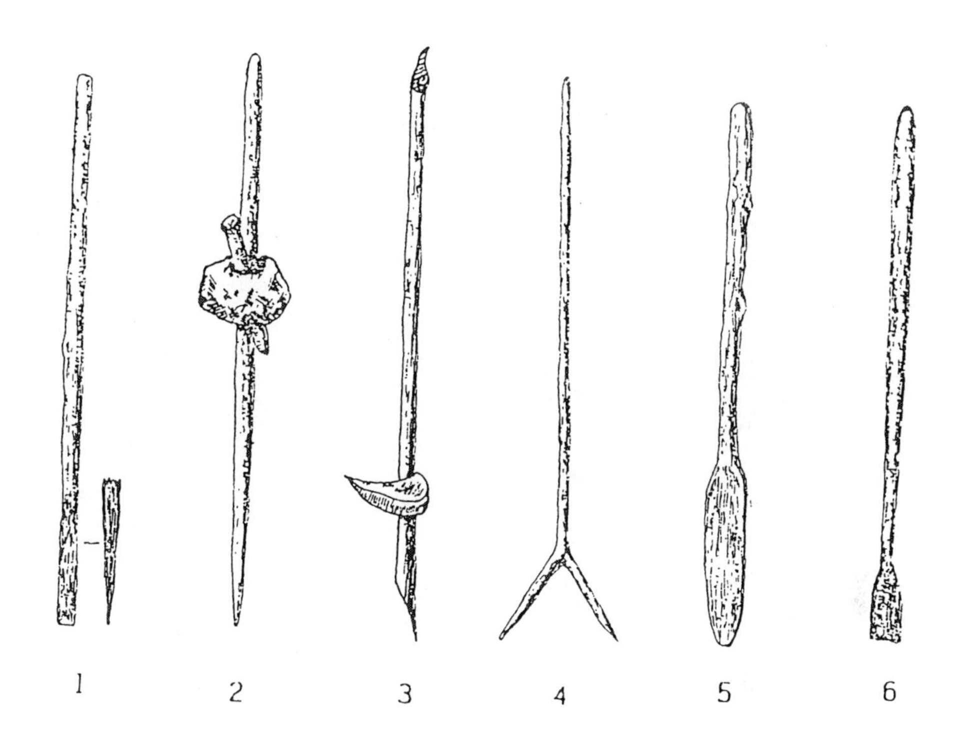

圖四　世界民族志中所見類似耒耜的工具

1　北美印第安人霍皮和尤馬部落的單尖掘土棒

2　南非布須曼人帶有加重石的單尖掘土棒

3　新西蘭毛利人帶有足踏的單尖掘土棒

4　南美查科人的雙尖掘土棒

5　霍皮和尤馬部落的寬頭掘土棒

6　查科人的寬頭掘土棒

1. **單尖掘土棒**

此由一根樹枝或竹桿做成，將其一端削尖或用火燒出尖端，或削後再燒使其堅硬。除上述西南幾個民族（佤、獨龍、布朗）外，世界很多民族仍在使用此物。爲了便於深挖，有些掘土棒近尖端處安有橫木，以供足踏，新西蘭的毛利人（Moari）即是如此（圖四：3）；或即就製作掘土棒樹枝留下短的天然椏杈，略加修治，供足踏之用，如北美納瓦霍——印第安人（Navaho－Indians）即有這樣的掘土棒。人工的足踏橫木應是後來發展起來的。有些民族，如南非布須曼人（Bushmans），則在這種單尖掘土棒上套上有孔圓石，以增加掘土效能，這種圓石即稱「加重石」（圖四：2）㊴。

2. **雙尖掘土棒**

此用一根雙杈的樹枝修治出兩個尖端而成。制作成尖端的方法同前。有的亦加足踏橫木。使用這種掘土棒的民族，除國內獨龍族外，還有澳大利亞人㊵和南美查科地區的印第安人（圖四：4）㊶等。

3. **寬頭掘土棒**

這是一種頭部寬扁的掘土棒，由於略似船槳，在人類學文獻中有時亦稱槳形棒。它原是一根上細

㊴ Singer, S. and Others, *A History of Technology*, Oxford, 1956, Vol. I, p. 33. Driver, H. E., *Indian of North America*, Chicago：The University of Chicago Press, 1969, p. 100.

㊵ Berndt, R. M. and C. H., *The World of the First Australians*. Sydney：Landowre Press, 1981, p. 115.

㊶ Lips, J. E., *The Origin of Things*, London：George G. Harrap & Co., 1949, p. 93.

下粗的樹枝，將粗的一端削成扁平狀而成。有時這種掘土棒亦加橫木。上述珞巴族的「打洛」就是一種製作精緻的寬頭掘土棒。在世界上使用這種掘土棒的還有塔斯馬尼亞人（Tasmanians）、南美阿馬遜地區印第安人、菲律賓的伊戈羅特人（Igorot）及北美霍皮—印第安人（Hopi－Indians）和尤馬—印第安人（Yuma－Indians）（圖四：5）㊷。原始工具中石、骨或其他質料製成附有木柄的直插式工具，實際上都應歸入複合的寬頭掘土棒之內。

上述三種掘土棒各有自己的優勢。雙尖式和寬頭式可以接觸較大地面，挖土效率當然較高；然若遇到堅硬的土地，則單尖式反而較易刺入。除草以寬頭式最爲合用。若要點種，則那一種也比不上單尖式靈便迅速。

由於三種掘土棒都是利用不同形狀的樹枝做成，而且各有專門的用途，故無先後之分。在很多民族之中它們是同時存在的。國内獨龍族和澳大利亞人既有單尖式，又有雙尖式。南美查科地區印第安人既有雙尖式，又有寬頭式（圖四：6）㊸。上述北美印第安人中的霍皮和尤馬部落用單尖掘土棒點種，用寬頭掘土棒挖草根（圖四：1、5）。

中國古代像世界其他地區一樣，也有這三種掘土棒的存在。耒耜工具即從這三種掘土棒中發源，或者說它們不過是這三種掘土棒製作較爲精緻的產品。

㊷ Forde, C. D., *Habitat, Economy and Society*, pp. 99－100, 135, 292, 229.

㊸ A.B.葉菲莫夫等編《拉丁美洲各族人民》（李毅夫等譯），三聯，一九七八，四四七頁。

清人鄒漢勛把耒定義爲「曲柄枝刃器」，耜爲「單刃器」㊹。徐中舒說「耒下岐頭，耜下一刃」。㊺人們自此已能正確地區分耒耜。半個世紀來又經幾代學者的努力，現已知道中國古代耒耜類工具可分爲耒和耜兩大類，而耒又有單齒和雙齒之分，故實際上共有三種型式。這三種型式與上述三種掘土棒正好相對應。

有一個問題需要加以辨明，即耒耜三種型式之間是否存在演化的關係，能否排出前後的序列？自孫常叙提出耒耜之演化公式，認爲由掘土棒加上足踏橫木發展爲單齒耒，然後向兩方面發展，一方面由單齒耒發展爲雙齒耒，一方面由單齒耒加上頭部而爲耜㊻，學者靡然風從。實際上，並非任何事物都能排出演化的關係。

我們認爲，耒耜三種型式分別起源於三種掘土棒。單齒耒來自單尖掘土棒，雙齒耒來源於雙尖掘土棒，而耜即寬頭掘土棒發展而來。正像三種掘土棒無法分辨早晚一樣，耒耜這三種型式也是平行發展，很早即已同時存在。

古文字中與耒耜有關的字形，是研究耒耜問題最佳形象化資料。從中可以清晰地看到這三種型式的耒耜的存在。甲骨文「力」「男」「劦」「𠢕」諸字中的㐅字，爲單齒耒的形象㊼：

㊹ 見所著《讀書偶識》卷十。

㊺ 徐中舒〈耒耜考〉，《中央研究院歷史語言研究所集刊》第二本第一分，一九三〇年。

㊻ 孫常叙：《耒耜的起源和發展》，上海人民出版社，一九五九年。

㊼ 徐中舒先生正確地首次指出「力」「耒」音通，而甲骨文中「力」即耒形，但他認爲代表雙齒耒，「省卻岐頭之形」（見〈耒耜考〉），則爲當前研究耒耜學者所不取。

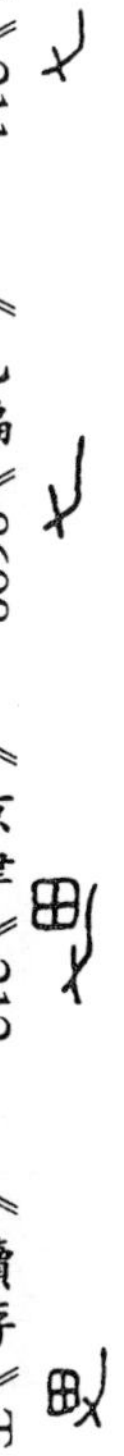

《甲編》211　《乙編》8698　《京津》212　《續存》T.466

《後編》1.19.6　《京津》4046　《鐵》5.2

甲骨文「耤」「[illegible]」諸字中的㇄㇄即爲雙齒耒：

《乙編》4057　《前編》7.15.3　《乙編》3290　《乙編》8151

《粹編》55

金文中的下列圖象則爲手執雙齒耒形：

耒觶　耒簋　耒父己簋

這是現在學術界幾乎一致的意見，無需再加論證。問題是古文字中何爲耜形？過去認爲「耜」之初文爲「㠯」，而「㠯」即象耜頭之形。最近王貴民指出此字在甲骨文第一期作[illegible]形，完全不類耜頭，它

只是構成耜字之聲符㊽，即今天的「以」字，其說可取。但耜的形象在古文字中還是有所反映的，上述「耤」「𦓐」諸字中除雙齒耒的形式外，還有頭部兩豎線之間加上一道或兩道橫線，作凸𠃊諸形：

《佚存》700　《前編》6.17.5　《燕》718　《甲編》1762

應即代表耒端有寬平木葉之耜。畫橫線處即代表木葉部分。耒耜爲同類工具，名稱上一直相混淆（見〈耒耜考〉第五節），在書寫上自可相互代替㊾。

從近年出土新材料，還可進一步證實耒耜三種型式並存的情況。木質工具很難保存，新石器時代遺址迄未發現耒耜類工具實物，惟從留下的挖掘工具的痕跡來看，有的清晰作雙齒狀（如廟底溝），有的既有「平行雙齒狀」，又有「單齒」狀（如陶寺），是單齒耒和雙齒耒同時並用之證。這說明人們使用雙齒耒時，單齒耒也有存在。到了較晚時期，人們仍然使用耒耜的各種形式，長沙漢墓木俑所持者既有耜，又有雙齒耒。特別是江陵鳳凰山木俑所持之雙齒耒，形制古樸，與獨龍族雙尖掘土棒相去不遠。這又說明耜類工具流行數千餘年後，耒類工具仍然存在。

作爲複合工具的耜，出現似應稍晚。但舊石器時代人們已能於木柄上安上石尖。現已發現之河姆

㊽ 王貴民：〈「㠯」非耜形新探——兼及有關農具的文字語音問題〉，《農業考古》一九八三年二期。

㊾ 王靜如：〈論中國古代耕犁和田畝的發展〉（《農業考古》一九八三年一期）一文已注意到「耤」「𦓐」諸字中這種寫法之意義。但他是把雙齒耒和耜視爲一物的。

度「骨耜」「木耜」及各地「石耜」，雖然其具體形制和用途尚待進一步復原，但無疑安有豎柄，正屬於耜類，它們在中國之出現至今也有六七千年的歷史了。各種寬頭掘土棒和單雙尖掘土棒同樣古老。耒耜演化之公式尚未能從新發現之文物找到證據。

㈡耒耜的制作和用途

關於耒耜之形制和用途，根據新發現之材料，有幾個問題認識較前深入：

第一、關於足踏橫木問題

李根蟠〈先秦農器名實考辨〉（《農業考古》一九八六年第二期）認爲，掘土棒加上足踏橫木變爲單齒耒，耒耜之上均有此橫木，直至用鐵以後才有可能取消橫木。橫木之有無成爲耒耜的特徵。這種看法有一定代表性（參見注45、46所引諸文）。現在看來，這種說法尚待商榷。

據上引北美印第安人的材料，足踏橫木原是在製作掘土棒的樹枝上故意留下一節短的枝椏，即使非常原始的掘土棒也可有之。上舉國內外民族各種掘土棒，橫木或無或有（圖三），並無定制。故耒耜之上也不一定有橫木。古文獻中固然留下不少足踏耒耜而耕的材料㊿，但人們可以足踏耒耜的肩部，如鄧縣畫像磚中郭巨那樣（圖二：10），不一定非有橫木不可。從上引古文字中耒耜諸形來看，有的沒有橫木，如[illegible]。近年發現戰國至漢代的耒耜實物和模型不少，無一有橫木的（圖二：3—

㊿《詩・豳風・七月》「三之日於耜，四之日舉趾」。《淮南子・主術訓》：「一人蹠耒而耕，不過十畝」。《鹽鐵論・未通》：「民蹠耒而耕，負擔而行」。

10）。相反，耒耜類工具開始用鐵後，仍可以有足踏橫木，如西南各族之踏犁、和瑤族之「亞丘」。由上可見，不能把足踏橫木作爲耒耜的必有特徵，它之有無應與各地文化傳統、土壤類型，特別是與當地對耒耜的具體使用方法有關。

第二、關於「句庛」「直庛」

關於耒的製作，《考工記》有云：「車人爲耒，……堅地欲直庛，柔地欲曲庛，直庛則利推，曲庛則利發」。是耒還有直庛、曲庛之別。宋人清人所作各種耒之復原圖，均把耒復原爲單齒曲庛的形式51。現在看來，不僅單齒耒還有雙齒耒均可分爲直曲兩種。近年發現耒的模型和圖象，多數作直庛，但江陵鳳凰山木俑所持卻是一柄典型的曲庛雙齒耒。按國內外民族掘土棒原是有曲有直，如獨龍族的雙尖棒爲曲式，而南美查科人的雙尖棒則作直式。過去由於留下材料較少，人們對此問題討論較少，現在可以認爲「直庛」「曲庛」之說是確有根據的。

第三、關於「斲木爲耜」

關於耜的製作，《易·繫辭》有云：「神農氏作，斲木爲耜，揉木爲耒」（《漢書·食貨志》同，「揉」作「煣」）。是耜和耒同爲木質農具。《周禮·地官·山虞》：「凡服、耜，斬季材」，即對製造車具和耜的木料有一定的要求。《說文》中耜作「枱」或「梠」均從木。故（宋）林希逸《鬳齋考

---

51 參見（宋）林希逸：《鬳齋考工記解》下，（清）戴震：《考工記圖》車人爲耒圖，（清）程瑤田：《考工創物小記》車人爲耒圖。

工記解》早就指出：「耒耜皆以木爲之」。雖然木柄上安上石、骨或其他質料的刃頭，也屬耜類，但真正的耜應是通體木製的。

木耜一般形制如何？〈耒耜考〉說是「木棒下增圓首木板」。新發現的材料證實了一這說法。原來耜的柄和頭部是分別製作的，有時還要使用不同木料。河姆渡的「木耜」和拉祜族的「木戳鏟」便可供復原古代的耜參考。耜原指後安上去的木製頭部(52)。由於刺土就靠的這一部分，故「刺」、「庛」和「耜」音通義同(53)。後來把這種工具本身也稱爲「耜」。由於耜頭是寬平狀木葉，要用刀斧砍削而成，故言「斲木爲耜」。

耜由寬頭掘土棒變來，整體的耜當然也有存在。由於木料的限制，這種耜頭不可能太寬。我們認爲，長沙曹嫘墓所謂「木楸」應爲這種耜的孑遺。

第四，關於耒耜之用途

耒耜之用途，前人只知它的挖土翻耕方面，故稱之爲「耕具」、「翻土工具」。實際上，耒耜沿襲了掘土棒的所有功能。除翻土外（見以上「足踏橫木」部分），它至少還可用於下列幾個方面：

---

(52)《說文·木部》：「枱，耒端也」。《易·繫辭》「斲木爲耜，揉（煣）木爲耒」下京房注云：「耜，耒下耓也耒，耒上句也」。《國語·周語》：「民无懸耜」下韋昭注云：「入土曰耜，耜柄曰耒」。《考工記·車人》：「車人爲耒」下鄭云注：「耒下前曲接耜」。這些記載說耒耜爲一物未必確切，但反映耜原指末端之木板而言。

(53)參見（清）江永：《周禮疑義舉要》卷七。（清）阮福：〈耒耜考〉（收入嚴杰《經義叢鈔》）。（清）孫詒讓《周禮正義》匠人條及車人條。

1. **播種**　《詩·周頌·良耜》：「畟畟良耜，俶載南畝，播厥百穀，實函斯活」。《詩·周頌·載芟》：「有略其耜，俶載南畝，播厥百穀，實函斯活」。《詩·小雅·大田》：「既畝乃事，以我覃耜，俶載南畝，播厥百穀」。這些記載是研究西周農業時常引用的。前人只對「畟畟良耜」「有略良耜」這些句子感興趣，用以證明使耜挖土之「鋒利」，甚至作出必爲金屬所製之臆測，全不注意全詩之連貫性。這裡描述的分明是人們用耜播種穀物的情況。在這之前，一切準備工作已經完成，故《大田》有云：「既備乃事」；《載芟》在上引幾句以前提到「載芟載柞，其耕澤澤」，即已經清除了草萊，耕作了土地。若已屆下種，再來翻耕土地，未免太晚。

播種工作中用耜，或者像雲南西雙版納傣族的「戳鏟」一樣，是用以點種的；或者賴以敲碎土塊，平整土地。

2. **除草**　《說文》〈耒部〉：「耒，從木推丰」。〈丰部〉：「丰，艸蔡也」。《說文·艸部》還有「茉」字，其解釋是「耕多草，從艸耒，耒亦聲」。是耒亦可用以除草。朱駿聲《說文通訓定聲·耒部》說：「耒非推草之用」，未免武斷。在古文獻中，關於耒耜除草不乏記載。如《國語·周語》：「民無懸耜，野無奧草」。《周禮·秋官·薙氏》：「薙氏掌雜草，……冬日至而耜之」，鄭玄注：「以耜測凍土剗之」。耒又常與耨並提[54]，如衆所知，耨即指除草或除草工具。

耒耜除草，主要是鏟去草皮或挖掉草根。在這方面耜類工具似更有效。拉祜族認爲他們的「木戳鏟」

---

[54] 《莊子·胠篋》：「耒耨之所刺，方二千餘里」。《漢書·食貨志》：「神農之世，斲木爲耜，煣木爲耒，耒耨之利，以教天下」。

除草比鋤還好。

3. 修水利　《考工記》：「匠人爲溝洫，耜廣五寸，二耜爲耦」，是以耜修溝洫之證。傳說夏禹曾持耒耜治水《莊子・天下》：「昔者禹親自操橐耜，而九雜天下之川」。《韓非子・五蠹》：「禹之王天下也，身執耒臿，以爲民先」。《淮南子・內篇》：「禹之時，天下大水，禹身執虆垂（耒臿），以爲民先」[55]從武梁祠漢畫石夏禹圖可見，夏禹所執者正爲一雙齒耒[56]。耒耜可以起土，爲修治溝渠、填堵缺口必不可少之工具。江陵紀南城古井遺址發現戰國時代的鐵口齒耒，則是古代耒耜挖井的最好證明。

4. 非農業工作　正如今日不少農具可用於非農業勞動一樣，古代挖掘洞穴和房基、挖礦、甚至挖墓穴亦就用耒耜起土，別無另外工具。新石器時代諸遺址和殷墟之耒痕，是當時用兩種耒挖掘儲糧窖穴和房基而留下的。銅綠山「木楸」是挖礦工具。長沙曹嫼墓和馬王堆第三號墓填土中的「木楸」和鐵口臿，則是挖墓工人所遺。漢墓發現手持各種形式的耒耜的俑，包括四川漢墓陶俑中「負籠荷鍤」者，他們可能是從事農業生產的奴僕，也可能是從事雜務及其他非農業勞動的家奴。

㈢耒耜之分布

〈耒耜考〉說：「耒爲殷人習用之農具，殷亡以後，即爲東方諸國所承用；耜爲西土習用農具，

---

[55] 「垂」爲「臿」之誤，而虆字不誤，指盛土之器即「籠」而言。以上參見王念孫《讀書雜誌》卷十五虆垂條。

[56] 馮雲鵬、馮雲鵷：《金石索・石索》三。

東遷以後，仍行於汧渭之間」。由於耒耜新材料的大量發現，這一說法已有待修正。

從本文第一部分列舉的材料可見，耒耜之分布幾乎是全國性的。西至齊家文化，東至龍山文化，各處遺址中發現長條性痕跡，可證明耒的普遍存在。而耜類工具之發現亦不限於西土，很多地區（如長沙）耒耜同時存在，與耜有直接關係的臿，更在全國各地都有分布。

徐先生在當時有限材料條件下，以雙足布爲耒的象形，用雙足布之通行地區推測耒之流行區域。對此必須考慮到，錢幣的流行有其地區性，不等於它所模仿的古農具也就局限在該地區。例如，刀幣顯然是模仿殷周以來流行的銅削，但刀幣只行於燕齊，而削這種器物在其他廣大地區都有存在。

《管子·海王》：「耕者必有一耒、一耜、一銚，若其事立」。《考工記》中既記載「車人」爲耒，又提到「匠人」用耜開溝。這也說明一個地區甚至一個農户之內耒耜並存的情況。它們各有具體用途和各自的優勢，不僅可以而且有時必須並用。

㈣金屬時代之耒耜

人們使用金屬以後，耒耜這種原始木質工具發生了什麼變化？我們認爲，根據大量新發現之材料，可以得到下列幾點認識：

第一，耒耜很少使用青銅製造

耒耜上是否普遍使用青銅，是古史界經常爭論的問題。雖然大多數學者對此持否定態度，仍有學者主張有青銅耒耜的普遍存在(57)。

我們傾向於前一種意見。

人們常引用上海博物館收藏的三件銅器(58)，作爲青銅耒耜的例證。實際上，所謂「商耜」可能是武器上鐏鐓之類(59)。所謂「西周耜」，中有大圓孔，不像套在耜的木葉上物，疑爲斧鉞之類。所謂「西周耒」，鑄成叉形，更有可疑（耒上金屬刃口，一般分別安在兩個尖部，後世鐵口耒就是如此）。更重要的是近四十年來田野考古中出土銅器數以萬計，像上述三種器物卻少發現。耒耜乃普遍使用之物，若青銅確曾應用於耒耜，是應有大量遺留的。

傳世銅器中還有一件上有「亞矣」銘文者(60)，亦曾被定名爲「耜」。此器寬葉有尖，銎有雙環，疑爲矛類武器。

最近人們又稱在湖北黃陂盤龍城(61)、江蘇儀徵破山口(62)、四川彭縣竹瓦街發現了「銅耜」(63)。細審之，前兩者器身呈方形，略似斧斤。後者顯然爲鉞，四川常見同類的武器。

---

(57) 參見唐蘭：〈中國古代社會使用青銅農具的初步研究〉，《故宮博物院院刊》總二期（一九六〇年）。陳振中，〈殷周的耒耜〉，《文物》一九八〇年一二期。

(58) 馬承源：《中國古代青銅器》，上海人民出版社，一九五二年，頁四三、四四，圖版一、二。

(59) 王靜如：〈論中國古代耕犁和田畝的發展（續）〉，《農業考古》一九八三年二期

(60) 黃濬〈鄴中片羽〉著錄，見《故宮博物院院刊》總二期（一九六〇年），頁四二引。

(61) 〈盤龍城商代二里崗期的青銅器〉，《文物》一九七六年二期，頁二六，圖三二。

(62) 〈儀徵破山口探掘出土銅器紀略〉，《文物》一九六〇年四期，頁八六，圖六。

(63) 王家祐：〈記四川彭縣竹瓦街出土的銅器〉，《文物》一九六一年一一期，頁三〇，圖二：4。

目前比較可能屬於挖掘工具者是上述圻春毛家嘴等地發現的凹形青銅器，我們所以作此推斷是因爲鐵臿中有同樣之物[64]，但凹口銅臿已發現者僅此數件。

總之，耒耜上使用青銅，縱有之，亦極不普遍。

按青銅農具發現較多者爲青銅鎌刀。挖掘工具少用青銅。目前所知只有南美祕魯的莫契文化（Moche Culture）的掘土棒上安有青銅尖[65]，雲南晉寧石寨山有較多青銅鋤類發現，蓋爲特例。挖掘工具從事的乃粗笨工作，在青銅被視爲寶貴情況下，人們一般不願用它來製作這類工具。

第二，加上鐵刃的耒耜——臿與雙刃臿

耒耜之上使用青銅少見，而戰國以後即普遍安上鐵製刃口。

先言耜。漢代及以後對耜的注釋常提到是鐵製的。《莊子·天下》注引《三蒼》：「耜，耒頭鐵也」。《禮記·月令》「脩耒耜」下鄭玄注「耜，耒之金也」。《漢書·食貨志》「斲木爲耜」下顏師古注：「耜，耒端所以施金也」。此處金亦指鐵而言，即所謂「惡金」（《國語·齊語》）。故孫詒讓《周禮正義》解釋《考工記·匠人》條時，正確地指出「金，即耒耑鐵刃著於庛者也」。

現已證明，耜頭安上鐵口在戰國秦漢時期確是十分流行，這就是凹口鐵臿。各地出土實物及模型甚多。關於耜和臿的關係，自〈耒耜考〉以來，由孫常敘、陳文華、李根蟠等學者列舉大量材料，已

---

[64] 陳文華：〈試論我國農具史上的幾個問題〉，《考古學報》一九八一年四期，頁四一六，圖六。

[65] Lanning, E. P., *Peru Before the Incas*, New Jersey: Prentice-Hall, Inc., 1967, p. 147.

證明爲一物[66]，這裡無須贅述。要補充的是由於臿之見於記載較晚，我們不妨只把安有鐵口者稱爲「臿」，而把通體木製者逕稱爲「耜」。

不僅耜頭安有鐵口，安有鐵口之耒亦已發現。這就是江陵紀南城發現的鐵口雙齒耒和淮陽平陽台發現的兩個並列的小鐵口。這不僅證明耒上亦可安鐵口，而且對《考工記·匠人》鄭玄注「今之耜岐頭兩金」這句含糊不清長期引起爭論的話，可以作正確的理解。所謂「岐頭兩金」的「耜」，實指這種鐵口雙齒耒而言。這也就是文獻記載的「兩刃臿」[67]。

耒耜本爲同類工具，用途相似，進入鐵器時代後便同稱爲臿。

第三，木質耒耜仍然大量存在

耒耜安上了鐵口成爲臿和雙刃臿，大大提高工作效能。然直到漢代，木製的耒耜至少在某些地區仍然大量存在。如前所述，在今兩湖等地不僅發現大量木俑中手持沒有鐵口的耒耜，而且還發現了實物。《鹽鐵論·水旱》有云：「鹽鐵價貴，百姓不便，貧民或木耕、手耨、土耰」，當指木製耒耜而言。這些木制耒耜假如說這時也發生一些變化的話，那便是形制較前規整（參見圖二：4、5、8），這是有了金屬刀斧，可以很好地砍削之故。

過去認爲耒耜進入金屬時代以後便安上金屬刃口，或演變爲其他農具。現在知道木製耒耜到了漢

---

[66] 參見注[45][46][64]所引諸文。

[67] 《說文·木部》：「苿，兩刃臿也」。從木𢆉，象形，宋魏曰苿也。釫，或從金從于。鄭漢勛《讀書偶識》卷十有云：「苿、𢆉、釫……一器也，即古之耒」。

仍然相當流行，這是由於考古學大量發現對古代社會史的一項新的認識。

結　語

當代史學家要能真正開闢古史研究的新局面，必求助於其他學科特別是人類學的配合。正如法國著名人類學家列維·斯特勞斯在其《結構人類學》一書《序言》中所云：人類學和史學不能背道而馳，而應通力合作，「任何一部傑出史學著作都受到人類學的滲透」。

對此我們的體會是，史學之有賴於人類學不僅在理論方面，還在資料方面。史學家一方面要以人類學新的理論和方法論觀察和分析過去人類社會，另方面還要充分利用人類學各個分支（考古學、民族學……）所積累的材料作爲自己的證據。以研究中國古史而言，雖然祖先留下豐富典籍，而當認真研究某一具體問題時，會發現有關記載仍不免闕略；或記載雖多而相互重複或彼此牴牾，有用資料極少。若拘泥學科之間界限，嚴守「史學正宗」，對其它學科之知識和成就視而不見，必將從書本到書本，難望有新的突破；而若能充分利用近幾十年國內新發現之大量考古資料，並搜集中外民族志資料作爲類比，則常能取得意想不到的收獲。

由於學識短淺，所見不廣，解釋難免錯誤；加之長期隔絕，信息不通，大陸以外學者之作少有涉獵，即偶有愚者一得之見，或他人早已言及；統希海內外學人和廣大讀者不吝賜正是幸。

（原載《新史學》一卷二期，一九九〇年）

耦耕別解

耦耕是我國古代史上值得研究的問題之一。關於它的含義，長期以來衆說紛紜，尚無定論。本文就過去雲南少數民族農業生產中保存的一些習俗，試對耦耕提出一個新的解釋。

一

古人解釋耦耕，主要根據《考工記·匠人》：

> 匠人爲溝洫，耜廣五寸，二耜爲耦。

鄭玄注：

> 古者耜一金，兩人並發之。……今之耜，歧頭兩金，象古之耦也。

對耦耕的意見分歧就是由解釋這條材料引起的。例如，唐人賈公彥說：「云二耜爲耦，二人各執一耜。……此兩人雖共發一尺之地，未必並發。」①唐人孔穎達說：「計耦事者，以耕必二耜相對，共

---

①《周禮注疏·匠人》。

發一尺之地。」②看來，他也反對「並發」之説，主張耦耕是二人二耜相對而耕的。清人程瑤田則主張耦耕時兩人各執一耜而必須並頭共發。他的理是：「一人之力能任一耜，而不能勝一耜之耕。何也？無佐助之者，力不得出也。故必二人併二耜而耦耕之，合力共奮，刺土得勢，土乃迸發。」③清人孫詒讓同意賈公彥説而反對程瑤田説。他認爲「耦耕但二人同耕，不必同發徑尺之地。」④儘管各人對是否「並發」有不同的意見，而都認爲耦耕就是一使用耒耜的方法。

古代學者解説耦耕，主要爲了疏證經傳，因而得不出正確的結論。近來，我國一些史學家和農史學家也探討了耦耕問題，就筆者所見到的，有下列五種意見：

一、耦耕就是兩人運用兩耜相併或相對而耕，並且同意程瑤田所説相併而耕可以達到「刺土得勢，土乃併發」的效果⑤。

二、耦耕是兩人共執一耜，耜上繫著繩子，一人用腳踏耜入土，另一人拉繩發土。耦耕就是這樣兩人面對面共用一耜的耕作方法⑥。

三、耦耕是兩人共踏一耜而耕，並且指出「在木製農具時代，兩人共踏一耜，不僅是可能的，而

---

②《詩經疏·大田》。
③《溝洫疆理小記·耦耕義述》（《皇清經解》六七）。
④《周禮正義·匠人》。
⑤楊寬：《古史新探》，中華書局，一九六五年。九一—一〇、四一—四二頁。
⑥孫常叙：《耒耜的起源及其發展》，上海人民出版社，一九五九年。

且是必須的。」⑦

四、古代的耜和今天的犁形制和用法相似。所謂耦耕，就是兩人合用一耜，一人在前拉耜，另一人在後扶耜⑧。

五、根據《論語·微子》的記載，認爲「耦耕也許是一人耕一人櫌配合進行的耕作方法」⑨。

以上意見力圖復原耦耕的真實面貌，但仍把耦耕作爲一種出於使用耒耜或某種特殊耕作方法的需要來加以解釋。

二

耦耕是不是一種使用耒耜的方法呢？我們感到有可以商榷之處。

把耦耕和耒耜聯繫起來，唯一史料就是《考工記·匠人》所說：「耜廣五寸，二耜爲耦。」但這裏的「耜」和「耦」已成爲修治溝洫的計算單位，「二耜爲耦」說的是水溝寬深的標準，它不是給耦耕下定義。即使從這裏可以看出古代挖水溝要用耒耜，並採用「耦」法，也不能得出結論說，所有耦

---

⑦ 何茲全：〈談耦耕〉，《中華文史論叢》第三輯。徐中舒：〈論西周是封建社會——兼論殷代社會性質〉，《歷史研究》一九五七年第五期。

⑧ 陸懋德：〈中國上古發現之銅犁考〉，《燕京學報》第三七期。

⑨ 萬國鼎：《耦耕考》，《農史研究集刊》第一冊。

耕都非使用耒耜不可。鄭玄所謂「古者耜一金，兩人並發之」，「並發」兩字含義不明，可作各種理解；東漢時早無耦耕，他自己也説這是古代的事情。這只能看作後人對耦耕的一種解釋，並不是研究耦耕的第一手材料。

假如我們把所有先秦文獻中關於耦耕的記載加以綜合研究，而不是僅僅根據《考工記·匠人》一條記載，就可發現古代各項農業勞動都有「耦」法，要使用各種各樣的工具，不僅耒耜而已。例如，《詩·周頌·載芟》：

> 載芟載柞，其耕澤澤。千耦其耘，徂隰徂畛。

《逸周書·大聚》：

> 五户爲伍，以年爲長。……飲食相約，興彈相庸，耦耕俱耘。

從這裏可見，耕和耘這兩種農活中都有「耦」。耘是除草⑩，所用工具應是「錢鎛」之類⑪。又如，《左傳·昭公十六年》記鄭子産云：

---

⑩《詩·小雅·甫田》毛傳：「耘，除草也。」《説文》耒部：「䒵。穮或從芸。」「穮，除苗間穢也。」耘指除草，至今還存在人們口語之中。但孫常叙氏認爲「千耦其耘」的「耘」是「賱」字之誤，意即紛紛擾擾的樣子。如果這樣，「耦耕俱耘」又當如何解釋？

⑪「錢」又名「銚」，「鎛」又名「鎒」。《詩·周頌·噫嘻》：「庤乃錢鎛。」毛傳：「錢，銚；鎛，鎒也。」《莊子·外物》：「春雨日時，草木怒生，銚鎛於是乎始脩。」錢鎛是除草之具甚明。

昔我先君桓公與商人皆出自周，庸次比耦，以艾殺此地，斬之蓬蒿藜藋而共處之。

《國語·吳語》記吳王夫差云：

譬如農夫作耦，以刈殺四方之蓬蒿。

這些記載說的是開闢荒地、清除草萊之事，所用工具應是「斧斤」及「芟」之類⑫。即使古文獻中直接提到耦耕，也不一定專指耒耜發土而言。耕字在古代和今天一樣，是常用來作爲一切農業生產勞動的統稱的。如《論語·微子》記載孔子及其門徒在返蔡途中所遇的事：

長沮、桀溺耦而耕。孔子過之，使子路問津焉。長沮曰：「夫執輿者爲誰？」子路曰：「爲孔丘。」……（桀溺）耰而不輟。

這裏說的是「耦而耕」，而桀溺從事的卻是「耰」的工作。耰是覆土蓋種⑬，所用的工具即稱爲「耰」，即後世敲打土塊的木椎⑭。可見長沮、桀溺這對耦耕者中至少有一人是不用耒耜的。既然古代耦耕有使用耒耜的情況，也有不使用耒耜的情況，耦的組成當然就與使用耒耜的方法無關。因此，前人把耦耕解釋爲僅是一種使用耒耜的方法，無論如何廣徵博引，總是扞格難通。如上述

---

⑫ 「芟」是清除草萊專用之器。《國語·齊語》：「耒耜枷芟。」韋昭注：「芟，大鐮也，所以除草也。」今天雲南某些山區保存一種砍草用的長刀，仍稱「芟刀」。

⑬ 《孟子·告子》：「播種而耰之。」又《論語·微子》，「桀溺耰而不輟」下鄭玄注：「耰」，覆種也。

⑭ 見王禎《農書》卷一二。

兩人共用說，其中無論那種推測（一踏一拉，並肩共踏或一拉一扶），都很難令人信服。古文字中有[illegible]（前編五點四七）[illegible]（㫚鼎）字，象兩耒之形，即寓有耦耕之意⑮，從中可見耦耕不是二人共用一件工具。又耒耜這類工具，很明顯也只能由一人使用。如甲骨文中有「耤」字，作[illegible]（前編六·一七·一五）[illegible]（乙編三二九〇）諸形，象一人踏而耕之狀。《淮南子·主術訓》中有「一人蹠耒而耕，不過十畝」的記載。著名的武耒耜梁祠漢畫像石中神農和夏禹像，都是各人手執一耒的⑯。

我們認爲，古代耦耕在需要使用耒耜的場合，應該是二人使用二耜（耒）。但二人二耜（耒）同耕時，並沒有固定的操作方法。不必像前人所說的那樣非相併或相對不可。而如上所述，在很多情況下耦耕者根本不用耒耜。

耦耕不是某種使用耒耜的特殊方法。當然，我們也很難同意耦耕就是一人耕一人耰的耕作方法。因爲這種說法只據《論語·微子》一條史料立論，同樣有很大的片面性。它適合於長沮、桀溺耦耕的情況，而和其他記載又不相符合。總之，從上述幾條較早文獻記載來看，古代各種農活都曾用「耦」，它不是某種工具使用方法或耕作方法問題。要想對耦耕問題作出合理的解釋，必須打破陳說，另覓新路。

---

⑮ 參見徐中舒：〈耒耜考〉，見《中央研究院歷史語言研究所集刊》第二本，譚戒甫：〈西周「㫚」器銘文綜合研究〉，見《中華文史論叢》第三輯。

⑯ 馮雲鵬等：《金石索·石索》三。

三

我們過去對前人解釋耦耕發生懷疑，但並不知究應如何解釋爲妥。後來有機會參加少數民族社會調查工作，從少數民族保存的某些習俗中受到了啓發，對耦耕問題逐漸形成了自己新的看法。

雲南一些民族由於社會生產水平較低，個體經濟微弱無力，普遍保存著原始的互助和協作習慣。他們不僅當有重大的事情（如蓋新房）時要互相幫助，就是在日常的農業勞動中也實行協作。一種是兩個人之間的協作，一種是大規模的協作。

兩個人之間的協作經常採取換工方式進行。在獨龍、傈僳、怒、景頗、佤、布朗等族及一部分傣族、彝族中間都有換工習慣，名稱不同⑰，內容一樣。其方法是甲先幫乙勞動幾天，以後乙又如數幫甲勞動幾天，彼此不計報酬，只需在勞動當天招待吃飯。這種換工協作在農業生產各個環節（從播種到收割）均可採用。有些民族換工採取原始平均主義的原則，不分男女老幼，都是一工抵一工，並不斤斤計較。如傈僳族和布朗族的某些村寨就是如此。在更多的民族之中，換工則按性別和年齡來組

---

⑰ 例如：獨龍族稱爲「昂吉阿早」，傈僳族和怒族稱爲「瓦糾」，滄源佤族稱爲「別」，涼山彝族稱爲「阿字」，景頗族稱爲「吾戈攏」。參見《怒江獨龍族調查報告》㈦，一九六四年；一〇五頁；《怒江傈僳族調查報告》㈣一九五八；二七頁；《怒江怒族調查報告》㈢一九五八年，四九頁，《滄源佤族調查報告》，一九五八年，三七頁；《景頗族五個點調查綜合報告》，一九五八年，一二八頁；《布朗族調查報告》，一九六三年，八九頁；《西雙版納傣族調查報告》㈢，一九五六年，六七—六八頁；《雲南滄源卡瓦族社會經濟調查報告》，一九五八年，一一、三七頁。

織，即男請男伴，女請女伴，老人約老人。小孩約小孩。這樣，勞動力相差不大，彼此均不吃虧。這些民族農業生產都是以個體家庭爲單位進行的。而由於換工習俗的普遍存在，在勞動時各個主要勞動力卻常有一個外面請來的「伴」。勞動時若没有「伴」，他們甚至感到不習慣。「幹活没人幫」，在很多人心目之中是很大的羞耻和不幸。

兩人一起勞動，是不是出於合力使用某種工具的特殊需要呢？完全不是。由於各項農活都可實行換工，要使用工具的種類很多，如除草用鋤，收割用鐮等等。有時兩人從事不同的工序，如一人點種，一人蓋種，這時則要各用不同的工具。

那麼，二人一起勞動比起一人單獨勞動究竟有些什麼好處呢？我們在調查中經常向各族人民提出這樣的問題，據他們介紹這些好處是：㈠可以合力從事一人無法勝任的工作（如砍伐大樹等）；㈡可以在農忙季節合力突擊，不誤農時（如搶收搶種）；㈢可以實行簡單的分工，提高勞動效率；㈣在原始森林中採集或刀耕火種時，可以合力防禦野獸的侵襲，㈤可起激勵精神的作用。面對險峻的高山和茫茫的森林，一個人容易感到孤單無力，而兩人一起則可破除寂寥，增强信心，有時還可起一種競賽的作用。總之，兩人一起勞動本身就構成一勞動協作，這雖是最簡單的勞動協作，卻具有勞動協作的一切優越性。

大規模的協作一般發生在合伙開荒或在公有土地上進行刀耕火種的時候。這與本文所涉及問題關係不大，故不詳述。值得提出的是就在集體勞動的場合，如過去集體爲統治階級服勞役時，儘管人數很多，爲了實行簡單的分工，仍常常出現兩人合成一組進行勞動的情況。例如，西盟佤族過去在公有土地上合伙刀耕火種，全寨一起出動，先由巫師「魔巴」殺鷄看卦，然後兩人配成一組，一人在前用竹棒點穴，一人在後覆土蓋種。兩人動作協調，速度極快⑱。又如過去滄源佤族和西雙版納傣族勞動人民要爲土司代耕一定的土地，在全寨一起出動下種時，也常常是這樣兩人配合進行的。這種勞動方式由於習慣的原因一直到六十年代仍然保持（圖一）。

從上述少數民族結伴勞動習慣來看古代的耦耕，則有關耦耕問題可以得到比較合理的解釋。

我們先探討「耦」字的含意。古漢語中「耦」的本義就是兩個⑲，由此引申爲伴侶、配對、合伙之意。例如，晉國有兩個名叫「五」的人，被合稱爲「二五耦」⑳。兩姓締結婚姻關係，亦可稱「耦」㉑。兩人對弈，可以把自己的棋友稱爲「耦」㉒。舉行射禮配對比賽，這對射手也被稱爲「耦」㉓。由此看來，耦耕的「耦」也應如此理解。所謂耦耕，就是合伙耕作，就是兩人配成一對進行協作勞動，並沒有「相併」「相對」或什麼其他高深的含意。

古代耦耕這種協作和上述雲南少數民族一樣，是通過換工方式進行的。《左傳·昭十六年》「庸次比耦」和《逸周書·大聚》「興彈相庸，耦耕俱耘」的「庸」字，就有換工的意思。《漢書·食貨志

---

⑱ 雲南民族調查組：《西盟大馬散佤族調查報告》，一九五八年，二一頁。

⑲ 《廣雅·釋詁》：「耦、兩，二也。」

⑳ 《左傳·莊二十八年》：「驪姬嬖，賂外嬖梁五與東關嬖五，使言於公。……二五卒與驪姬譖羣公子而立奚齊，晉人謂之『二五耦』。」

㉑ 《左傳·宣三年》：「吾聞姬姞耦，其子孫必蕃。」

㉒ 《左傳·襄二十五年》：「弈者舉棋不定，不勝其耦。」

㉓ 《左傳·襄公二十九年》：「射者三耦。」《禮記·大射》：「遂比三耦」。

圖一　西雙版納傣族兩人協作點種

》：「教民相與庸挽犁。」顏師古注：「庸，功也，言換功共作也。」清人王念孫引證《方言》和《說文》又作進一步闡述：「庸者，更也，迭也，代也。……然則『庸挽犁』者，猶言『更挽犁』、『代挽犁』也。」㉔王念孫的解釋是正確的。用今天的話說，「庸」就是「你幫我，我再幫你」，就是換工。上引《左傳》和《逸周書》記載的耦耕，已經不是一般的兩人協作，而是一種換工協作了。《漢書·食貨志》說漢武帝時趙過等「教民相與庸挽犁」，可以看成是這種換工協作習俗在特殊情況（缺乏耕牛）下的一度復活。

古代耦耕也像雲南某些少數民族的換工一樣，要按勞動力的強弱來配對。《說苑·正諫》云：

> 楚莊王築層台，……大臣諫者七十有二人皆死矣。有諸御己者違楚百里而耕，謂其耦曰：「吾將入見於王。」其耦曰：「以身乎？吾聞之，說人主者皆閑暇之人也，然則至而死矣。今子特草茅之人耳。」諸御己曰：「若與子同耕，則比力也，至於說人主，不與子比智矣。」委其耕而入見莊王。

諸御己說「與子同耕，則比力也」，反映古代耦耕雙方的勞動力是要大體相當。諸御己和他的耦就是雙方可以「比力」的一個換工組。大概長沮和桀溺也是這樣一個換工組。

雲南少數民族的換工都是自發組成。古代耦耕不同之處在於還要由地方官吏出面組織和干預。《周禮·地官·里宰》：

> 以歲時合耦於耡，以作稼穡，趨其耕耨。（鄭玄注：此言兩人相助耦而耕也。……耡者，里宰治處

㉔ 見《讀書雜志·漢書第四》「庸挽犁」條。

也。若今街彈之室，於此合耦，使相佐助。）

《呂氏春秋·季冬紀》：

季冬……命司農計耦耕事，修耒耜，具田器㉔。

上述古代定期「合耦」或「計耦耕事」，進一步說明耦耕是一種換工，而且這種換工要按勞動力强弱來組織。這是涉及勞動力的組織和編組的大事，直接影響到當年的收成及租稅收入，不能不引起統治階級的重視。當然，任何一項古代制度，在《周禮》等書中都已被系統化和理想化，上述合耦制度也應如此看待。

古代在集體勞動場合，例如在「公田」上爲統治者服勞役時，也常常由兩人合成一組進行耦耕。《詩·周頌·噫嘻》：

率時農夫，播厥百穀。駿發爾私，終三十里；亦服爾耕，十千維耦。

又上引《載芟》一詩亦有「千耦其耘」的記載。這和上述滄源佤族和西雙版納傣族爲頭人、土司代耕時兩人一組進行勞動的情況，有類似之處。

㉔《禮記·月令》、《淮南子·時則訓》略同，惟「司農」作「農」。又《齊民要術》卷三《雜說》引崔寔《四民月令》：「十二月……遂合耦田器。」當亦是轉述上引《呂氏春秋·季冬記》文。

耦耕流行的時間大約上起遠古㉕，下迄春秋。戰國以後有關耦耕的記載多述前代之事（如上引《說苑·正諫》），或記錄古代制度（如上引《周禮·里宰》、《呂氏春秋·季冬紀》），均已不能作爲當時仍有耦耕之證。大概戰國時期因鐵器普遍使用，農業生產有一個飛躍的發展，耦耕失去了存在的前提。由此可見，耦耕也和一切原始的互助協作習慣一樣，只能是低下生產水平的產物。

總結上述，我們對耦耕的看法可以概括如下：古代耦耕的需要使用耒耜的場合，是兩人使用二耒或二耜，但也有不使用耒耜的場合。古代耦耕不是使用耒耜的方法問題，而是勞動人民在各項農業勞動中廣泛實行的一種勞動協作，這種協作常常是通過換工方式進行的。耦耕的組成不是出於共同使用某種工具的需要，而是因爲在社會生產力低下的條件下，兩人一起勞動本身就可提高勞動效率。在耦耕流行的漫長時期，先民就依靠這種簡單的勞動協作，從事農業生產，和大自然作艱苦的鬥爭。

（原載《文物》一九七七年四期）

㉕《荀子·大略》。「禹見耕者耦立而式（軾）」（《太平御覽》卷八二三引董仲舒說，略同）。據此傳說，則夏代耦耕已流行。

說田獵

古代打獵又稱爲「田」。如《周易》有「田有禽」「田無禽」「田獲三狐」「田獲三品」之句①，《詩經》有《叔於田》、《大叔於田》、《吉日》、《車攻》等篇，其中的「田」均指打獵而言。爲何稱獵爲「田」？古史研究者迄無確解。茲不避淺薄，據邊裔少數民族保存古老的打獵習慣，對田獵問題略抒己見，爲王玉哲教授祝壽兼就教於方家。

一

打獵在早期農業社會經濟生活中仍起一定作用，爲了不妨礙農事，多與農業活動結合進行。在雲南的佤、布朗等族之中，三四十年前尚可見此遺風。

茲以雲南西盟縣佤族爲例。他們從事刀耕火種爲特徵的輪作農業（Shifting agriculture）。一年的農事以冬末春初準備耕地開始，無論是在森林中開闢新地，或者在已耕種過的熟地上清除草萊、禾稈，必先砍倒地面上一切植被，曬乾後以火燒之，既可平整耕地以待播種，又賴植物灰燼以爲肥料。火起時野獸逃竄，人們守在火場周圍行獵。此後，田地上作物成長，在從鋤草到收獲各種農作中，仍不時伴隨著小規模狩獵活動。每晨出耕，男子攜帶弩弓砍刀，婦女身背籮筐，在進行農業勞動之餘，

---

①《易·師》、《恒》、《巽》、《解》。

便獵取鳥類或小動物，或採集野生植物。

古代打獵又稱「田」者，應得名於這種與農業生產相結合的打獵方法。雖然中原地區與西南多山地區自然環境有異，農業形態未必盡同。然中原地區遠古農業亦曾借助於火以整理耕地，並乘機行獵，這一點頗有文獻可徵。卜辭中有對「焚」的卜問，或連言獲獸之事②。《韓非子·難》：「焚林而田，偷取多獸」。《呂氏春秋·義賞》：「焚澤而田，豈不獲得，而明年無獸」。大概到了戰國時期，中原地區仍有火田之事。

二

「田」爲打獵之「總名」（見下引《白虎通》），而不同季節及場合之打獵還各有專稱。《爾雅·釋天》：「春獵曰蒐，夏獵曰苗，秋獵曰獮，冬獵曰狩」（《周禮·大司馬》、《左傳·隱五年》略同）；又《公羊傳·桓四年》：「春曰苗，秋曰蒐，冬曰狩」；《穀梁傳·桓四年》：「春曰田，夏曰苗，秋曰蒐，冬曰狩」；《韓詩內傳》（《御覽》卷八三一引）：「春曰畋（田），夏曰苗，秋曰搜，冬曰狩」。諸家記載互異，或言一年四時行獵，或言三時行獵；某一類狩獵，或言在春，或言在夏或秋。我們自沒有必要像古代經學家那樣論定孰爲是非，以維護自己學術門户。今天可得而言的是古代打獵確是分爲各種類型，而且都曾實行，因爲這些名稱曾散見於先秦可靠文獻之中。例如，在

② 如有一條卜辭云：「其焚，毕（禽）？癸卯之焚，隻（獲）兕十一、豕十五、□廿五」。見胡厚宣：《殷代焚田說》，載《甲骨學商史論叢》初集。

《春秋》中「蒐」凡五見③，「狩」凡三見④；《夏小正》中有「十有一月王狩」的記錄；「苗」則見於《詩經》⑤；「獮」在《國語》、《管子》、《周禮》等書中都有記載⑥。

不僅「田」之得名可說明打獵與農耕之結合；上述打獵各種類型，溯其名稱之由來，亦與農事有關。已故著名史學家顧頡剛先生對此問題極爲注意，最近臺灣出版《顧頡剛讀書筆記》中有多條論及⑦。顧先生認爲以狩獵活動平均分配於四時，乃禮家整齊故事之伎倆，其說甚是。然他懷疑「自人類進入農耕社會，自春至秋勞於農耕，……安得兼務農與獵哉」⑧，這一問題今日已可作出回答。蓋打獵與農作可以結合進行，且有利於農業，兩者並不矛盾，從上述少數民族狩獵習慣中已得到證明。《左傳・隱五年》云：

> 故春蒐、夏苗、秋獮、冬狩，皆於農隙以講事也。

原來古代打獵正是利用農業勞動之間隙，一年四季均可爲之。只是各類狩獵之時期，可能因當地自然

---

③《春秋・昭八年》、《昭十一年》、《昭二十二年》、《定十三年》、《定十四年》。

④《春秋・桓四年》、《莊四年》、《僖二十八年》。

⑤《詩・小雅・車攻》有云：「之子於苗，……搏獸於敖」。

⑥《周禮・春官・肆師》有云：「獮之日涖卜來歲之戒。」關於《國語》《管子》中對「獮」的記載，詳下文。

⑦見《顧頡剛讀書筆記》（臺北：聯經出版公司，一九九〇）中《純熙堂筆記》狩與改火之一次與多次條，《虬江市隱雜記》三田四田條、蒐春夏秋所通用條，《湯山小記》一歲二時田三時田四時田條、春蒐秋獮條，《愚修錄》夏秋不可得獵條，《高春瑣語》周語中之三時田條。

⑧《顧頡剛讀書筆記・壬寅冬日雜鈔》狩獵只冬、春蒐秋獮皆軍事、夏苗爲農事條。

條件及獵物情況而定，未必絶對地局限於某一季節而已。茲分別疏説於下：

蒐

「蒐」爲搜索，因在農田中搜索獵物而得名。《説苑·修文》云：「春蒐者，不殺小麛及孕重者。……蒐者，搜索之」。《白虎通》云：「蒐，索肥者也」。《國語·周語》「蒐於農隙」下韋昭注：「蒐，擇也，禽獸懷孕未著，搜而取之也」。又《左傳·隱五年》杜預注：「蒐索，擇取不孕者」。《穀梁傳·桓四年》范寧注：「蒐，擇也，舍小取大」。由上可見，這是一種有選擇的狩獵，只獵取未孕者或已長大長肥者，留下那些已孕者或幼獸，讓它們繼續繁殖長大。這是初民狩獵時注意保護動物資源維持生態平衡的良好習慣。今天很多少數民族對於來自「文明社會」獵者不分季節不問對象一概趕盡殺絶的做法，深爲反感。我國古籍中有不少關於有節制進行狩獵的規定，如《禮記·王制》有云：「不殺胎，不殀夭，不覆巢」。《國語·周語》：「王田不取羣」。《禮記·曲禮》下：「國君春田不圍澤，大夫不掩羣」，均出於保護生態環境及資源的考慮。這是祖先留下的可貴的民族生態學（ethnoecology）遺產，值得我們今天認真研究和繼承。

「蒐」或言在春（《爾雅》、《左傳》等），或言在秋（《公羊傳》、《穀梁傳》）。驗證於其他可靠記載，並不局限於某一季節。如《春秋》經記載「蒐」凡五次，一次在春季（昭二十二年），二次爲夏季（昭十一年、定十三年）、二次爲秋季（昭八年、定十四年）。大概自春至秋均可進行這種小規模的有節制的狩獵。

苗

「苗」在已長莊稼之農田上進行。它的得名，應與除害獸保禾苗有關。《左傳・隱五年》杜預注：「苗，爲苗除害」（《爾雅・釋天》郭璞注、《穀梁傳・桓四年》范寧注略同）。此頗符合初民狩獵習慣，當禾苗既長或果實已結，爲防止野獸踐踏莊稼破壞收獲，初民必長期守衛，並乘此行獵。一九六五年我在雲南墨江縣曾親見玉蜀黍結穗時期，當地居民組織人力獵猴，並請外地來的「捉猴師傅」主其事，便寓有狩獵及保護作物雙重目的。大家熟知的魯迅著名小説《故鄉》，曾描寫農村少年閏土看守西瓜叉刺猬之事，也可視爲這類狩獵在內地的孑遺。

由於農作物生長季節有早有晚，故「苗」的舉行亦可春（《公羊傳》）可夏（《爾雅》、《左傳》、《穀梁傳》），不必專屬某一季節。大概凡兼有保苗除害作用之狩獵，均可稱「苗」。《禮記・月令》：「孟夏之月……驅獸毋害五穀，毋大田獵」，即指這種類型狩獵而言。由於夏春仍是獵物成長季節，故苗獵不能規模很大。《説苑・修文》云：「苗，……取之不圍澤，不掩羣，取禽不麛卵，不殺孕重者」；《周禮・大司馬》「遂以苗田」下鄭玄注：「擇取不孕任者」（《公羊傳・桓四年》何休注略同）；可見苗獵也是一種有節制的行獵，旨在保證動物資源的更新和再生。

獮

「獮」在秋季舉行，諸家無異詞。《周禮・大司馬》鄭玄注：「秋田爲獮……秋田主用罔，中殺者多也」。《左傳・隱五年》杜預注：「獮，以殺爲名，順秋氣也」。清代仍有「秋獮」之禮。到了秋季，獵物長肥，故「獮」爲專以殺取獵物爲目的之狩獵，「獮」即殺戮之意（見《爾雅・釋詁》）。大概這一類型狩獵才可以用網，以便多有所獲，而「蒐」與「苗」是禁止一網打盡的。

「獮」爲一種單純的狩獵，與農業生產以乎無關，然我懷疑它與收獲農作物仍可同時結合進行的。《國語・周語》云：「獮於既烝」下韋昭注：「烝，升也。《月令》：『孟秋乃升穀，天子嘗新』。既烝，謂仲秋也」。新穀既出，舉行嘗新之禮，緊接著便要大舉收割。獮獵行於嘗新之後，正值收獲季節。

狩

狩即圍守。《國語・周語》韋昭注：「狩，圍守而取之」；《左傳・隱五年》杜預注：「狩，圍守也，冬物畢成，獲而取之，無所擇也。」（《爾雅・釋天》郭璞注、《穀梁傳・桓四年》范寧注略同）諸家解釋無異詞。惟《公羊傳・桓四年》何休注云：「狩，猶獸也，冬時禽獸長大，遭獸可取」，說法與衆不同。今從上述佤族狩獵習慣可知，圍守之說近乎事實。蓋狩爲一年中最大一次行獵，在冬季舉行，與清理耕地相結合，其特點就是用火。《爾雅・釋天》：

火田爲狩。

《春秋・桓公七年》正義引李巡、孫炎：「放火燒草，守其下風」。《詩・小雅・車攻》「田車既好……駕言行狩」下毛《傳》：

大芟草以爲防⑨，……然後焚而射焉。

火勢既起，自不能進入火場，人們只能守在四周，以待野獸逃出時獵取。「狩」即得名於守。《說文》：「狩，犬田也」。或圍守中還使用犬助獵，卜辭中有司田獵的人，稱「犬」或「某犬」（胡厚宣《甲骨續存》序）。

由於狩的規模最大，獲取獵物甚豐，故後世狩獵連稱，作爲一切打獵之總稱。

歸納言之，古代狩獵與農業之關係應如下所述：自人類進入農業社會，在人口較密集地區專供狩獵之廣闊獵場已難尋覓，若附近有山澤自可進入行獵⑩，而一般情況下狩獵只能在農田上進行，且與農業生產一些步驟（除獸害保禾苗，火燒草萊準備耕地等）相配合。古代獵之稱「田」，其故在此，並無深奧難解之處。《白虎通》：

總名爲田者何，爲田除害也。

《說苑·修文》篇：

---

⑨《穀梁傳·昭八年》有云：「艾（刈）蘭以爲防」，與此同意。按今少數民族刀耕火種農業燒山仍用此法，先按要燒範圍砍倒樹木雜草，形成一道空白地帶，稱爲「隔火道」，主要爲防止火勢蔓延，以免造成林火之災。古代的「防」通過「芟草」造成，應即指「隔火道」之類。或釋「防」爲欄杆（見《古史新探》二三四頁），似非是。

⑩《周禮·地官》的山虞及澤虞，即掌管在山澤地區行獵清除草萊之事。大概清除草萊之後仍要用火燒。《詩·鄭風·大叔於田》便是對火田之描述：「大叔於田，乘乘馬，執轡如組，兩驂如舞。叔在藪，火烈具舉，袒裼暴虎，獻於公所。……」按藪指大澤，或已涸之澤。

去禽獸害稼穡者，故以田言之。

又《禮記·王制》：「天子諸侯則歲三田」下孔穎達疏：

獵在田中，又爲田除害，故稱田也。

以少她民族同類習俗相驗證，前人這些解釋並非望文生義，是符合實際情況的。惜淹没在大量煩瑣重複注疏之中，少爲前人所注意。

三

各種類型之狩獵，從其名稱來看，原爲與農業相結合之生產活動。然後來在貴族主持之下，它們成爲重要的「禮」。如《春秋》及三《傳》中記錄的「蒐」「大蒐」「狩」，已不應再理解爲一般的生產活動，否則史官不會如此大書特書的。

古代田獵之禮，寓有多重的社會功能。首先，它在軍事方面能起重要作用。《國語·齊語》（《管子·小匡》略同）有云：

春以蒐振旅，秋以獮治兵。

又《説苑·修文》篇：

……故苗、獮、蒐、狩之禮，簡其戎事也。

楊寬先生《大蒐禮新探》一文，曾對這一古禮軍事操練及檢閱性質，有精辟之分析。他指出由於「戰爭武器就是狩獵工具，戰爭方式也和集體圍獵相同，……同樣要排列陣勢。……因此很自然地會借用田獵來作爲進行軍事訓練和演習的手段」⑪，這樣解釋是很正確的。但他把各種類型田獵之禮均歸納於「大蒐禮」這一名詞之下，恐有未妥。儘管田獵之禮在《儀禮》中未有專章叙述，從其他記載可看出，各個季節的田獵之禮，內容及規模仍有區别。《周禮·大司馬》對四時田獵之禮便是分别叙述的。

中春教振旅，司馬以旗致民，平列陳（同陣、下同）如戰之陳，辨鼓、鐸、鐲、鐃之用，……以教坐作進退疾徐疏數之節。遂以蒐田，有司表貉，誓民，鼓，遂圍禁。火弊，獻禽以祭社。

中夏教茇舍，如振旅之陳。……百官各象其事，以辨軍之夜事，其他皆如振旅。遂以苗田，如蒐之法。車弊，獻禽以享礿。

中秋教治兵，如振旅之陳，辨旗物之用，……其他皆如振旅。遂以獮田，如蒐之法，羅弊，致禽以祀祊。

中冬教大閱。前期，羣吏戒衆庶，修戰法。虞人萊所田之野爲表。……田之日，司馬建旗於後表之中，羣吏以旗物鼓鐸鐲鐃各帥其民而致，質明弊旗，誅後至者。乃陳車徒如戰之陳，皆坐，羣吏聽誓

⑪《古史新探》，中華書局，一九六五年，二六三頁。

於陳前，斬牲以左右徇陳。……鼓戒三闋，車三發，徒三刺，乃鼓退，鳴鐃且卻，及表乃止，坐作如初。遂以狩田，以旌爲左右和之門。羣吏各帥其車徒以敘和出，左右陳車徒。……既陳，乃設驅逆之車，有司表貉於陳前。中軍以鼙令鼓，鼓人皆三鼓，羣司馬振鐸，車徒皆作遂鼓行，徒銜枚而進。大獸公之，小禽私之，獲者取左耳。乃所弊，鼓皆駭，車徒皆譟。徒乃弊，致禽饁獸於郊，入獻禽以享烝。

上面不憚其煩地摘引的大段記載，可以顯示出四時田獵之禮雖然經過禮家系統化，彼此仍存在相當的差異。「苗田」「獮田」之禮比較簡單，田獵方面「如蒐之法」，操練陣法「如振旅之陳（陣）」。這三者或可歸屬一種類型，它們同具有軍事操練性質，其中「苗田」又具有訓練夜戰（「以辨夜之軍事」）及夏季野外宿營（「教茇舍」）的意義。「狩田」則具有一年一次軍事檢閱性質（「教大閱」），不僅規模遠大於「蒐田」，即儀式內容亦較「蒐田」複雜得多。有關「狩田」禮之描述在上引《周禮·大司馬》文中所占篇幅最多，並非偶然。這是因爲「凡田之禮，惟狩最備，故……四時田法，惟狩最詳」⑫。「狩」是一年中規模最大之行獵，後來自然轉化成一年中最隆重的田獵之禮。

總之，由各種類型狩獵轉化而來之古禮，分言之，仍應稱爲「蒐」「苗」「獮」「狩」之禮（《說苑·修文》）；合言之，可根據古籍中現成名詞稱爲「大田之禮」（《周禮·春官·大宗伯》），或即稱「田獵之禮」。「大蒐」不宜作爲一切田獵之禮的總稱。

---

⑫ 孫詒讓：《周禮正義·大司馬》。

還值得一提的是正像近世軍事演習常常針對敵國或鄰國而舉行，古代田獵之禮有時也起著炫耀武力威懾鄰國的作用。因此，會獵竟一直成爲戰爭的別稱⑬。

田獵之禮的第二個社會功能是在宗教方面，即可爲祭祀準備祭品。《尚書大傳》（陳壽祺輯本）卷三：

必田狩者，所以共（供）承宗廟。

《穀梁傳·桓四年》：

四時之田，皆爲宗廟之事。

上引《周禮·大司馬》亦記載四時田獵最後仍要「獻禽以祭社」「致禽饁獸於郊，入獻禽以亨烝」等等。正由於獵物是要用以獻祭的，故還要講究射箭得法，保證獵獲物外形的完整。《穀梁傳·昭八年》有云：「面傷不獻，不成禽不獻」，即是此意。由於狩獵與祭祀關係密切，據云年終最大一次祭祀祖先——臘，即得名於獵。《風俗通》卷八有云：「臘者，獵也。言田獵取獸以祭祀其先祖也。」

最後，像其他古禮一樣，田獵之禮也具有維護等級制度，明確不同人羣的社會身份的功能。《禮記·王制》：

⑬ 大家熟知的例子是西元二〇八年赤壁之戰前，曹操《與孫權書》有云：「今治水軍八十萬，方與將軍會獵於吳」（《三國志·吳書·孫權傳》裴松之注引）。

天子、諸侯無事則歲三田。一爲乾豆，二爲賓客，三爲充君之庖。無事而不田，曰不敬。田不以禮，曰暴天物。天子不合圍，諸侯不掩羣。天子殺則下大綏，諸侯殺則下小綏，大夫殺則止佐車⑭，佐車止則百姓田獵。

又《詩·小雅·車攻》毛傳：

田者，大芟草以爲防……然後焚而射焉。天子發然後諸侯發，諸侯發然後大夫、士發。天子發抗大綏，諸侯發抗小綏，獻禽於下。故戰不出頃，田不出防，不逐奔走，古之道也。

這裏所言亦必經過系統化。但在較小範圍内，貴族與平民共同行獵，以等級尊卑而有先有後，先大貴族後小貴族，再後則「百姓田獵」。應是符合實際情況的。這方面有文獻記載可以徵引。《國語·周語》記載仲山父反對宣王料民於太原，曾云：

王……治農於籍，蒐於農隙，……獮於既烝，狩於畢時，是皆習民數者也。

他反對進行專門的人口統計，因爲王在參與農事和狩獵活動中即可得知人口數字，反映狩獵時貴族確和平民一起參加的，至少在西周後期如此。

⑭「佐車」即「驅逆之車」（鄭玄注）。圍獵時獵物驚惶逃跑，此車作用在於驅趕獵物入内，以便合圍。獵殺到一定程度，停止「佐車」，即停止驅趕，使他人可獵取逸逃之獵物。駕馭「佐車」者當然不是貴族本人，有專人負責這一工作（見《周禮·夏官·田僕》）。

上述田獵之禮中在貫串等級尊卑的原則的同時，還包括有防止和限制貴族無節制行獵的內容。某一等級行獵到一定程度，便要用旌旗（「綏」）作出信號，或停止驅趕獵物之車，示意後面行獵的人可以開始。此外，上述「天子不合圍諸侯不掩羣」「田不出防，不逐奔走」⑮等等規定，也都寓有不要趕盡殺絶，讓後面的人有物可獵的目的。「田不以禮，曰暴天物」，可見在貴族的田獵之禮中含有反對破壞和浪費自然資源的意思。

總結上述，我們的意見可以表述如下：

㈠中國中原地區自進入農業社會以後，狩獵便成爲一種與農業相結合的輔助性生産活動。狩獵不僅可與農業生産同時進行，有時且對農業生産有利（如除獸害保禾苗，火燒草萊既可圍獵又可清理耕地）。這就是古代打獵又稱爲「田」的緣故。

㈡古代狩獵分爲「蒐」「苗」「獮」「狩」幾種類型，各據不同季節中獵物成長情況而對狩獵規模和方法有不同規定。在春夏萬物生長季節，提倡有選擇的有節制的狩獵，以保證動物資源不致枯竭，反映在中國傳統文化中對於維持生態平衡的重要性，原有較深刻的認識。

㈢各種類型的狩獵，後來轉化爲貴族主持下的田獵之禮。它們寓有軍事操練和閱兵，爲祭祀準備祭品及維護等級制度等社會功能；同時仍包括防止和制約貴族無節制行獵，以保護動物資源的內容。

---

⑮　此處之「防」，即上述芟草而成之「防」。每次狩獵只能在此範圍内進行，若有獵物逃逸「防」外，即不得追趕。《穀梁傳·昭八年》：「過防弗逐，不從奔之道也」。《説苑·修文》：「冬狩……百姓皆出，……逐不出防」，均指此而言。這一規定也有使行獵時不要趕盡殺絶的含意。

近幾十年來研究中國社會史，對古禮一概加以批判，對其中一些合理的內涵闡發不夠。這是今後我們要加以注意的新課題。

（原載《王玉哲先生八十壽辰紀念文集》，南開大學出版社，一九九四年）

釋「武王伐紂前歌後舞」

「武王伐紂，前歌後舞」，自來傳為美談。近人一些歷史著作，談到周初歷史亦曾引用此說作為武王深得民心、士氣旺盛之證（見范文瀾著《中國通史簡編》）。這裏的歌舞如理解為人們表示歡慶而載歌載舞，則矛盾牴牾之處甚多。茲據西南少數民族有關習俗，另作新釋，供研究古史的參考。

一

關於人民前歌後舞參與伐紂事，在記述牧野之戰的《書·牧誓》、《逸周書·克殷》、《世俘》、《詩·大雅·大明》等篇中均不見記載，《史記·周本紀》中亦無隻字提及。據我們所見，較早的有關記載有下列幾條：

《禮記·祭統》正義引皇侃所述《尚書大傳》：「武王伐紂，至於商郊，停止宿夜，士卒皆歡樂歌舞以待旦。」

《太平御覽》卷四六七引《尚書大傳》：「惟丙午，王還師，師乃鼓躁，師乃慆，前歌後舞」（《御覽》卷五七四所引略同）

《白虎通·禮樂》：「武王起兵，前歌後舞，克殷之後，民人大喜。……」

《楚詞章句·天問》：「武王三軍，人人樂戰，並載驅載馳，赴敵爭先，前歌後舞，鳧噪歡呼。」

《太平御覽》卷八四引《樂稽耀嘉》：「武王承命興師，誅於商，萬國咸喜。軍渡孟津，前歌後舞。後乃大安，家給人足。」

按《尚書大傳》雖稱傳自西漢初年的伏勝，實非伏勝自撰。上引《尚書大傳》兩條，據研究又屬於《泰誓》篇的傳文①。而《泰誓》在今文《尚書》二十九篇中問題最多，馬融、鄭玄已疑之，或言出現於漢武帝末年（《書·序》疏引劉向《別錄》），或言宣帝時才發現（王充《論衡·正說》、陸德明《經典釋文》）。故上引兩條傳文爲後人僞托無疑。無論如何，在司馬遷的時代此說尚未形成，這就是爲什麼《史記·周本紀》以很多篇幅描述牧野之戰，而無隻字提及載歌載舞的原因。

其他諸書年代更晚。《白虎通》是東漢章帝建初四年（七九年）在白虎觀召羣儒講經後由班固編集而成；《楚詞章句》是曾任東漢順帝的「侍中」王逸所著（見《後漢書·文苑傳》）；《樂稽耀嘉》是已佚的讖緯之書，其年代亦在東漢之時。諸書所記前歌後舞事，或據《尚書大傳》兩條文字引申鋪衍而成。

有時一種古老的傳說，即使見於較晚記載，仍不失爲復原古史的參考資料。然周人前歌後舞參與伐紂的說法，與當時基本史實相違背，破綻百出，不能不使人發生懷疑。

據較可靠記載，牧野之戰是殷周兩個政權之間一次殊死戰，是一場大搏鬥和大厮殺。雖然最後由

---

① 《尚書大傳》到了「宋世巳無完本，迄明遂亡」（《左海文集》本陳壽祺序），今見諸本爲清人所輯，這兩條多被編入《泰誓》傳文。惟孫星衍《尚書今古文注疏》把「惟丙午，王還師……」一條，升傳爲經，作爲《泰誓》篇正文的一部分。

於士卒倒戈，周人取得勝利，而事先周人並無必勝把握，因爲殷人的實力是很强的。《詩·大雅·大明》云：「殷商之旅，其會如林，矢於牧野。維予侯興，上帝臨女，無貳爾心。」《史記·周本紀》云：「（紂）發兵七十萬人距武王」。當時殷人强大陣容由此略可想見。「上帝臨女，無貳爾心」一語，生動地反映出周人面對這樣陣容的懼怕心理，不得不用上帝助周這樣的話來堅定信心和鼓舞士氣。故武王戰前發布誓詞，除歷數殷紂之罪及動員部下努力作戰外，還要特別告誡戰士們隨時保持隊形的整齊。《書·牧誓》：「今日之事，不愆於六步、七步，乃止齊焉，夫子勉哉！不愆於四伐、五伐、六伐、七伐，乃止齊焉，勉哉夫子！」這就是說打幾個回合或向前推進幾步之後要向同伴看齊，不要亂了行列。請看當時氣氛是何等緊張，周人又是何等小心翼翼和慎重其事！

而據上引《尚書大傳》等記載，周人似乎不是去進行這樣緊張的戰鬥，而是興高采烈，如赴盛會。若謂既勝之後載歌載舞以示慶祝，猶可理解；而歌舞竟舉行於戰爭過程之中或戰前宿營之際，其時强敵當前，勝負未卜，人人生死攸關，哪有心情一再歌舞？

顯然，這是一種後起的傳說，是爲了尊崇武王和周公。武王伐紂一向被美化爲「仁義之師」；「仁義之師」是無敵於天下的，必然是兵不血刃的。所謂人民「前歌後舞」參與這次戰爭，只不過是爲這段已被美化的歷史又增添一段插曲而已。

然則，「前歌後舞」云云是否憑空捏造？並非如此。任何傳說的産生必有一些史實作爲「底本」。在文獻中另有一類記載也説到武王伐紂歌舞之事，説法便完全不同。例如《華陽國志·巴志》：

周武王伐紂，實得巴蜀之師，著乎《尚書》。巴師勇銳，歌舞以淩，殷人倒戈。故世稱之曰：「武王伐紂前歌後舞也」。……閬中有渝水，賨民多居水左右②，天性勁勇，初爲漢前鋒陷陣，銳氣喜舞。帝善之曰：「此武王伐紂之歌也」。乃令樂人習學之，今所謂「巴渝舞」也。

《太平御覽》卷五七四引《三巴記》：

（閬）中有渝水，賨民銳氣喜舞，高祖樂其猛銳，使樂人習之，故名巴渝舞。

《晉書·樂志》：

漢高祖自蜀漢將定三秦，閬中范因③率賨人以從帝爲前鋒。及定秦中，封因爲閬中侯，復賨人七姓。其俗喜舞，高祖樂其猛銳，數觀其舞，後使樂人習之。閬中有渝水，因其所居故名「巴渝舞」。

據這一類記載，原來「武王伐紂前歌後舞」是指巴人參與這次戰爭時「歌舞以凌」而言，「凌」就是進逼敵人之意。這是先頭部隊的一種衝鋒陷陣方法，並不是真正的歌舞。而且直到西漢初年，巴賨之民還曾以這種方法助漢作戰。這樣的說法就比全體士卒載歌載舞來作戰的說法，要合乎情理。

按《華陽國志》等地方文獻，有時能保存下一些珍貴史料。它所記「歌舞以凌」之事就是如此，因爲確曾存在過這樣的習俗。只是以上記載語焉不詳，有待人們作出進一步的闡釋。

---

② 賨民是巴地一個部落或即巴人的一支。《華陽國志·巴志》有云：「（巴）有濮賨……夷蜑之蠻」。

③ 又作「范目」《華陽國志·巴志》。

二

遠古戰爭講究先聲奪人之法，認爲是取勝的必要條件。臨陣時有人大聲吶喊、高唱戰歌或發出可怖聲音，手執武器，作出各種恫嚇性的刺殺動作。這就是所謂「鋭氣」④。史載巴人「鋭氣喜舞」，當指他們擅長這種令敵人害怕的動作。有時爲了長己方「鋭氣」、滅敵人威風，還要身穿彩衣，化妝爲野獸⑤，或以野獸爲前驅⑥，也都屬於同類習俗。巴人「歌舞以凌」的具體情況，已不可得知。然同樣的戰俗在我國西南少數民族之中直至近世猶有保存，略舉兩例如下：

雲南德宏地區景頗族過去經常發生「拉事」，即世襲貴族（「山官」）操縱下的一種掠奪性械鬥。每當「拉事」之前，雙方皆要推舉勇敢戰士充當先鋒。巫師（「董薩」）卜卦決定戰期後，舉行「山官」對先鋒「授盾牌」儀式（圖一），即將一塊繪有恐怖人面圖形的野豬皮盾牌（稱爲「郭

---

④「鋭氣」一詞不僅見於《華陽國志》所記巴人之事，亦見於古代兵書。如《孫子·軍爭》有云：「避其鋭氣，擊其惰歸。」

⑤例如，西元前六八五年魯與宋戰，魯公子偃「蒙皋比（虎皮）而先犯之」（《左傳·莊公十年》）。西元前六三三年，晉與楚及其同盟者陳、蔡之師作戰，「蒙馬以虎皮」（《左傳·僖公二十八年》）。西元前二七九年，齊國田單用火牛陣大敗燕軍，牛身上也被上「五彩龍文」的繒衣（《史記·田單列傳》）。有關這一古代戰俗，參見顧頡剛《史林雜識》初編「驅獸作戰」條。

⑥直到明清時期，雲南少數民族作戰時還以象爲前導，著名的李定國的抗清部隊中也有象隊。象的主要作用不在直接殺傷敵人，而在嚇退敵人。（明）錢古訓《百夷傳》說古代傣族作戰「多以象爲雄勢」。（明）朱孟震《西南夷風土記》說：「短兵既接，象乃突出。中華人馬未經習練者見象必驚怖辟易，彼得乘其亂也」。即指此而言。

諾」）授予先鋒，表示委以領戰的重任，然後出征。據我們在盈江地區所了解，具體作戰過程是這樣的：先鋒共有兩人，一人稱爲「勒卡總楚」（漢人稱爲「正兵頭」），一人稱爲「司列」（漢人稱爲「副兵頭」），兩人走在出征隊伍的最前列。「勒卡總楚」一手舞刀，一手舞野豬皮盾牌。「司列」雙手緊持一根長矛，作不斷向前刺擊之狀。兩人動作很像舞蹈，但情緒緊張而狂熱，與舞蹈性質毫不相同。兩人口中還不時發出「啊！啊！……」的聲音（據解釋是模仿老虎的吼叫聲），造成一種恐怖的氣氛。兩人邊舞邊吼，向敵人衝去，全隊緊隨其後向前推進。近代景頗族已用新式步槍，但作戰時仍要推選先鋒，在前揮舞刀矛和盾牌。而且他們仍然認爲，這才是決定戰爭的關鍵。有一個親自參加過「拉事」的人還神秘地告訴我們：盾牌舞得愈快愈好，槍彈打中了也會「掉在地上，傷不了人」。

四川涼山彝族一九四九年前各個家支之間經常發生械鬥，稱爲「打冤家」。他們使用新式槍支前也保持類似的古老戰俗。戰前雙方各選出先鋒，稱爲「扎夸」（一般由黑彝擔任）。戰時「扎夸」一手舞牛皮盾牌，一手舞刀，在全隊之前跳躍打頭陣。戰士們都穿上鮮艷服裝，隨之衝殺；有的披戴皮甲（圖二）和皮護臂，頭纏紅布，插以鷄毛。「扎夸」打扮尤爲出衆。甲胄、盾牌之上，都漆以紅、黃、黑三種顏色組成的圖案，鮮豔奪目。所有這些都爲了造成一種令敵人害怕的場面。開打前雙方「扎夸」先通報家支名稱及自己的名字，發出恫嚇之語，「你們這一家支的人，被我殺過的頭太多了！」或「我比老虎還凶」之類。開打後。奴隸及婦孺則在後吶喊助威，稱爲「吼號子」。有時還要高唱戰歌，前人曾記錄如下一首戰歌：「我是很出名的黑彝，我是殺豬的屠户。我是人上之人，我是吃人之虎。我曾剝過人皮九張，誰能比得上我。」⑦

在我們看來這些恫嚇性的動作和言詞是毫無意義的，並不能決定戰爭的勝負。而他們卻認爲這種方法能在戰爭中起決定作用。有時一方因「扎夸」勇猛，陣容可怖而取勝。

上述兩族的械鬥，僅發生在村落與村落之間，或氏族與氏族之間。從規模上說自比不上牧野之戰或楚漢之戰，但他們保存的戰俗卻可供研究古代戰爭的參考。

從這裏我們才能理解「巴人勇鋭，歌舞以淩」，「前鋒陷陣，鋭氣喜舞」的真正含意。原來所謂「歌」，就是高唱戰歌或大聲吼叫；所謂「舞」，不過是臨陣時有人在前揮舞武器作出一種恫嚇性動作而已。這是一種古老的戰俗，與表示歡樂的歌舞毫不相干。巴人所以被周人選作先頭部隊，並非因爲能歌善舞，而是他們「天性勁勇」，就像景頗族兩種「兵頭」和彝族的「扎夸」那樣，適合衝打頭陣。

巴人是我國西南一個古老民族，他們和今天西南地區一些少數民族在文化上自然有一定的聯繫。景頗族、彝族能保存與巴人類似的戰俗，或非偶然。

由於巴人有「歌舞以淩」的戰俗，並以此參與伐紂之役⑧。後來以訛傳訛，再加上後人有意識的

---

⑦ 參見徐益棠：《打冤家——羅羅氏族間之戰爭》，見《邊政公論》第一卷七—八期。

⑧ 巴人參與伐紂之役，雖僅見於《華陽國志·巴志》，似非虛構。關中與巴蜀之間自古以來聯繫是很密切的。《書·牧誓》記載伐紂八族是「庸、蜀、羌、髳、微、盧、彭、濮」，雖未提及巴人，但濮人之中應即包括巴人在內。左思《蜀都賦》有云：「（蜀）於東則左綿巴中，百濮所充。」（《文選》卷四）。

編造，竟把先頭部隊類似歌舞的衝鋒動作，說成是羣衆的載歌載舞，以適應美化武王、周公的社會思潮。人民前歌後舞以參與伐紂之說，便是這樣形成的。

三

最後略談一下大武舞的起源問題。這個問題和「武王伐紂前歌後舞」自來是有聯繫的。

大武舞是我國古代重要舞蹈之一。先秦時朝，要遇重大祭祀活動才能舉行，對舉辦者的身份、地位有一定的規定⑨。秦漢以後，名稱一再變易⑩，已非舊觀，但仍是歷朝祭典中常用的舞蹈。

關於它的起源，多說是武王或周公爲紀念伐紂勝利而作：

《左傳·宣十二年》：「武王克商，……又作『武』。夫『武』禁暴戢兵，保大定功，安民和衆豐財者也。」

《呂氏春秋·仲夏紀·古樂》：「武王即位，以六師伐殷，六師未至，以銳兵克之於牧野，歸乃荐俘馘於京太室，乃命周公爲作『大武』。」

或據後人僞托孔子說的一段話，認爲是表現西周初年從伐紂到周召分治一連串的史事：

---

⑨《禮記·明堂位》：「季夏六月，以禘禮祀周公於大廟……朱干玉戚，冕而舞大武。」《郊特牲》：「朱干設錫，冕而舞大武，乘大路，諸侯之僭禮也。」

⑩參見《隋書·音樂志》所載牛弘奏書。

《禮記·樂記》：「子曰……夫樂者象成者也。總干而山立，武王之事也。發揚蹈厲，太公之志也。武亂皆坐，周召之治也。且夫『武』始而北出，再成而滅商，三成而南（歸），四成而南國是疆，五成而分周公左召公右，六成復綴以崇，天子夾振之而駟伐，盛威於中國也。分夾而進，事早濟也，久立於綴，以待諸侯之至也」⑪。

關於武王或周公制作大武舞之說，顯然是受「制禮作樂聖人之事」的陳腐觀點所影響。實際上，宮廷

---

⑪ 這段話自來難讀，疑其中有錯簡。「且夫武始而北出……六成復綴以崇」一段，應在「夫樂者象成者也」之前。試加改正並分段，則全文應作：

且夫『武』始而北出，再成而滅商，三成而南，四成而南國是疆，五成而分周公左召公右，六成復綴以崇。夫樂者象成者也。總干而山立，武王之事也。發揚蹈厲，太公之志也。武亂皆坐，周召之治也。天子夾振之而駟伐，盛威於中國也。分夾而進。事早濟也。久立於綴，以待諸侯之至也。

這樣改後全文貫通，前一段講全舞六「成」的主題，即所象之事；後一段講六「成」的舞容。兩者完全可以對應起來。王國維《周大武樂章考》（《觀堂集林》卷二），曾據這段話列表說明武舞六「成」所象之事及舞容，即因記載本身有誤，不能不留下空格，若據以上改動，則六「成」均可復原無缺。茲另列一表，作爲《周大武樂章考》的補充：

	一成	二成	三成	四成	五成	六成
所象之事	北出	滅商	南（歸）	南國是疆	分周公左召公右	復綴以崇
舞容	總干而山立	發揚蹈厲	武亂皆坐	夾振之而駟伐	分夾而進	久立於綴

樂舞多採自民間，即使有人制作過某種舞蹈，那也原有所本，不可能憑空產生。至於《禮記·樂記》所云，大武舞每段都有微言大義，一段象徵一件史事，簡直成了絕妙的歷史舞劇，這更是二三千年前所不可能出現的。

然而大武舞一再和武王伐紂相聯繫，亦不爲無因。我們認爲，大武舞就是來源於巴人參與伐紂時「歌舞以凌」的動作。

據上引《華陽國志·巴志》等記載，漢高祖見人衝鋒陷陣時「銳氣喜舞」的情況，便譬爲「武王伐紂之歌」（這就是指大武舞及其樂曲而言，因爲後世猶稱大武舞系統的舞蹈爲「武王伐紂」）[12]。若非動作相似，劉邦是不能作這樣比喻的。又他還令樂人模仿巴人「銳氣喜舞」動作，制作了巴渝舞，後來巴渝舞一直被歸入大武舞的系統[13]，也應由於兩者內容大同小異，並有著共同的來源。

據《禮記·祭統》、《明堂位》等篇記載，大武舞者要手執「朱干玉戚」。「朱干」就是彩繪盾牌，「玉戚」則泛指一般的兵器，不一定都要玉製。湖北荊門發現一件銅戚，上有「大武□兵」四字，可能即是大武舞所用之物[14]。後世凡是武舞，仍然要用干戚[15]。又大武舞各種動作若撇開後人所加附會之詞，亦均表現武事。如「總干而山立」「來振之而騶伐」等等，都不過是模擬戰鬥的動作而

[12]《齊書·樂志》：「宣烈舞（武舞）……今世諺呼爲「武王伐紂。」」
[13]《晉書·樂志》：「黃初三年，又改巴渝舞曰昭武舞。」
[14]俞偉超：〈「大武□兵」銅戚與巴人「大武舞」〉，《考古》一九六三年三期。
[15]《隋書·音樂志》：「武舞六十四人，並服武弁，朱構衣，革帶，烏皮履。左執朱干，右執大戚。」《新唐書·禮樂志》：「武舞，左干右戚，執旌居前者二人。」

已。這和景頗族、彝族作戰時先鋒一手持盾一手舞刀向前衝殺的情況，完全可以相對照。巴渝舞中還有「矛俞」、「弩俞」，即以持矛者和持弩者爲前導⑯，這又使我們聯想起景頗族戰爭中持矛在前衝殺的「司列」。

景頗族和彝族在戰爭中有推選先鋒以類似舞蹈動作在前衝殺的習俗，在他們舞蹈中就有模擬先鋒衝殺動作的戰舞，同樣是一手持盾一手持刀，其動作和先鋒跳躍衝殺的動作一樣（圖三）。可以想像，巴人也曾存在過模擬自己衝鋒動作的舞蹈。

總之，大武舞應和巴渝舞一樣，都來自巴人。但不是模仿巴人一般的舞蹈，而且模擬或者是直接採用他們作戰時「歌舞以凌」的動作。在舞蹈發展史上，模擬性的舞蹈（imitative dance）要比其他舞蹈出現爲早。

綜合上述，我們的看法可以簡要地表述如下：

「武王伐紂前歌後舞」傳說的產生，與巴人曾以「歌舞以凌」方法參加這次戰役有關。所謂「歌」，就是高唱戰歌或高聲吼叫；所謂「舞」就是先鋒或先頭部隊作出衝殺和刺擊的恐嚇性動作，大武舞即是模擬這些動作而產生的。

「歌舞以凌」原是古代戰爭中一種普通習俗，應是實有其事的。而所謂人民擁護伐紂前歌後舞地參加戰鬥云云，乃出於後人的附會和誇飾。

---

⑯《晉書．樂志》：「巴渝舞……舞曲有矛渝本歌曲，安弩渝本歌曲。」《隋書．音樂志》：「又魏晉故事有矛俞，弩俞及朱儒爲前導，……其矛俞，弩俞等，蓋漢高祖自漢中歸，巴俞之兵，執仗而舞也。既非正典，悉罷不用。」

附記：此文初稿曾送請顧頡剛先生審閱，承復函給予鼓勵並提了一些寶貴意見。顧先生現已去世，謹以此小文作爲對他的紀念。

圖一　景頗族械鬥前「授盾牌」儀式

圖二　涼山彝族的「打冤家」的皮甲

圖三　景頗族模擬過去持刀舞盾衝鋒的盾牌舞

讀《伐檀》偶識

《伐檀》爲詩三百篇中較爲有影響的作品。自先秦時期起，詩中名句「彼君子兮，不素餐兮」常爲人徵引①。全詩被譜爲樂章，於投壺等禮儀中演奏之②。到了現代，它又多次被編入大中學語文課本，採入古代著名文學作品選集，或譯爲白話詩③。

近來重讀《伐檀》，似其中尚有賸義有待闡發。茲不避淺薄，草此小文，對前人解釋試加搜集和評述，並略抒自己的理解，爲張政烺老師祝壽，兼就教於方家。

---

① 例如，《孟子·盡心》有云：「公孫丑曰：『詩曰不素餐兮，君子之不耕而食何也。』孟子曰：『君子居是國者，則安富尊榮。其子弟從之，則孝悌忠信。不素餐兮，孰大於是？』」《春秋繁露·仁義法》有云：「坎坎伐輻，彼君子兮，不素餐兮，先其事而後食，謂治身也。」《潛夫論·三式》有云：「先王之制，……子孫雖有食舊德之義，……必有功於民，乃得保位。……詩云『彼君子兮，不素餐兮』。由此觀之，未有得以無功而祿者也。」

② 《大戴禮記·投壺》：「凡雅二十六篇，其八篇可歌。歌《鹿鳴》、《貍首》、《鵲巢》、《采蘩》、《伐檀》、《白駒》、《騶虞》。」有關《伐檀》漢代以後其他禮儀中演奏情況，參見王國維〈漢以後所傳樂章考〉，《觀堂集林》卷二。

③ 翻譯《詩經》之作，已有多種。即是選譯，《伐檀》亦多收入。參見余冠英《詩經選譯》，作家出版社，一九五六年；陳子展《國風選譯》古典文學出版社，一九五七年；李長之《詩經試譯》，上海古籍出版社，一九六五年，等等。

一

《伐檀》爲《魏風》七篇之一，凡三章，章九句。此詩早已膾炙人口，人多能誦；然爲便於討論計，仍將全詩抄錄於下：

坎坎伐檀兮，寘（置）之河之干兮。河水清且漣漪。不稼不穡，胡取禾三百廛兮？不狩不獵，胡瞻爾庭有縣（懸）貆兮？彼君子兮，不素餐兮。

坎坎伐輻兮，寘之河之側兮。河水清且直漪。不稼不穡，胡取禾三百億兮？不狩不獵，胡瞻爾庭有縣特兮？彼君子兮，不素食兮。

坎坎伐輪兮，寘之河之漘兮。河水清且淪漪。不稼不穡，胡取禾三百囷兮？不狩不獵，胡瞻爾庭有縣鶉兮？彼君子兮，不素飧兮。

此詩字句之訓詁，無多異說，然關於詩之主旨，自來「解者不一」④。

在古代詩經研究中，毛詩一派向來占有重要地位。該詩首章「河水清且漣猗」句下毛《傳》云：

伐檀以俟世用，若俟河水清且漣。

現已公認爲東漢衛宏所作之《詩序》云：

---

④ 方玉潤《詩經原始》（《雲南叢書》本）卷六。

伐檀，刺貪也。在位貪鄙，無功而受祿，君子不得進仕爾。

漢末鄭玄爲毛詩作《箋》，即摘抄《詩序》之文，不贅引。總之，毛詩學者認爲乃「不得進仕」之君子諷刺「無功而受祿」者之作。此說對後世有很大的影響。

齊魯韓三家詩之流行較毛詩爲早，西漢初年即立於學官，惟早亡逸，僅有片斷的舊說傳世。其中齊詩一派認爲：

伐檀，刺賢者不遇明王也。⑤

仍是外「不得進仕」之意。韓詩一派的看法則反映在對「素餐」的解釋之中：

人但有質樸而無治民之材，名曰素餐。⑥

又《韓詩外傳》爲「引詩以證事」（四庫館臣語）之作，曾兩引「不素餐兮」之句，以讚美自知無能因而辭官不就者⑦。而學習韓詩的西漢王吉以《伐檀》爲武器反對當時官吏子弟可以世代爲官的「任

---

⑤ 范家相《三家詩拾遺》（《守山閣叢書》本）卷六引張楫曰。

⑥ 《文選・曹子建求自試表》李善注引韓詩。

⑦ 《韓詩外傳》（許維遹校注本）卷二第十九章：「商容……欲以化紂而不能，遂去，伏於太行。及武王克殷，立爲太子，欲以爲三公。商容辭曰：『吾……愚而無勇，不足以備乎三公。』……遂固辭不受命。……詩曰『彼君子兮，不素餐兮』。商先生之謂也。」又同卷第二十章：「晉文公使李離爲理，過聽殺人，自拘於庭，請死於君。君曰：『官有貴賤，罰有輕重，下吏有罪，非子之罪也。』……李離對曰：『……夫無能以事君，闇行以臨官，是無功以食祿也。臣不能以虛自誣』。遂伏劍而死。……詩曰：『彼君子兮，不素餐兮』。李先生之謂也。」

子令」，說這些子弟「率多驕騖，不通古今」⑧。可見韓詩學者認爲《伐檀》主旨是諷刺「無功而受祿」者。

漢末又有謂《伐檀》爲魏國女子所作者：

> 傷賢者隱避，素飡在位，閔傷怨曠，失其嘉會。……今賢者隱退伐木，小人在位食祿。……仰天長嘆，援琴而鼓之。⑨

此說出於蔡邕《琴操》，疑即出於魯詩之言（邕所寫石經即本諸魯詩）。惟范家相《三家詩拾遺》輯錄三家舊說，未錄此說。

漢魏以後，三家詩逐漸淪亡，而毛詩專行。唐代孔穎達《五經正義》列爲科舉考試必讀之書，毛詩更居於統治地位。及至宋代，朝廷有重新訓釋古書之旨，王安石、蘇轍、鄭樵等人開始反對毛詩，均有研究詩經之作問世⑩。在前人啓發下，南宋朱熹著《詩集傳》一書，敢於否定《詩序》，對詩三百篇多有新釋。此書可說是詩經學上劃時代之作，先後風靡數百年之久。其中對《伐檀》一詩的解釋是：

---

⑧《漢書·王吉傳》。

⑨蔡邕《琴操》（《叢書集成》本）卷上。

⑩王安石著有《詩義》，早佚，現有輯佚本問世，見邱漢生《詩經鈎沉》，中華書局，一九八二年。蘇轍著有《詩集傳》，見《兩蘇經解》。鄭樵著《詩辨妄》一書，已佚。

詩人言有人於此，用力伐檀，將以爲車而行陸地。今乃寘之河干，則河水清漣而無所用，雖欲自食其力而不可得矣。然其志則以爲不耕不可以得禾，不獵則不可以得獸，是以甘心窮餓而不悔也。

要之，他認爲此詩乃讚美君子之詞，而伐檀者即是主張「不素餐」的君子。

清人治詩，於字句訓詁方面較前精密，多有發明。如陳奐《詩毛氏傳疏》之類著作，雖奉毛氏爲宗主，頗能搜羅毛詩、三家詩注疏舊說，擇善而從，不拘守門户之見。但在詩意解釋上，仍多以毛詩爲依據，不敢越雷池一步。對《伐檀》的解釋，一再重復毛《傳》、鄭《箋》和《詩序》之説，未有新義。雖有少數學者能擺脱毛詩的影響，對一些詩篇曾提出自己看法，然對《伐檀》一詩仍然貢獻無多。例如，以疑古辨僞著稱的崔述云：

《伐檀》，……《序》以爲刺貪，朱子以爲美不素餐，然細覩其詞，二意實兼之。⑪

他調和折衷於《詩序》及《詩集傳》之間，並未提出自己的解釋。又如，清代雲南傑出學者方玉潤有云：

殊知河干伐檀，非喻君子不得仕進，仍喻君子仕於閑曹之秩也。君子食祿必有所報，今但尸位無所用力，故以素食爲耻。一如伐檀爲車，而今乃寘之河干之地，但見河水清且漣猗，則雖車也，將焉用

---

⑪ 見所著《讀風偶述》卷三，載《崔東壁遺書》，上海古籍出版社，一九八三年。

之？⑫

在實質上，他所謂「仕於閑曹之秩」之君子與毛詩「不得仕進」之君子，是沒有區別的。

從上述可見，從漢到宋又從宋到清，無論是屬於毛詩還是三家詩，是相信《詩序》抑是反對《詩序》，各家對《伐檀》之理解只有枝節上的不同，而基本觀點是一致的。這就是認爲《伐檀》乃不得意的「君子」的慨嘆。

五四以後，隨著新的學術思潮的傳入，學者以新的眼光重讀《詩經》，反對「以義理説詩」，徹底擺脱《詩序》的影響；《伐檀》一詩開始衝破古人設置的重重迷霧，人們不再相信爲「不得仕進」君子所作的迂腐之論，正確地認爲《伐檀》乃伐木者對不勞而食者的鞭撻⑬。

但近人上述結論，只是「一以己意説詩」的結果，古人觀點並未得到認真的分析和清理。猶如斷言前人皆錯，而未能指出錯在何處，這就不能令所有的人信服。故時至今日，仍有以《詩序》觀點翻譯《伐檀》者⑭。

這就有必要舊案重提，重新檢查一下古人對《伐檀》穿鑿附會及錯誤之由。

---

⑫ 見所著《詩經原始》（雲南叢書本）卷六。

⑬ 參見顧頡剛〈詩經在春秋戰國間的地位〉，魏建功〈邶風靜女的討論〉。劉大白〈四談靜女〉，何定生〈關於詩的起興〉，並載《古史辨》第三册。

⑭ 如馬持盈《詩經今注今譯》（臺灣商務印書館，一九六九年）第一五五頁云：「伐檀，嘆清廉之不見信，且諷在位者之貪鄙也。」

二

爲何古人會認爲《伐檀》是不得意的「君子」之作？他們的「根據」何在？一近人重釋《伐檀》，著重闡明「君子」、「素餐」等含義，而很少注意各章首三句。實際上，一切附會都由此首句而來。蓋從漢到清各家説詩，多認爲《詩經》是一部諫書，但這諷諫是「曲而婉」的，是「言在此而意屬於彼」⑮的，故認爲《伐檀》各章首三句也寓有微言大義，是詩人有意識地所作的一種比喻。

爲什麼像「置之河之干兮」、「河水清且漣猗」這樣描繪自然景物之句，與「不得進仕」和「待明君乃仕」，會有一種比喻關係呢？唐孔穎達《毛詩正義》對此有全面的闡釋：

> 言君子之人不得進仕，坎坎然自身斬伐檀木置之於河之厓，欲爲輪輻之用。此伐檀之人既不見用，必待明君乃仕。……
>
> 此人不得進仕，伐檀隱居，以待可仕之世，若待河水清且漣猗然也。河水性濁，清則難待，猶似暗主常多，明君稀出，因即以河爲喻……。

後來無論是尊崇毛詩或反對毛詩都未能脱此窠臼，大談各章首三句的比喻意義。除上引朱熹《詩集傳》、方玉潤《詩經原始》等外，他如（宋）蘇轍《詩集傳》（《二蘇經解》本）有云：

---

⑮ 見諸錦爲范家相《詩沈》一書所作序言，轉引自顧頡剛〈詩經在春秋戰國間的地位〉一文。

伐檀宜爲車，今河非用車之處。

（清）李塨《詩經傳注》（《顏李叢書》本）卷三有云：

詩人言君子不得仕進，自勞其力，坎坎伐檀爲輪爲輻置於河上，因而嘆河水之濁幾時清。王者太平嘉瑞之將出，則河水先清，然則明君不作乎？仕進其無日乎？

（清）陳啓源《毛詩稽古篇》（點石齋《皇清經解》本）卷六：

《伐檀》首三句，毛傳以河清興明君，詩意當如此。河以濁顯而詩三章皆言其清，取義必在是。

又（清）戴震《毛鄭詩考正》（點石齋《皇清經解》本）云：

伐檀乃置之河干，蓋詩人因所聞所見而言之，以喻急待其用者置之不用也。

把這些意見歸納起來，不外乎下列兩點：第一，伐檀既爲製車之用，何以置於河邊？必是比喻有用之材置於無用之地。第二，河水混濁難清，詩言河清者乃期待明君之意。

爲了說明這兩點「根據」之不能成立，必須先要證明伐檀置於河邊及河水清漣均爲詩人所見事實，而非詩人特意虛構用作比喻者。基於我們平常對周圍事物的觀察，現已可證明兩者確爲自然界和社會生活中常見現象。

第一，木料泡在水中乃製車過程中常用之法。

按檀爲一種堅硬木材⑯，在古代是製造車的輪輻最佳原料。《考工記·輪人》：

> 輪人爲輪，斬三材，必以其時。

鄭玄注：

> 三材所以爲轂、輻、牙也。……今世轂用雜榆，輻以檀，牙以橿也。

又（東漢）王符《潛夫論·相列》：

> 檀宜於輻，榆宜爲轂。

由於輪輻是車子的主要部件，故古代車子又可稱「檀車」⑰。直到明代，檀木仍被視爲製車最佳原料之一⑱。

製造輪輻之木，何以要泡之於水？此實爲製車備料一種必要方法。木材不怕泡水，從古到今運輸

---

⑯《詩·鄭風·將仲子》：「無折我樹檀。」毛傳：「檀，彊忍之木。」《論衡·狀留》：「樹檀以五月生葉，……其材強勁，車以爲軸。」

⑰例如，《詩·小雅·杕杜》：「檀車幝幝。」毛傳：「檀車，役車也。」又《詩·大雅·大明》：「檀車煌煌。」按《大明》記述牧野之戰，此處檀車當指戰車。

⑱《天工開物》卷中《舟車》有云：「凡車質惟先擇長者爲軸，短者爲轂，其木以槐、棗、檀、榆爲上。」《羣芳譜·木部》五：「檀，善木也。」

木材多採用編筏順流而下之法。木材泡水之後不僅不會腐爛，而且可以防止生蟲，使木材更爲堅韌。（後魏）賈思勰《齊民要術》卷五伐木條：

凡伐木，四月七月則不蟲。……凡非時之木，水漚一月，或火煏取乾，蟲皆不生。

賈思勰自注曰：

水浸之木，更益柔韌。

明末方以智著《物理小識》一書，介紹當時所知科技知識，頗能「核其實際」（見該書序言），其卷八除引上述《齊民要術》文外，復舉「椰（椰子）、榔（桄榔）之木」爲例，進一步說明「堅木入水不朽」的事實。車輪要求堅固耐用，故車木更需泡水，至今一些偏僻地區製車備料過程仍常用此法。此或爲終身困守書齋學者所未曾想及的。僅就筆者本人親目所睹略加介紹，或有助於理解古人伐木置之於水之原由。

雲南瀘西縣近郊居住的漢族和壯族（沙人），至今尚能製造一種牛車，在附近頗負盛名。這種車的輪子用整塊木板拼成，是無輻的，殆即古代的「輇」⑲，是最原始的一種車子。一九七〇——一九七二年我被迫在該地勞動，忙裏偷閒，苦中作樂，曾對他們製車情況進行調查和實錄。

這裏的車子其他部件可用各種雜木製造，惟車軸和木板輪子非用柚木不可。柚木在當地算是一種

⑲《說文·車部》：「有輻曰輪，無輻曰輇。」

最堅韌的木料，伐來（或購買）之後先加工成木板，或更砍削略見輪形，這可說是輪子的半成品，然後便放入村寨附近小河中。

據有經驗的工匠談，只有泡水才能防止木料乾裂、生蟲，只有泡過水的柚木製造的輪子才經久耐用。但放在什麼樣的水中，又有一定的講究。他們說，若放在死水塘中，木料仍易腐爛；必須置之於河水（他們稱爲「長流水」者）之中，才可收效。若是小河，木料隨便放入即可；而若是大河，便不能放在河中央，而只能放在河邊，這樣既可防止發洪水時將木料沖走，用時又易於撈取。憶及當時在該縣大興堡、納堡一帶沿河散步時，常見這種準備製作車輪的木料臥於河邊淺水之中，歷歷可數。

以此印證《伐檀》，可見各章首三句反映的是製車備料實況。首章言「伐檀」，而次章及卒章言「伐輪」、「伐輻」者，反映古代檀木是製造輪輻的原料。伐檀之後置之於河，而指明是「河干」、「河側」，據前人訓釋均指河邊而言⑳，這與瀘西縣車木泡水情景正同。凡此說明伐檀之後置於河邊，乃製車備料必經工序，爲防止木料乾裂或腐爛、生蟲之良法，決非是將有用之材「置之不用」。

第二，「河雖濁而在河之干者則清」，乃常見的自然現象。河在典籍中一般指黃河（當然也包括一些小的支流）而言，而黃河在《詩經》時代已和今天一樣，水流混濁。正因如此，才會有「人壽幾何，俟河之清」之句㉑。然《伐檀》「河水清且漣猗」等句是否寓有微言大義，有期待明君出世之意呢？回答是否定的。

---

⑳ 《伐檀》毛傳：「干，厓也」；「側，猶厓也」；「意即河邊」。

㉑ 《左傳·襄公八年》：「俟河之清，人壽幾何。」

經常沿著河邊行路的人，必然觀察到任何濁流兩邊近岸處仍是比較清澈。蓋濁流是由於上游水土流失，夾泥沙而俱下的水流一般急行於河床中部，而兩邊近岸處的水相對處於靜止狀態，故必較河中部的水爲清。如上所述，《伐檀》所言檀木伐來後正是置於河邊的，則詩人所見爲清水，自無足怪。「河水清且漣猗」乃真情實景，詩人觸景生情，反覆咏嘆，以興起以下詩句，其間何曾有什麼深意?!其實，這種自然現象前人業已發現，即所謂「河雖濁而在河之乾者則清」。惜乎迷信毛詩者不悟，拘泥於河水難清之說，反而直斥此說爲非，硬說「詩咏河多矣，並無言河水清者，獨此詩三言之，豈無意乎？」㉒遂使問題糾纏不清。

以上既已證明，伐檀以後置之於河邊水中，爲了保存木料，並非有用之材「置於不用」，則「君子不得進仕」之説便無所依附；河水雖濁而在河邊的水仍可清澈，則期待「明君」之説便失去根據。這樣，漢代以來經師們對《伐檀》的種種附會之談，便不攻自破。

三

總之，按照前人舊説，《伐檀》在「興」，「比」、「賦」的分類中應劃爲「比」，如上引各家之説，多認爲各章首三句是一種「比喻」。朱熹《詩集傳》更明確地說是「比也」㉓。而根據我們上

㉒ 陳啓源《毛詩稽古篇》（點石齋《皇清經解》本）卷六。

㉓ 此據中華書局一九五八年據宋刊本的排印本。他本或作「賦也」。

面的分析，《伐檀》實屬於「興」㉔，即各章首三句所述乃詩人所見真情實景，隨口咏唱用以引出以下詩句者。

《詩經》三百又五篇，爲毛《傳》定爲「興」者爲一百一十六篇㉕。實際上決不止此數，除《雅》及《頌》外，絕大多數詩篇應屬於「興」，但被錯劃爲「比」。《詩經》中凡來源於古代民歌者真正屬於「比」，縱有之，亦極其少的。按舊說「興」也是「托事於物」或「取善事以喻勸之」㉖，現已無人相信。顧頡剛先生曾正確指出，「詩歌起興多無關義理，作者或就所見之物而起其言，或就所憶之物而引其韻」㉗。所謂「興」，實如今少數民族民歌中之開頭部分（或稱「歌頭」），往往與下文毫無關聯。我見過西南少數民族對歌，歌手常因開頭之句苦思不得而面紅耳赤（俗謂「山歌好唱口難開」即指此而言），每引起聽衆一陣陣笑聲，這時不得已便匆忙唱出一句，多屬即景生情，有時甚至就重覆對方或自己已唱歌詞中某一句作爲開頭，這時哪有時間去考慮這開頭之句還要與下文有什麼比喻關係？古今應同此理。

當然，所謂「興」也並非憑空產生，而總是與當時周圍事物有關。正如朱自清先生所說，是「從

㉔ 清人姚際恒《詩經通論》（鐵琴山館道光年刊本）卷六有云：「伐檀……咏君子者適見有伐檀爲車用置於河乾，而河水正清且漣猗之時，即所見以爲興」。他把《伐檀》歸入「興」詩，堪稱卓識。
㉕ 陳奐《詩毛氏傳疏》（《國學基本叢書》本）卷一《關雎》疏引吳毓汾說。
㉖ 《周禮·春官·大師》「教六詩」下鄭玄注。
㉗ 顧頡剛《論興詩》，載《史林雜識》（初編），中華書局，一九六三年。

當前習見習聞事情指指點點說起」㉘。《伐檀》各章首三句所云便是當時常見的真情實景，故說此詩爲伐木者或製車者所作，或與事實相去不遠。若非躬任其事，很難對周圍自然景觀有如此真切的觀察。

五四以後，提倡「一以己意說詩」，對於衝破舊說恢復《詩經》的真實面目是有益的。但「以己意說詩」的提法，也有偏頗之處。按這種主張並不始於近代，朱熹即曾言之：

今欲觀詩，不若且置《小序》及舊說，只將原詩虛心熟讀，徐徐玩味，……不可先看諸家注疏㉙。

若謂不讀解題式毛《詩序》以免受其影響，猶可理解；若置一切注疏而不顧，則何以了解字句，弄清詩意？這種方法反對了毛詩任意判斷某詩爲「美」某詩爲「刺」，卻又導致倡導者以自己的政治觀念作任意的解釋。近幾十年這種任意說詩的風尚更有發展，《伐檀》一詩被稱爲「奴隸」的「反抗歌聲」。實際上說詩之作者爲伐木或製車者，而非如古人所釋是「君子」自道，是可以的；但身份是工匠、農民還是奴隸，則無從得知。我們大可不必據此數行小詩，就爲作者劃定「階級成份」。又如，「不稼不穡，胡取禾三百廛兮」云云，是對不勞而食者的鞭撻和諷刺，現已爲衆公認；而「彼君子兮，不素餐兮」之句是正面的讚美，還是一種「反嘲」，仍有討論的餘地，（清）姚際恒《詩經通論》卷六有云：

㉘ 朱自清〈關於興詩的意見〉，《古史辨》第三册。
㉙ 見《朱子語類》（王星賢點校本）卷八十。

此詩……『不稼』四句，只是借小人以形君子，並借君子以罵小人，乃反襯『不素餐』耳。

我看這樣的理解，即前四句責罵不勞而食者，後三句讚美「不素餐」之君子乃爲了相互反襯，似乎更爲自然，符合當時人的思維。二千多年前之人沒有什麼「階級觀點」，能把所有統治者都作爲不勞而食者看待；更不能認爲凡是不作如是觀者都是「抹煞階級對立」。這一點已有人指出㉚，不贅述。

我覺得，研究《詩經》應以復原詩篇作者的思想及其社會背景爲目的，任何時代的研究者都不應以自己觀點强加於詩篇。要能做到這一點，必須充分利用前人訓詁學的成果弄清字句含義，並對前人有關詩意的舊說（即使是明顯荒謬的舊說）加以清理，廓清一切穿鑿附會。在此基礎上，才能恰當地作出新釋。

爲了更好地研究《詩經》，正如前人所指出的，還必須「多研究民族學、社會學、文學、史學」㉛，特別是「與詩經時代文化程度相當的」少數民族歌謠，「是好的參考材料」㉜。我們要補充的是注意少數民族的習俗和文化，對於深入了解某些詩篇的創作意圖和社會背景，也是必不可少的。本文用雲南瀘西縣少數民族仍然保存的車木泡水之俗，解釋何以伐檀以後要置之於河干，只是其中一例而已。

（原載《盡心集——張政烺先生八十壽慶論文集》，中國社會科學出版社，一九九六年）。

㉚ 吳小如〈詩三百篇臆禮〉，《文史》第九輯。
㉛ 胡適〈談談詩經〉，《古史辨》第三册。
㉜ 聞一多《神話與詩》，人民文學出社，一九五六年，三四〇頁。

釋「辛」

一

關於辛字本意，釋者頗衆。或謂象一種頭飾①；或謂象木柴之形，辛即薪之初文②；或謂乃兵刑之器，引申爲「俘虜之記號」③；或謂辛即屰（逆）字，因「凡辛味上撠鼻」④；影響最大者爲郭沫若之說，他認爲辛爲剞劂，乃黥面工具，用作「黥刑之會意」。「古人與異族俘虜或同族之有罪而不至於死牙者，每黥其額而奴役之」⑤。此外，如日人加藤常賢謂辛爲「黥首用之鍼」⑥；日人白川靜謂辛爲「曲刃之器用於刳肉，辛爲入墨之器」⑦：均就郭說略加改易，可歸入同一種說法，即黥面工具說。

---

① 于省吾〈釋竟〉，《雙劍誃殷契駢枝三編》，一九四三年。
② 朱芳圃《殷周文字釋叢》引周伯琦說。
③ 吳其昌〈金文名象疏證〉，《武漢大學文哲季刊》五卷三期，一九三六年。
④ 林義光《文源》，一九二〇年。
⑤ 郭沫若〈釋干支〉，載《甲骨文字研究》，科學出版社，一九六二年。
⑥ 加藤常賢《漢字之起源》，一九七〇年。
⑦ 白川靜《說文新義》，一九六九年。

曾經對辛字提出與上述諸說全然不同解釋的是早期研究甲骨文的日本學者中島竦，他說「辛爲立之倒文」。李孝定《甲骨文字集釋》卷一四引述其說僅此一語，書名在《引用諸家著述書名簡稱對照表》中又未列出，其說尚少爲國人所知。據了解，中島竦生於一八六〇年，卒於一九四〇年，所著《書契淵源》迄未曾見，乃請在日友人王孝廉教授複印有關部分。其主要論點如下：「辛，立之倒文。……古多倒文，辛亦其一。立，人立地上也。辛，倒縣（懸）也。古者惡惡甚矣，……罪輒斬首，倒懸罰責。此爲最辛辣，故辛爲辛苦、辛辣之義。孟子曰：如解倒懸。天下之苦，莫甚於倒懸焉。」

按中島竦之說極有見地，遠較他說爲優（詳後），惜其說迄未引起注意，當今中國古文字學界多稱引郭說。

長期以來，我對辛爲黥面工具之說，終不能無疑。自古常刑有五：黥（墨）、劓、刖、宮、大辟⑧。罪犯未必都受黥刑，何知黥面工具作爲罪犯之標記？又古代奴隸或罪犯形象已發現多起，如殷墟第十五次發掘所獲男女陶俑和洛陽西周初年墓出土之玉人，帶有手銬，均未黥面⑨。著名的殷墟婦好墓出土玉人十餘件，其中有頭梳髮辮赤足無衣者，可能是從異族俘掠而來之男女奴隸形象，亦未見黥面痕跡⑩。湖北雲夢睡虎地秦墓竹簡中法律文書，對於黥刑適用之罪行（「盜」「擅殺子」等）有

⑧ 參見《書·呂刑》、《周禮·司刑》等。
⑨ 《商周考古》，文物出版社，一九七九年，八四頁，圖六二、六三。
⑩ 《殷墟婦好墓》，文物出版社，一九八〇年，一五一、一三二頁；圖版一二九：一，一三〇：圖七九—八〇。

明確規定，犯者不論是平民還是奴隸都要黥面，其他罪行則使用其他刑法。有一個案例記載，主人控訴自己的妾凶悍，要求處以「黥劓」刑。這位女奴隸抗辯說：我確是某人之妾，然無他過失。最後官府判決：調查之後再議⑪。可見奴隸無罪是不能黥面的。嚴刑酷法之秦代尚且如此，沒有材料表明遠古的造字時期不是如此。黥面既非奴隸普遍特徵，罪犯又非全部施以黥刑，則辛象黥面工具之說似難成立，而且古代黥面是否使用剞劂這樣的金屬工具也是值得懷疑的⑫。

我對辛字舊釋雖不滿意，究應如何解釋爲妥，自己也百思莫得其解。近年讀書稍多，了解一些原始記事方法及世界其他古文字材料之後，豁然開朗，始知辛字實爲人形之倒繪。中島竦之說接近事實，他能看出辛爲立字之倒文是難能可貴的。只是謂辛爲「倒懸責罰」罪人之直接描繪，未免拘泥。我以爲，辛之繪作倒立之狀，原表示死人，後轉爲非人之意。在古文字中辛之所以成爲奴隸之符號，其故在此。僅申此說如下，就正於方家。

---

⑪《睡虎地秦墓竹簡》，文物出版社，一九七八年，二六〇—二六一頁。

⑫按古代黥面具體方法，歷史記載語焉不詳。《周禮·司刑》「墨刑五百」下鄭玄注：「先刻其面，以墨窒之」，未言如何「刻面」，用何工具。《楚辭·哀時命》：「握剞劂而不用兮，操規矩而無所施」，剞劂分明爲木工所用之具。若施於人面，有類於牛刀殺雞，未必合適。當代少數民族雖無黥刑，紋身紋面之事常見，所用工具爲帶刺植物（圖一三）。如海南島黎族是用「黃藤針」在人身刺出花紋圖案，塗以煙灰（參見劉咸〈海南黎人文身之研究〉，《民族學研究集刊》第一期）；滇西獨龍族則用一種灌木帶刺之莖（參見《獨龍族社會歷史調查》之二，雲南民族出版社，一九八一年，二八頁）。我以爲造字時期黥面所用工具大抵類此，《國語·魯語》有云：「中刑用刀鋸，其次用鑽笮」。韋昭注：「笮，黥刑」。按笮爲竹類植物，鑽笮當指其有尖刺如鑽者。及至金屬普遍使用，當然也不排除使用金屬工具施黥之可能，但只能是刀針之類小型工具。

二

世界各地崖壁藝術中，凡是動物或人物倒繪即表示死亡。這是一種非常古老的表意方法。西班牙可能屬舊石器時代晚期的Cogul洞穴崖畫一個狩獵畫面中，一人作正在刺鹿之狀，旁有一鹿倒繪，表示已有一鹿刺死（圖一）⑬。美國新墨西哥州一個峭壁上繪兩個動物，羊作上爬狀，馬繪成四足朝天狀，表示此處羊可攀登，馬必摔死（圖二）⑭，此相當今日危險道路上的示警標誌。加拿大的大湖地區有一處崖畫中獨木舟及人均倒繪，記錄下當地一次舟翻人亡的事故（圖三）⑮。南非布須曼人認爲非洲羚羊爲具有超自然力量，可使巫師神靈附體時渾身發抖（因爲它臨死時顫抖不已）。當地崖畫中有紅白兩色繪的裝束奇異的巫師形象，旁繪一隻垂死的羚羊象徵巫師正在作法，而此羚羊正是倒繪的（圖四）⑯。中國崖壁藝術中也不乏動物或人物形象倒繪之例證。雲南滄源崖畫第一地點的一組狩獵畫面中，在持弩人之前，豹、象等動物或作倒繪形，即表示已被射死（圖五）；第六地點一組可能表示械鬥的畫面中，至少有三人繪成橫卧之狀（圖六），表示有人在戰鬥中喪身⑰。在原始記事中，人

---

⑬ 鳥居龍藏《化石人類學》，張資平譯，商務，一九三五，第二册，圖三〇四。

⑭ W. J. Hoffman, *The Beginnings of Writing*, New York：Appleton and Co., 1895, p. 45.

⑮ S. Dewdney and E. Kidd, *Indian Rock paintings of the Great Lakes*, University of Toronto Press, 1962,p. 39

⑯ J. David Lewis－Williams, *The Rock Art of Southern Africa*, Cambidge University Press, 1983, pp. 52－53, Fig. 19.

⑰ 汪寧生《雲南滄源崖畫的發現與研究》，文物出版社，一九八五，頁二九、五四、九四，圖一四、五一。

作横卧之狀與倒繪意義相同，均是表示死亡的。

近世後進民族仍保存原始的圖畫記事，死人多繪成倒立或横卧之狀。印弟安人的易洛魁部落，對戰爭中死亡者悉以倒繪人形計數，而且分別男女，女人畫出圍裙作爲標誌（圖七），他們自己說，「我們在戰場上損失的人畫成腿向上空之狀，損失多少就畫多少」⑱。印弟安人對戰爭還常以連環畫形式記錄下來。例如，一八七六年蘇部落（Sioux）與白人一次戰爭，根據其首領名「紅馬」者口述，作成四十一幅圖畫，其中死亡者均作腿向天空或横卧之狀（圖八）⑲。當然，更多的戰爭畫不是完全寫實的。例如，一八五八年蘇和奧吉貝（Ojibwa）兩個部落之間一次戰爭，雙方損失人數以短線條表示，其下僅繪一個横卧人形表示死亡⑳。一七八五—一七八六年奧格拉拉（Oglalas）部落（即達科他部落）殺了奧馬哈（Omaha）部落三個帳蓬的人，便繪出三個帳蓬，內部僅繪一人作横臥狀（圖九）㉑。這裡人形已不再代表一個死人，而成爲表示死亡的符號。值得注意的是有些印弟安人圖畫記事中對打敗的敵人雖不殺死也可繪成横卧之狀（圖一〇）㉒。原來死亡的符號，在這裡又兼可表示「俘虜」「被制服的敵人」的意義。這一點對我們研究辛字起源及演變很有啓發。

---

⑱ G. Mallery, *Picture – Writing of the American Indians*, New York : Dover Publications Inc, 1972, p.660, Fig. 1072.

⑲ 同上書，pp.563 – 566, pl.xxxlx – xlviii.

⑳ 同上書，p. 559, Fig. 786.

㉑ 同上書，p. 561, Fig. 788.

㉒ 同上書，p. 534, Fig. 748.

在原始記事中，表示死亡的方法很多。大湖地區首領死亡，墓碑上繪一個顛倒的鶴形，因爲鶴是他所屬的圖騰，旁邊以短線條分別記錄他一生所進行戰爭及締結和約的次數（圖一一）㉓。這裡所用的仍是同樣的原則，即以正倒或橫直表示生和死。

世界上有些象形文字仍沿襲原始記事上述方法，表示死人或死亡的字，寫畫成人之倒置或橫卧之形。例如，雲南納西族象形文字中的「死亡」一詞㉔作：

埃及象形文字中「死亡」一詞原始形式㉕作：

它們都是圖畫性的，保持原始圖畫記事中表意符號的面貌。

埃及象形文字很早就以意符加上音符造字，其情況頗像漢字中的形聲字。值得注意的是那些含有上述死亡符號的字。例如：

	用作犧牲的動物。
	該死的人、用作犧牲的人。
	敵人、罪犯。
	被征服的首領、打敗的仇敵、被殺的人㉖。

㉓ W. A. Mason, *A History of the Art of Writing*, New York : The Macmillan Co. 1920, p.89－91, Fig.27.

㉔ 方國瑜、和志武《納西象形文字譜》，雲南人民出版社，一九八一年，第五七三字。

㉕ E. A. Wallis Budge, *An Egyptian Hieroglyphic Dictionary*, New York : Dover Publications, Inc., 1978, voll p. cii，第一四一字。

㉖ 同上書，Vol, pp. 560－561.

由上可見，原來僅表示「死亡」的意符，可用來構成敵人、俘虜、罪犯等詞彙，這就爲我們研究辛字提供了有價值的比較材料。

三

辛字在甲骨文、金文中作：

餘1.1	前4.24.1	後1.18.3	存2737	㠯尊	𨛫父辛卣	鬳且辛卣

前3.75	甲2282	存2708	乙9074	𡩜父辛簋	遠鼎	申鼎

完全不像什麼工具之形。引起誤解當由於金文中個別辛字的寫法，如一豎較肥，或將人形兩腿之間填實，然金文鑄模或以毛筆先寫後刻，此乃常有現象。從大部分字形觀之，辛應爲人之倒繪。在古文字中，以正面人形構成之字頗多，以附加符號或突出某些部位相互區別。例如，大字（大）原爲與小孩不同之大人形象，引申爲大的事物。天字（天）或上加一橫，突出人首，表示天爲人所載。亦字（亦）表示腋下部位。舞字（舞）表示人持舞具或著長袖而舞之狀。立字（立）强調人站立於地之狀，下加一橫表示地平線。而辛字則將地平線繪在上方以示頭下足上之意。辛與表示倒行之屰（屰）之區別，即在橫線之有無。造字者惟恐人們不明其意，辛字往往在橫線之上又加短橫以强調其足在上

（或謂構成上字㉗，說亦可通。）

像原始記事及其他古文字中倒繪人形一樣，辛原有死人或死亡之意。《說文·辛部》：「辜，辠也，從辛古聲。𣦸，古文辜，從死」。可見辛與死可以互易。近年發現的中山國銅圓壺銘文中，有一字作𨐻，正是從死，與古文之辜同，古文字學家釋此字爲辜無異詞㉘。這就進一步說明辛與死同意。

辛字由死亡之意符變爲俘虜和奴隸之意符，不知始於何時。甲骨文時代辛作爲十干之一，已大量用於計日及人名，然下述幾條卜辭中辛字除了俘虜或奴隸是難作其他解釋的：

「王固曰：其有尨佳㞢弗得辛」（《後》下，三六，七）。

「貞令□鬲辛，十月（《前》五，四）。

金文圖畫文字中有一字㉙作：

其中倒繪人形已代表俘虜而非死人。字雖不識，必表述戰士俘人而歸情景無疑。

㉗《說文·辛部》：「辛，辠也，從干二，二，古文上字」。

㉘張政烺〈中山國胤嗣好盗壺釋文〉，《古文字研究》第一輯（一九七九年）。朱德熙、裘錫圭〈平山中山王墓的初步研究〉，《文物》一九七九年一期。

㉙容庚《金文編》，科學出版社，一九五九年，七九九頁。

在古文字中從辛諸字（《說文》誤分列辛辛兩部）㉚，追溯其源，多與奴隸有關。略舉數例：

妾（[古文字]）——從辛從女，原爲女奴之泛稱。「男爲人臣，女爲人妾」，主人對女奴不僅擁有生殺之權，抑且享有性權利。後來妾才成爲次妻之專稱，造字之初及其後相當一段時期當不如是。女奴中地位低下專操雜役爲婢，甲骨文有[古文字]，即從妾而不從女，爲婢之原始字㉛。婢亦爲從辛諸字之一。

童——甲骨文未見，金文圖畫文字有[古文字]㉜，疑即童之初文。其下人形頭部較大是小孩的形象（如子字亦突出其頭部），金文中之童（[古文字]）已成爲形聲字。最早俘人爲奴限於婦孺，中外皆同，取其易於降服和奴役。童原爲幼奴，後成爲年幼者之泛稱，乃別造僮字專指幼奴。

宰（[古文字]）——《說文·宀部》：「辠（罪人）在屋下執事者」，確切言之，應是奴隸在家中管事者。此種奴隸地位高於其他奴隸，如涼山彝族中之「管家娃子」，有管理、督促其他奴隸之權。後世官僚機構中總領百官者稱爲宰，實爲奴隸頭子稱謂引申而來。《周禮》中「冢宰之官」之下設有「庖人」「世婦」「女御」等人，所管理者仍不過是最高統治者家庭及私人生活之事㉝。

㉚《說文》將從辛諸字分列辛辛兩部之誤，徐灝《說文段注箋》、羅振玉〈殷虛書契考釋〉及王國維〈釋辥〉（《觀堂集林》卷六）續有辨正。郭沫若總結前人明確提出辛（甲骨文、金文中多寫作）辛同字，「橫畫可多可少，直畫亦可曲可直」。他又指出，有些字類似從辛，實非是，應剔除。如龍、鳳兩字卜辭中有從[古文字]者，實爲丵之譌變（《說文》「丵，叢生草也」）乃象龍鳳頭上之冠。參見前引〈釋干支〉一文。

㉛參見于省吾「釋婢」，載《甲骨文字釋林》，中華書局，一九七九年，二一三—二一四頁。

㉜《金文編》，八〇二頁。

㉝斯維至〈兩周金文所見職官考〉，《中國文化研究彙刊》七卷一期，一九四七年。

僕（）——象衣後著尾民族持箕役之狀，其頭上加辛表示爲一種從事賤役之奴隸（詳拙稿「釋僕和奚」）。

辥（）——諸家解釋頗多，我認爲辥即孽之初文。兩者不僅音讀相同（見王國維〈釋辥〉），意亦相通。辥從屮㉞、𠂤、辛，會意字。屮象草木初生之貌；𠂤者，眾也；辛爲奴隸之符號。全字最初含意應表示奴隸之繁衍，即奴生子也，故不好的後裔可稱「孽種」。其他皆是後起之意。

辠——奴隸最初來源爲戰爭中俘掠來之異族人，後來本族人犯罪才可淪爲奴隸。辛字作爲奴隸之意符，初指異族奴隸，後來自亦包括本族犯罪淪爲奴隸者。秦代之前罪字作辠，應原是本族罪犯奴隸會意字，從自從辛，表示這類奴隸是咎由自取的（《說文》說辠字取意於蹙鼻苦辛，未免穿鑿附會）。由於辛可包括罪犯奴隸，辛及有些從辛之字（辥、辜……）又引申出罪惡、罪過之意。

最後，還需要討論一個問題，即何以死亡符號可作爲奴隸符號，而且這一現象不止一處出現於象形文字中，似有普遍性，其故安在？

我們認爲，這應參考奴隸制最新研究的成果，從古人對奴隸之看法中尋求解釋。

最早奴隸從對異族戰爭中俘掠而來，世界文明古國多是如此。埃及人將戰爭俘虜變爲奴隸，作爲戰利品而轉送到需要他們的地方（圖一二）。一位書記（Scribe）這樣寫道：「可憐的孩子是從母親

㉞ 金文中或寫作「止」，乃「屮」之譌變。

的手臂中硬拉來的。……他的骨頭像驢一樣被抽打，他的身體內實際上是沒有心的」㉟。羅馬的「奴隸」（servi, slave）一詞便得名於司令官把俘虜賣掉從而使他們的「性命保全」（servare, save）；而「奴隸財產」（mancipia, property in slaves）一詞原意「手臂搶來」（manu capiantur, manual capture）。本族人一般是不能作爲奴隸的。希臘柏拉圖就主張最好以非希臘人爲奴。羅馬人早期法典規定，假如一個羅馬人不得不淪於奴隸作爲懲罰，那也必須賣去國外。伊斯蘭法律更明確規定，出身穆斯林的人不能成爲奴隸㊱。

既然奴隸原爲戰爭中俘虜，原來是要被殺死的，僅僅由於主人恩惠保存下來，故他們只能算是一種「活的死人」，或者是「判處死刑的人」，只是緩期執行而已。他們也可說是「社會意義上的死人」。由於奴隸的屬性便是死亡（而且算是凶死）的代替品，主人對他們有生殺予奪之權，在社會上被孤立、隔絕和虐待便視爲當然㊲。在造字時期，這是一件新的事物，人們無法直接描繪奴隸這種雖生猶死的非人狀態，便借用原始記事方法早已存在的死亡符號予以表示。

總之，辛字爲倒繪人形。原爲表示死亡的意符，後被用作奴隸的意符，它不是黥面工具或其他器

㉟ A. Erman, *Life in Ancient Egypt* (Translated by H. M. Tirard), New York : Dover Publications, Inc., 1971, p. 128.

㊱ R. W. Winks, *Slavery : A Comparative Perspective*, New York University Press, 1972, pp. 5－6 W. D. Phillips, *Slavery from Roman Time to the Early Transatlantic Trade*, University of Minnesota Press, 1985, p. 17.

㊲ P. Docke, S, *Medieval Slavery and Liberation* (Translated by A. Goldhammer), Chicago, 1982. pp. 4－5. O. Patterson, *Slave and Social Death : A Comparative Study*, Cambridge, 1982, p.5.

物的象形字。

（原載《故宮文物》月刊一七四期，一九九七年九月）

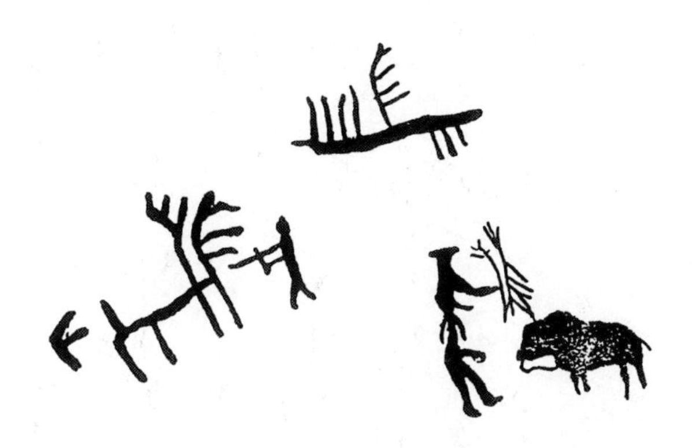

圖一　西班牙 COGUL 洞穴崖畫中狩獵畫面

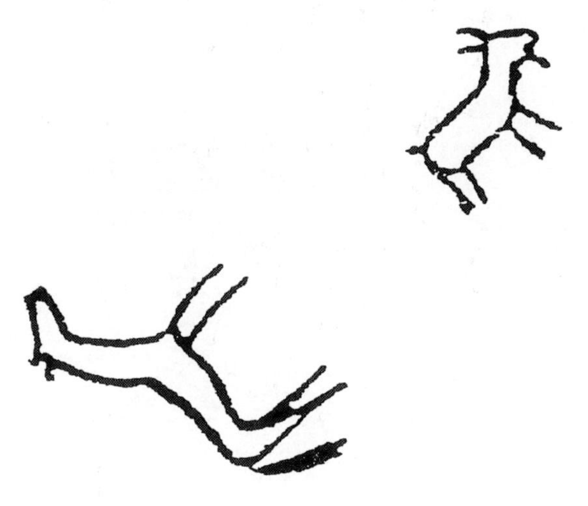

圖二　美國新墨西哥州表示山路危險的崖畫

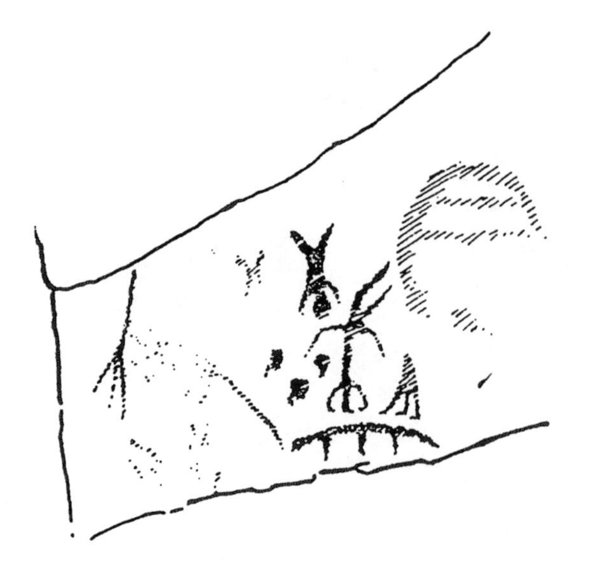

圖三　加拿大大湖地區描繪舟翻人亡的崖畫

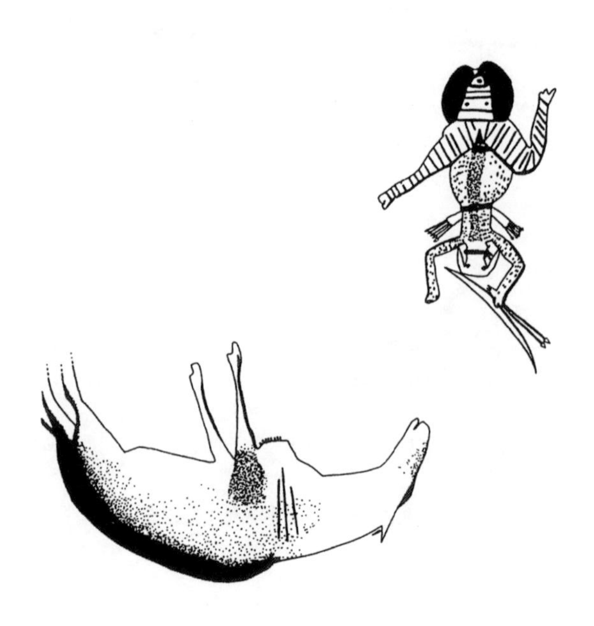

圖四　南非布須曼人表示巫師作法的崖畫

圖五　雲南滄源崖畫中狩獵畫面

圖六　雲南滄源崖畫中械鬥場面

圖七　北美印弟安人易洛魁部落圖畫記事中表示死人的圖形（左爲兩個男性，右爲女性）

圖八　印弟安人蘇部落一八七六年與白人戰爭的圖畫記事

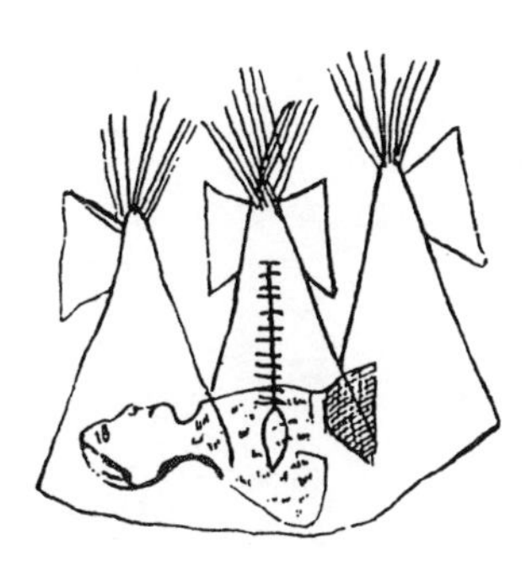

圖九　印弟安人奧格拉拉部落與奧馬哈部落的圖畫記事

圖一〇　印弟安人表示敵人已被制服的圖畫記事

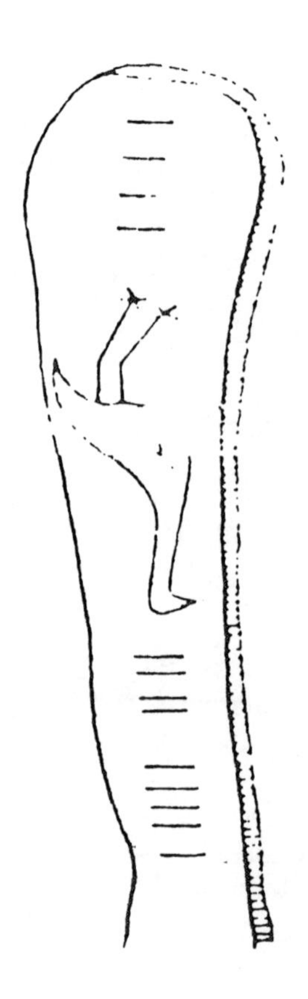

圖一一　大湖地區印第安人一位部落首領的墓碑

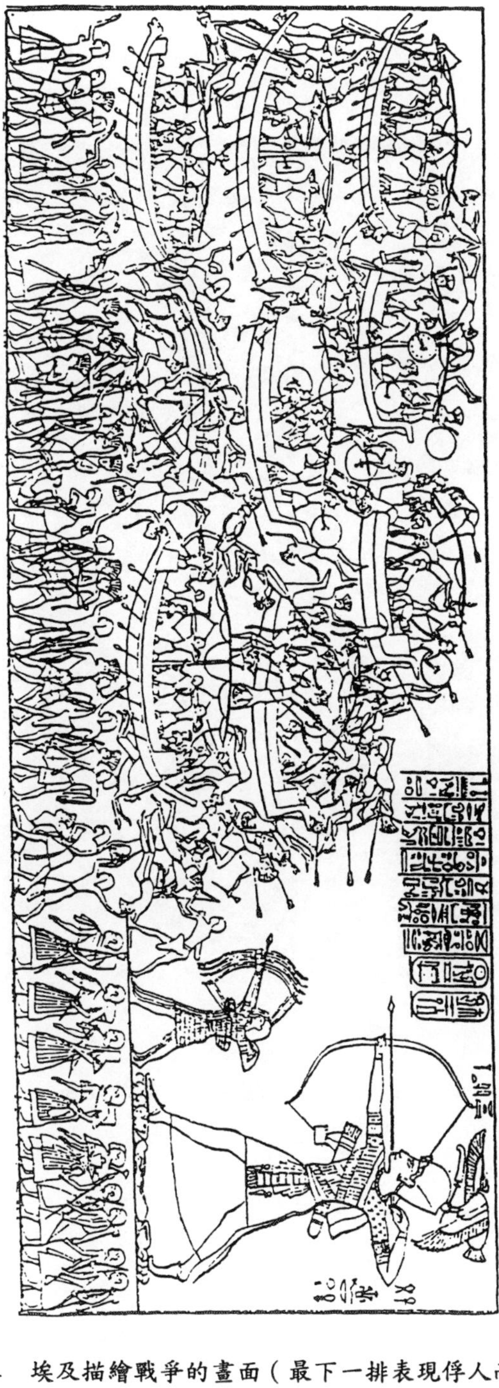

圖一二　埃及描繪戰爭的畫面（最下一排表現俘人而歸）

圖一三　獨龍族婦女用帶刺植物紋面

釋「臣」

關於臣字本義，自來說法不一。《說文》訓爲牽①。《廣雅》訓爲堅②。楊樹達據《禮記・少儀》「臣則左之」下鄭玄的注釋，說臣之本義爲囚俘③。孫海波謂臣目本爲一字，皆代表囚俘之頭部④。這些解釋因聲爲訓，或據漢代人片語隻字立論，完全不顧臣字原形，自難得其要領。郭沫若據甲骨文、金文材料，第一次指出臣字象「豎目之形」，認爲臣原爲奴隸，但充當奴隸統治其他奴隸的工具⑤。此說爲現在史學界大多數人所採取。

然而爲什麼要以象豎目之形的臣字作爲一種奴隸的名稱？郭的解釋是「人首俯而目豎」。然人俯首則必低視，自來奴才遇主，不能正視主人之面，所謂「奴才不敢抬頭」，即因正視或直視主人是一種冒犯和不敬，而「臣」字的形狀與這種精神狀態不相符合。本文參考雲南傣族有關材料，試對臣的得名由來提出另一種解釋，聊供參考。

---

① 《說文・臣部》：「臣，牽也，事君也。象屈服之形。」
② 《廣雅・釋詁》云：「……臣、牢、掔，堅也。」又《白虎通・三綱六紀》：「臣，堅也，厲志自堅固也。」
③ 楊樹達：〈臣牽解〉，載《積微居小學金石論叢》。又見〈不㜽簋三跋〉，載《積微居金文說》。
④ 孫海波：〈卜辭文字小記〉，《考古社刊》第3期。
⑤ 郭沫若：〈釋臣宰〉，載《甲骨文字研究》。

一

在我國古文字中，臣字和目字同像眼形，但寫法有橫豎之別，橫目爲目，豎目爲臣。凡從橫目之字多表示眼睛的正常狀態，如像眼上有毛的眉字作：

明1854　後2.257　小臣謎簋

像眼睛流淚的罜字作：

前2.45.2　後1.20.10　靜敦　曶鼎

像人有眼可見的見字作：

鐵180.1　前1.27.1　㝬鐘

凡從豎目之字則多表示注意力集中的望視狀態。如像一人注視前方的𦣠（望）字引甲骨文作：

前6.8.2　　後2.18.1

金文則加月作：

舀鼎　　望爵

像一個驚懼而在左右張望的臩字在甲骨文中作⑥：

珠565

⑥ 按此字相當於《說文》中臩字，即雙目炯炯的炯字初文。穆王時有臣名伯臩，作過《臩命》一文，臩或作冏（參見《史記·周本紀》及《書序》）。《說文》：「臩，驚走也；一曰往來也，……古文冏」。朱芳圃釋此爲奭字，謂爲懼字初文（《殷周文字論叢》卷下）。

橫目和豎目也偶有混用的情況，如望字亦有從橫目的，但這應屬於變體或誤書，兩者原來是有區別的。今天俗語猶有「豎起耳朵來聽」的説法，豎目和豎耳，都是注意力集中的一種表達方法。

因此，臣字本象睜目之形，表示注視之意，就是瞋（睜）字初文⑦。《説文·目部》：「瞋，張目也。」今觀臣字，正是從一個人的側面畫出其張目而視的眼睛形狀。臣瞋二字音亦相通⑧。

臣之本義爲瞋目望視，何以又成爲一種奴隸的名稱呢？按奴隸最早來源是俘虜，但從俘虜到奴隸還有一個過程。被俘者（特別是其中的成年男子）是不甘心被異族奴役的，他們要反抗、逃亡或自殺。勝利者爲了制服他們，遂採取分化政策，先使一些「柔順而敏給者……懷柔之，降服之，用之以供服御以爲臣」⑨。臣就是俘虜中最早降服者。我們要補充的是這些人必負有監視同類行動的使命，爲奴隸主充當耳目。及至大規模生產中使用奴隸勞動，爲了防止奴隸們怠工和逃亡，監工這類的人更是必不可少的。他們終日張目四望，監視其他奴隸的活動。故假用意爲瞋目望視的臣以名之。我們作此解釋並非全出推測，過去雲南西雙版納傣族有一種督耕制度對此提供了有力的佐證。

---

⑦ 按董作賓曾指出：「臣象瞋目之形，石刻人體上有些花紋」。（見高鴻縉《中國字例》二篇引）郭沫若《青銅器時代》有一條注釋説「臣字即眼之象形文，即古睜字。（人民出版社一九五四年版，三〇八頁），均未作進一步闡述。

⑧ 大概自臣字假借爲奴隸監工的名稱後，由於使用日繁，乃別造形聲字的瞋，以表示瞋目望視。戰國時已大量使用（如《莊子·秋水》：「瞋目而不見丘山。」《韓非子·守道》：「瞋目切齒」）。我們今天所用的睜字更爲後起，似在晉人呂忱《字林》中始見。

⑨ 同註⑤。

二

西雙版納傣族最大統治者「召片領」（意爲「廣大土地之主人」），除向廣大農奴攤派負擔勒索租稅外，還擁有私莊，規定附近村寨農奴代耕，而由其中某一村寨的頭人負督耕之責。如景洪縣宣慰街（「召片領」所居之處）附近有私莊田一千納（每納約合四分之一畝），分配與曼紐、曼模、曼喝勐、曼景蘭、曼濃坎五個村寨的農奴代耕，即令曼景蘭的頭人爲固定的督耕者。又如景洪縣曼景蚌附近也有私莊田一千納，由曼景蚌及曼達兩寨代耕，即令曼景蚌的頭人爲固定的督耕者。

督耕者在私莊田上不勞動，或只從事簡單勞動，如建造籬笆、管理水利、修理倉房等。他的主要職掌在於監視各寨代耕者的行動。如發現人們不按時播種和收獲，或有怠工、反抗、破壞等事，立即向「召片領」報告。「召片領」爲了鼓勵其效忠，特別劃分一塊土地交他耕種，不必再出負擔。如上述曼景蚌附近之一千納私莊田即劃分出二百七十納爲督耕者之報酬。這部分土地名義屬全寨所有，實際上全由負督耕之責的頭人支配和控制⑩。

西雙版納傣族到了五十年代初廣大耕作者已非奴隸，但督耕者卻照例要由出身家奴（傣語稱這種人爲「領囡」）的人擔任，因這種人被認爲比較可靠。這反映督耕是從過去沿襲下來的一種古老制度。

---

⑩ 參見雲南民族調查組：《西雙版納傣族調查報告》㈢，一九五六年，二七頁；《西雙版納傣族調查報告》㈤，一九五七年，三一頁。

這種督耕者在傣語中被稱爲「隴達」，劃給他們的土地稱爲「隴達田」。廣義的「隴達」尚可包括所有爲統給者收租的人。如「召片領」之下一些官員或較小的土司，已不再保留私莊，全以收租方式進行剝削，爲他們收租的人亦稱「隴達」。可以想見，當西雙版納傣族實行全面代耕的時代，各地都有作爲督耕者的「隴達」存在，後由代耕變爲收租，而替統治者辦事者的名稱卻相沿未改。

值得注意的是關於「隴達」的含意。我們請教了當地傣族和熟悉傣語的人士，大家都說「達」就是眼睛，關於「隴」則各人的解釋略有差異。有人說「隴」是下面的意思，「隴達」就是「召片領」在下面的「眼睛」。有人說「隴」是尊稱，「隴達」直譯起來就是「眼睛大爹」或「眼睛爺爺」。無論那一種說法更符合原意，「隴達」一詞總是得名於眼睛，這一點則無疑問。

內地遠古時期應也有像「隴達」的人，他們最先馴服並以監視同類爲業。由於他們特點是動眼不動手，遂以具有瞋目望視之意的臣字來相稱。這在造字時是易於採用而又比較恰當的比喻方法。用眼睛代表監工，在世界其他地區原始文字中也不乏其例。如克里特文字中有一字作眼形：

就是作監督者和治理者解釋⑪。它和我國古代的臣取意相同，只是臣假用豎目之形突出其瞋目張望之狀，在表現方法上更加形象化和生動而已。

臣原指奴隸，特別是負監工之責的奴隸頭子。由於他們爲主子賣命，幫助主子統治他人，隨著王

---

⑪ Arthur J. Evens, *Scripta Minoa*, Vol I, pp. 267－268。轉引自蔣善國：《中國文字之原始及其構造》第一編四二頁，一九三三年。

權興起，奴隸之臣遂又引申爲君臣之臣，指爲最高統治者辦事的人。

殷周時期去造字時期已遠，故甲骨文、金文和古文獻中出現的臣字已有多種含意，身份各有不同。例如，臣妾之臣⑫、臣僕之臣⑬，卜辭中用作人牲的臣，還有上述《禮記·少儀》「臣則左之」的臣，他們喪失自由，被驅使、被奴役，可以隨時轉換主人，都是泛指一般的奴隸，不必具有什麼特殊的身份。又如，文獻記載與王一起共事的臣，可泛指爲君主效勞的百官，無論其出身如何，他們已躋入統治階級的行列，不應再作奴隸看待。然而，作爲監工和奴隸頭子的臣這時仍然存在。甲骨文中有「小耤臣」⑭，又有「令眾黍」的「小臣」⑮，多以家爲單位（《𪓰段》、《令鼎》、《井侯尊》），或與田同賜（見《不嬰段》）。他們身分很高，可代表王處理籍田儀式和生產活動，（詳《釋小臣》）。即一般的臣中，也有負督耕之責的。金文中下列兩例是大家熟知的：

《矢令段》：「姜商（賞）令貝十朋，臣十家，鬲百人。」

《大盂鼎》：「錫夷𤔲王臣十又三白（伯），人鬲千又五十夫。」

這裏和臣同時賞賜的還有鬲這種身份最低的奴隸，而臣人數少得多，甚至尊稱爲「伯」，似乎他們有

---

⑫《大克鼎》：「易女（汝）田於埜……㠯（以）氒（厥）臣妾」。《師毁毁》：「僕馭百工牧臣妾」。《易·遯》「畜臣妾吉」。《書·費誓》：「馬牛其風，臣妾逋逃」。

⑬《書·微子》：「商其淪喪，我罔爲臣僕。」《詩·小雅·正月》：「民之無辜，並其臣僕。」

⑭《殷虛書契前編》6.17。

⑮《卜辭通纂》472、478。《殷虛書契前編》4.30.2。

監督這些鬲的任務。此外，如《詩·周頌·臣工》：

嗟嗟臣工，敬爾在公。……如何新畬，於皇來牟。……命我衆人，庤乃錢鎛，奄觀銍艾。

這裏的臣工，注釋者或謂「諸侯之臣有職司於王室者」⑯，或謂「羣臣百官」⑰。若從全詩的意義來看，說的都是要「臣工」督衆準備耕作之事，仍不過是一個直接管理生產的奴隸頭子而已，相當於《禮記·月令》「季春三月，……監工口號，毋悖於時」的「監工」。

要之，殷和西周時期的臣已經分別指不同身份之人，只能根據情況作具體分析，不宜一概而論。到了春秋時期，等級制度瀕於崩潰，「陪臣」可以「執國命」，臣可以「新登於公」⑱，這時的臣的身份就更爲複雜了。

史學界討論臣的性質，總想對出現於不同時代具有不同身份的臣，作出統一的解釋，自難得出一致的意見⑲。

綜合上述，我們的看法是臣字爲瞋（睜）字初文，本義爲瞋目望視，原指最早降服監視同類的奴隸，後引申爲君主效勞和辦事的人。殷周時期臣已有多種含意，但作爲監工的臣仍然存在。

（原載《考古》一九七九年三期）

---

⑯ 陳奐：《詩毛氏傳疏·臣工》。

⑰ 朱熹：《詩集傳·臣工》。

⑱ 《左傳·哀公十六年》。

⑲ 參見楊寬：〈釋臣和鬲〉，《考古》一九六三年一二期。金兆梓：〈關於西周社會形態討論中的幾個問題〉，《學術月刊》一九六〇年十二月。

「小臣」稱謂之由來

臣爲奴隸，而古文字及古文獻中所見之小臣有社會地位甚高者，何以竟稱爲「小」？茲試作解釋，就正於方家。

一

奴隸最初來源爲俘虜。在尚無社會分層的部落戰爭中，戰敗一方成年男子多被殺死，被俘者僅有婦女和兒童。婦女或與戰勝者結婚，兒童則被收養。例如，北美平原印弟安人，接近北極的育空河地區印弟安人、一部分愛斯基摩人，都是如此①。易洛魁印弟安人對戰敗者婦孺立即加以收養，成年男子要赤裸上身經過夾道鞭打的考驗。凡中途倒下者，被認爲不值得保全性命而處死；順利通過者表明確有健壯身體及非凡勇氣，才舉行收養儀式，接納爲某一長房新的成員，視若親人，另起一個名字，與原來部落中斷聯繫②。這些被收養的人，無論其年齡和性別，最終都是以平等身份加入了戰勝者的

① H. E. Driver, *The Indians of North America*, University of Chicago Press, 1969. pp. 334－335.

② 有關易洛魁人對待俘虜的方法及收養儀式，在L. H. 摩爾根《古代社會》（見楊東蓴，馬雍等譯本，商務，一九七七，頁七八、八五）僅簡略提及。在所著另一本書中則有生動詳細之報導，見 *League of Iroquois*, New Jersey：The Citadel Press, 1962, pp. 340－344.

社會，他們不能稱是奴隸③。

及至奴隸制開始，由於成年男子不易馴服，俘掠爲奴者仍以婦女兒童爲主，而且兒童經常成爲養子。雲南西盟佤族畜奴情況可作爲這方面的例證。直到本世紀上半葉，西盟佤族村寨之間或部落之間械鬥頻繁，雖然以獵頭和搶劫財物爲主要目標，搶人之事仍非少見，所搶者盡是兒童（圖一）④。又由於債務糾紛頻繁，欠債者子女常被父母抵債或被債主強行拉走。孤兒也可能被同族之人用以抵債（圖二）。這些兒童進入主人之家，先舉行簡單的祭鬼儀式，通知鬼神家新增人口。若無不軌行爲而又「聽話」者，二三年後再舉行一次較隆重祭「阿依俄」儀式（這相當於易洛魁人收養儀式），由主人收爲養子。從此改變姓名，連主人之家譜，一切待遇與親生子女相同，成家時不必償還身價，而且主人代爲支付婚嫁費用，甚至分與一部份財產。至於那些被主人視爲「不聽話」或有不軌行爲者，則不舉行這第二次儀式，仍使用原有姓名，連原來的的家譜；生活和勞動條件與主人家庭成員無大差異，但隨時可被賣出或抵債；即使一直留在主人家中，要償還身價才允結婚成家，否則成家之後還要

---

③ 最近有學者認爲易洛魁人的養子即是奴隸，參見 W. A. Strauss 和 R. Watkins, *Northern Iroquoian Slavery*, Ethnohistory 38：1，1991。但多數學者並不同意。

④ 前人調查材料對西盟佤族械鬥中俘人爲奴之事估計不足。我曾對四十年代一次大的械鬥作個例調查（Case study），其大體情況如下：大馬散一個奴隸在勐梭格龍海被獵頭，大小馬散遂糾集班哲、莫窩、阿莫、永邦各寨進行報復。一個夜晚進行突然襲擊，除獵頭數十俘掠大量財物之外，還搶走女童四人，男童三人，由俘掠者帶回自己村寨。按習慣法（「阿佤禮」），俘人之後，要殺牛請全寨人吃，此被俘之人才歸俘掠者所有。但小馬散寨艾旁和艾省各搶一個小孩，沒有殺牛請客，故參與這次事件報告人對我談起此事，猶憤憤不平。

爲主人從事無償勞動。前者稱「官教克」（「買來的小娃」），後者稱「窮教克」（「買來的人」）⑤。前者爲養子，後者爲奴隸，養子的地位高於奴隸。兩種稱謂雖常混淆不易分辨，但未能舉行正式收養儀式者，是不能稱爲「官教克」的。值得注意的是俘來或買來的小孩，長大以後直到老死都稱「官教克」或「窮教克」，而且其子女仍爲「官教克」或「窮教克」，這種情況要相隔數代才會改變。在西盟佤族社會之中，「官教克」或「窮教克」代表一種出身，而不管其實際年齡爲何。

世界文明古國俘虜來的異族奴隸，最初也以兒童爲主。埃及一件文書把奴隸稱爲「可憐的孩子」，說他們是「從母親手臂中硬拉來的」⑥。羅馬人視奴隸爲一種財產，稱爲「手臂搶來」（manu capiantur）⑦。幼奴常能得到主人厚待和信任。荷馬史詩《奧德賽》中有一女奴自稱和主人的子女一起長大，常能得到「心愛的玩具」⑧。這些人自幼在主人家中養成大人，已無反抗性，死心塌地爲主人效力，故比一般奴隸易獲得主人的信任。大量畜奴的社會中，幼奴（特別是成爲養子者）及其後裔所受待遇必較其他奴隸爲佳。

在宮廷中長大之幼奴（或養子）及其後裔，由於接近最高統治者，取得信任者更能獲得重要的職

---

⑤ 《佤族社會歷史調查》㈠，雲南人民出版社，一九八三年，頁八六—九九。
⑥ A. Erman, *Life in Ancient Egypt* (Translated by H. M. Tirard), New York: Dover Publications, Inc., 1971, p. 128.
⑦ W. D. Phillips, *Slavery from Rome Times to the Early Transatlantic Trade*, University of Mennesota Press, 1985. p.17.
⑧ 參見胡慶鈞主編《早期奴隸制社會比較研究》，中國社會科學出版社，一九九六年，頁二一六—二一七，三五五。

位，甚或取得很大的政治權力。埃及新王國時期的奴隸就是如此。有些人從名字上可看出原是外國人，自己或其祖先是從敘利亞人等地掠來，但他們出入宮廷，自稱「生來就是高貴的」。他們負責管理倉庫、指揮建造紀念碑這樣重要事務。Rames 三世在位時期，甚至出現兩個「奴隸王子」，一個是法老的書記官和高級祭司財產的「指導者」，一個是法老的代言人⑨。

祕魯的印加王國有一種特殊的制度，定期從全國各地選擇漂亮健康的十歲女孩和聰明能幹的男孩，免除勞役，與家人割斷聯繫。女孩送入各修道院（最大的一個設在政治中心庫斯科）學習家政、宗教儀式和紡織，一部分成爲王和貴族的婢妾；一部分作爲「大陽神的聖女」進入神廟，終身保持童貞，終日從事紡織，其產品供祭司及宗教儀式使用；還有少數人作爲祭神之人牲，這是一項最光榮的任務，他們總是「驕傲地、快樂地接受」。男孩則完全處於王的處置之下，充當王和有功貴族之侍從、監工及寺廟什役。正是這些男孩，最後可上升到重要地位，躋入低級貴族（caracas）之行列。據研究，這些來自普通人家庭的兒童原非奴隸，但「實際上他們已是奴隸」，是王的奴隸⑩。

二

中國造字時期俘虜亦以兒童爲主⑪，俘字本身作□或□，即表示執小孩而歸。小臣原來指一般幼

⑨ 上引 Erman 書，pp.104—106，517—518。
⑩ J. A. Mason, *The Anciant Civilization of Peru*, Penguin Books, 1957, pp.180－181.
⑪ 中國和世界其他地區一樣，最早奴隸除兒童外當然還有婦女。古文字中「妥」（□）字象手執婦女，反映造字時期俘掠婦女爲奴的情況。至於成年男子俘虜則稱爲「訊」（□），从人从口从系，表示拘繫訊問之意，可見最早俘掠成年男子僅爲了了解敵情，並不轉化爲奴隸。金文中描述戰功顯赫常用「折首執訊」一詞，《詩．大雅．皇矣》云：「執訊連連」，《詩．小雅．出車》云：「執訊獲醜」，這時的訊已指奴隸，仍沿襲古老的名稱。

奴。但殷周時期有些小臣已像埃及一樣，專指在宮庭中或貴族家中長大之幼奴或其後裔而言，其地位遠高於一般奴隸。

從經過古文字學家研究而解釋趨於一致之卜辭可以看出，小臣主要充當近侍，隨王征伐、田獵或出行：

（隹）小臣牆從伐，毕（擒）□□人廿人，而人五百七十人……。（續存九一五）。

叀小臣牆令乎（呼）從，王受又（佑）（粹一一六一：三）。

庚午卜王貞：其乎小臣陳從，才（在）□□（甲二八三〇）。

癸已卜，殼貞：旬亡囚。王固曰：乃絲（茲）亦有祟。若偁。甲申王往逐兕，小臣甾車馬硪□王車，子央亦阤（墜）。（菁二、一）。

或充當王之耳目，出使外地，了解外地情況：

甲申卜，貞□日丁已，王其乎寂小臣使于朔。（珠三二五：五）

小臣嗇又來告。（合集二七八八六）

或在宗教儀式中處裡一些具體事務。甲骨邊緣所刻占卜材料來源、數量等記錄中，經常提及小臣：

小臣入二。（乙二四九七）

小臣從示。（續四、五、五）

據胡厚宣先生考證，「入二」指收入占卜材料二件，「從示」即小臣參加祭祀之意⑫。甲骨原是神聖之物，用以占卜前要經過祭祀的，近世少數民族仍是如此。

卜辭中小臣還有其他名目，負責多種工作，例如，負責籍田的「小耤臣」（圖三），管理衆人種黍的「小衆人臣」，管理養馬的羌人奴隸之「小多馬羌臣」，以及可能會治病的「小病臣」⑬。這些均非政權機構中正式職位，是代王處理事務或爲王服務的工作。

總之，侍奉王的日常生活，隨時聽候差遣，應是小臣的主要職掌。《周禮》中「小臣」及「內小臣」所負責的仍不外這樣一些工作⑭，說明從遠古直至春秋戰國時期儘管個別小臣曾躋入高位，參與國家大事，大部分仍充當宮廷近侍的角色。《書·君奭》有云：「小臣屏侯甸，矧咸奔走」。隨侍左右以供奔走，確是對小臣職掌的最好概括。

小臣中自有女性。曾有學者懷疑女性小臣是否存在（見《論商周時代的臣和小臣》，載《盡心集》，中國社會科學出版社，一九九六），但傳世銅器《小臣兒卣》銘曰：

---

⑫胡厚宣《武丁時五種紀事刻辭考》，載《甲骨學商史論叢》初集，上海書局重印本。

⑬于省吾《釋小臣的職別》，載《甲骨文字釋林》，中華書局，一九七九年。張永山《殷契小臣辨正》，載《甲骨文與殷商史》（胡厚宣主編），上海古籍出版社，一九八三年。

⑭《周禮·夏官·小臣》：「小臣掌王之小命，詔相法之小法儀。掌三公及孤卿之復逆，正王之燕服位。王之燕出入，則前驅；大祭祀、朝覲，沃王盥；小祭祀、賓客、饗食、賓射掌事，如大僕之法。掌士大夫之吊勞。凡大事，佐大僕」。《周禮·天官·內小臣》：「內小臣，掌王后之命，正其服位。后出入，則前驅；若有祭祀賓客喪紀，則擯。詔后之禮事，相九嬪之禮事，正內人之禮事，徹后之俎。后有好事於四方，則使往；有好令於卿大夫，則亦如之。掌王之陰事陰令。」

女子小臣兒作已尊彝䵼（三代，一三—三三）

似無可懷疑。又卜辭有云：

辛丑卜，爭貞：小臣冥（娩）妨（嘉）？（掇二、四七八）

小臣不其妨？（丙九〇）

女小臣難免要充當王之婢妾。古文字學家多認爲，這便是對女小臣分娩的貞問。（圖四、圖五）

小臣出身卑微而接近權力中心。若受統治者的信任和重用，擔任重要職務而工作有成績者，經常可得到王或貴族的賞賜。遇到這樣情況，他們也和貴族階級一樣，鑄造銅器作爲紀念⑮。據我不完全的統計，殷周銅器爲明確稱爲「小臣」所鑄者凡十六器：

《小臣缶鼎》（三代　三·五三）

《小臣兒卣》（三代　一三·三三）

《小臣艅尊》（三代　一一·三四）

《小臣光尊》（三代　一一·二一·七）

---

⑮ 鑄器之外，還有小臣在王賞賜之物上刻銘留念之例。如鄞縣方氏藏殷代小玉器，有銘曰：「乙亥王易（錫）小臣□□才（在）大室」；安陽侯家莊殷代大墓出土斷耳石簋，有銘曰：「辛丑，小臣茲入畢（禽）囿才書㠯段」。參見胡厚宣〈卜辭中所見之殷代農業〉，載《甲骨學商史論叢》初集。

《小臣邑斝》（三代　一三・五三）

《小臣鼎》（三代　二・五一）

《小臣緣卣》（三代　一三・三五）

《小臣單觶》（三代　一四・五五）

《小臣守簋》（三代　八・四八）

《小臣宅彝》（三代　六・五四）

《小臣靜卣》（綴遺　一二・一）

《曾㝉伯鼎》（三代　四・四）

《小臣謎簋》（三代　九・一二）

《小臣父丁彝》（三代　六・五一）

《季娟鼎》（積左　四・二一—二二）

《小臣傳卣》（窓齋　一三・一二）

此外，小臣鑄器中或加族徽文字，即過去金石學家誤釋「析子孫」三字者（如上引《小臣告鼎》及《小臣兒卣》），凡有這種族徽之器雖未明言小臣，可能也與小臣或其後裔有關。又這種族徽銅器還有自稱「小子」者，如《小子省卣》（貞松　八・二九）、《小子射尊》（綴遺一八・一七）、《小子□尊》（綴遺一八・二七）等，不知這是否表示鑄器者已取得養子的身份？

從銅器銘文中可以看出，小臣所以受賞賜，或因參與「克商」（《小臣單觶》）或「征東夷」之役（《小臣謎簋》），或因出「使於夷」（《小臣守簋》），較多的是在王之左右「即事」（《小臣靜卣》），就是克盡厥職侍奉有功。賞賜之物除貝若干朋外，還有車馬等物（《小臣宅彝》）。上引《小臣父丁彝》銘曰：

□□曰□叔休於小臣貝二朋臣三家，對乃休，用作父丁隫彝

賞賜小臣之物中竟包括「臣三家」，說明小臣又可擁有奴隸。（圖六、七、八）

小臣中個別人物若特別得到信任，可由近侍進而身居要職，從事獨當一面的工作，甚至入主中樞。最突出的例子當然是大家熟知的伊尹。《呂氏春秋·尊師》稱他爲「湯師」，《叔夷鎛》說：「伊少（小）臣佳補（輔），咸有九州」（兩周　五五·一一五），證實《史記·殷本紀》記載在商湯建國時期伊尹所起作用，並非後世浮誇之詞。而伊尹原來就是有莘氏之小臣⑯，作爲陪嫁奴隸入商，後來竟然爲相。據研究，卜辭中所見小臣也有得居高位者，如有名「小臣[illegible]」者，不僅領導農業生產（稱爲「小耤臣」），還省視邊防，討伐羌人及其他異族，並負責祭祀。王經常呼他來見，[illegible]如有病，王還「告疒（疾）」於祖先⑰。他們當然都已躋入高層統治者的行列。由王之寵信近臣出相入將之事，从古代到近世何代蔑有？但任何時候這樣的人都不會很多。就大部分小臣而言，他們的社會地位雖然高於其他奴隸，本身仍是奴隸。

---

⑯《墨子·尚賢》中：「有莘氏女之私臣，親爲庖人，湯得之，舉以爲相」。《楚辭·天問》：「成湯東巡，有莘爰極？何乞彼小臣，而吉妃是得？」《呂氏春秋·本味》：「湯於是請取婦爲姓，有侁（莘）氏喜，以伊尹爲媵女」。

⑰參見胡厚宣〈殷非奴隸社會論〉（載《甲骨學商史論叢》）所輯錄有關材料。

小臣可以擁有奴隸，又可作爲奴隸賞賜於人。《大克鼎》記厲王賜善（膳）夫克田地、臣妾之外，還有「史、小臣、霝龠、鼓鐘」（三代　四·四〇—四一）。卜辭中還有：

癸酉卜，貞：多妣鬳小臣卅、小妾卅於帚（婦）？（合集　六三〇）

貞今庚辰夕，用鬳小臣卅、小妾卅於帚？（合集　六二九）

「鬳」與「獻」通，是一種祭名，説明小臣與小妾等一起用作人牲⑱（圖九、一〇）。直至春秋時期，小臣還被隨意殺死或爲主人殉葬⑲，生命無任何保障。

總之，小臣原指幼奴或在主人家中長大之「家生奴隸」，小臣之「小」即因此得名。它代表一種身分，而不管各人實際年齡如何，一個小臣從小到老，甚至他的後裔仍爲小臣。小臣在奴隸之中最得主人信任，經常充當近侍親隨，其待遇高於一般奴隸。在宮廷中長大之小臣，由於接近最高統治者，有些擔任重要職務，更具有很高的社會地位。但就整體而言，小臣仍具有奴隸的屬性。他們可以高踞於廣大奴隸之上，充當主人耳目和爪牙；在主人面前他們仍是奴隸。關於古文字中小臣是奴隸還是官員的種種爭論，若了解小臣上述特性，便可以獲得合理的解決。

---

⑱ 胡厚宣〈中國奴隸社會的人殉和人祭〉（下），《文物》一九七四年八期。

⑲ 《左傳·僖公四年》記載，晉獻公時驪姬以浸有毒藥的肉「與小臣，小臣斃」。《左傳·成公十年》記載，晉侯食麥太多腹脹如廁，「陷而卒，小臣……負晉侯出諸廁，遂以爲殉」。

圖三　有關「小耤臣」的卜辭

圖一　西盟佤族某户合影（内有四個幼奴）

圖二　西盟佤族拉走小孩抵債（採自五十年代拍攝的科學記錄片《佤族》）

圖五　卜問「小臣冥（娩）妫（嘉）？」的甲骨文

圖四　《女子小臣兒卣》銘文

圖六　記錄小臣參加「克商」的《小臣單觶》銘文

圖七　記錄小臣参加「征東夷」的《小臣謎簋》銘文

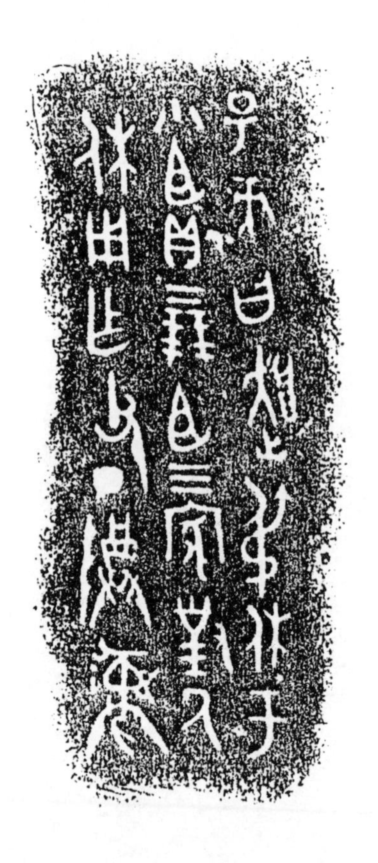

圖八　記錄小臣受賞「臣三家」
的《小臣父丁彝》銘文

圖九　記錄用小臣作人牲「獻」祭先妣的卜辭

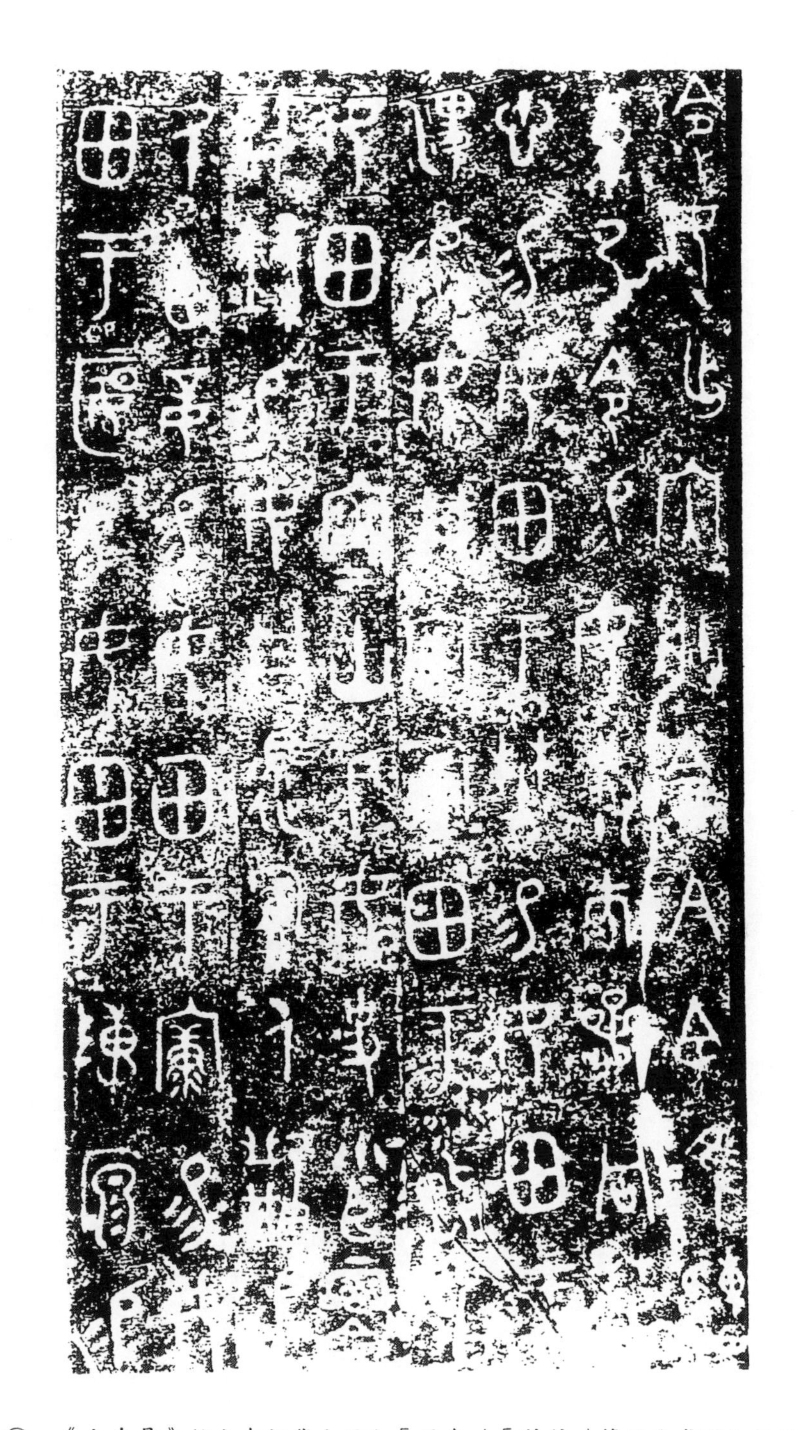

圖一〇　《大克鼎》銘文中記載小臣和「霝龠」「鼓鐘」等同爲賞賜之物的部份

古代禮俗叢考

改火和易水

中國古代的禮，若逐一加以分析，內容殊爲複雜。或原爲宗教儀式，或屬人們應遵守之交往禮節、行爲規範和社會公德，未可因其觀念之虛妄行爲之繁瑣，一概加以否定。即源於宗教儀式之古禮之中，有些無積極之因素可言，有些仍寓有合理的內容，客觀上有利於維護當時社會安全，保護當時生態環境。

改火和易水就是可以相互對照的兩個例子。

改火和易水古人視爲同類禮俗。《管子·禁藏》：

> 當春三月，……鑽燧易火，抒井易水，所以去茲毒也。

又同書《輕重》已篇：

> 冬盡而春始，……教民樵室、鑽燧、墐灶、泄井，所以壽民也。

蓋因兩者本諸同一宗教信仰，即認爲火與水使用日久，便不利於人，每隔一定時期應加改換方可免除其害。

改火按規定日期盡滅舊火，以原始的鑽木取火法另生新火，並舉行相關儀式。對改火日期諸種記載說法不一。上引《管子》說在春季，而《論語·陽貨》有云：

君子三年不爲禮，禮必壞；三年不爲樂，樂必崩。舊穀既沒，新穀既升，鑽燧改火，其可已矣！

當在秋末冬初。前人對上述記載之岐異考辨頗多①，然先秦時改火日期原未固定，或各地改火日期有所不同，似無必要判定孰是孰非。還有說一年之中要四次改火（《淮南子·時則訓》），甚或五次改火（《周禮·夏官·司爟》）「掌行火之政令，四時變國火，以救時疾」下鄭衆注引《鄹（鄒）子》，後者明顯附會陰陽家五行學說，非實有之事。

直至漢代，改火時期仍常變更。居延漢簡保存有漢宣帝時丙吉奏書，建議夏至改火：

御史大夫吉昧死言：……別火官先夏至一日以除燧取火，授中二千石、二千石官。在長安之陽者，其民皆受，以日至易故火。……②

「別火官」即「別火令丞」，屬「大鴻臚」管轄（見《漢書·百官公卿表》）。東漢時此官一度廢去（見《後漢書·百官志》本注），而《後漢書·禮儀志》有云：

---

① 參見顧炎武：《日知錄》卷五用火條，孫詒讓：《周禮正義》司爟條，胡玉縉：《許廎學林》（中華書局一九五八年版）卷五《論語改火考》。

② 勞榦：《居延漢簡考釋》（考證之部）卷一，李莊，一九四四年。丙吉，《漢書》有傳。

似改火之禮照樣在冬至之日進行。此與《論語》所云改火時間一致。

迄於北朝，北方民族入主中原，改火之禮停止，後有人建議恢復。《北史‧王慧曉傳》云：

慧曉五世孫劭，字君懋，隋文帝受著作郎，……以上古有鑽燧改火之義，近代廢絕，於是上表請變火曰，「臣謹案：周官四時變火以救時疾，明火不數變，時疾必興，聖人作法，豈徒然也。在晉時，有人以洛陽火渡江者，世世事之，相續不滅，火色變青。……今溫酒及炙肉，用石炭木炭火、竹火、草火、麻荄火，氣味各不同，以此推之，新火舊火理應有異。伏願遠遵先聖於五時取五木以變火，用功甚少，救益方大。縱使百姓習久，未能頓同。尚食內廚及東宮諸王食廚不可不依。」上從之。

及唐宋時期改火之禮確又舉行。（宋）錢易之《南部新書》卷二云：

長安每歲諸陵至清明尚食，內園官小兒於殿前鑽火，先得火者進上，賜絹三匹、金碗一口。

（宋）宋敏求《春明退朝錄》云：

唐時惟清明取榆柳火，以賜近臣戚里，本朝因之。

（宋）葉夢得《石林燕語》卷五：

宰執每歲有內侍省例賜新火、水之類。

臣僚既受新火，則寫賦著詩以表感激。如膾炙人口的《寒食詩》：

春城無處不飛花，寒食東風御柳斜。日暮漢宮傳蠟燭，輕煙散入五侯家。

應即對清明賜火之寫照。當時宮廷用榆柳之木鑽火並用快馬將火種傳賜臣僚之盛況，由上述記載中略可想見。

宮廷改火之禮源於民間普遍存在改火之俗。民間改火 自先秦以來似未中斷。杜甫《清明二首》詩云：「旅雁上雲歸紫塞，家人鑽火用青楓」；③韓愈《枯樹》詩：「老樹無枝葉，風霜不復侵。……猶堪持改火，未肯但空心」；④蘇軾《徐使君分新火》詩：「臨皋亭中一危坐，三月清明改新火，溝中枯木應笑人，鑽灼不然（燃）誰似我」⑤皆指改火之事。從先秦迄於中古，改火時間數易，由不一致到一致，最後終於固定在清明時節舉行。我國素有清明寒食之俗。其來源或云紀念介子推⑥，或云非是⑦。疑此實與改火有關。蓋舊火既滅、新火未生之際，人們無法舉火，自不得不寒食。

③《杜詩錢注》卷一八。
④《韓昌黎全集》卷一〇。
⑤《東坡全集》正集卷一二。
⑥見《後漢書·周舉傳》，《初學記》卷四引曹操《明罰令》，洪邁《容齋三筆》卷二引《汝南先賢傳》及《鄴中記》。
⑦見宗懍《荊楚歲時記》，羅泌《路史》燧人改火條。

改火之俗原與古人用火方式有關。雖然舊石器時代人們即發明人工取火方法，在實際生活中並不是動輒就生新火，而是採取保存火種使其晝夜不滅方法，來保證人們取暖、炊爨、照明等日常需要。中國先秦時期已掌握多種取火方法，而用火主要仍靠保存火種。字書中有「灷」字，象雙手捧火之形，即火種之意⑧。即使家中火種熄滅，亦可向鄰人借火。如《孟子·盡心》：

民非水火不生活，昏暮叩人之門户求水火，無弗與者。

又《韓詩外傳》卷七：

婦見疑盜肉，其姑擊之，恨而告於里母。里母曰：「安行？今令姑呼汝」。即束緼請火於婦之家曰：「吾犬爭肉相殺，請火治之」。

火種一般保存在火塘或爐灶之中，至今我國西南很多少數民族仍是如此，需要時從火塘中取火種吹燃，即有火柴亦不輕易使用。

在遠古人類心目中，萬物有靈，火自不能例外。火焰的不斷跳動，小火迅速變成大火，再加上火種的長年不滅，使火更像一種有生命之物。故世界上拜火習俗普遍盛行，凡是人類遭受與火有關的災難，都認爲是火的精靈作祟。而由於火種長年不滅，又使人們認爲作祟者多是這些舊火。上引《北史·王慧曉傳》説「（火）相續不滅，火色變青」，「新火舊火理應有異」，即是這種宗教思想的反

⑧ 《玉篇》火部：「灷，火種也，土倦切」。

映。近代民間還有物件用久自能成精的迷信。人們爲了免除舊火的危害，除了平常對火要小心地供奉，獻祭及恪守一系列禁忌外，還要舉行禳解儀式，定期改火即其中的一種。

世界很多民族均有自己的改火儀式。古代希臘，羅馬即有⑨。巴西的卡因甘人（Kaingang）於火葬後必須改火，使用鑽法另取新火⑩。下面再舉國內少數民族近代仍然保存的同類習俗爲例：

雲南盈江一帶景頗族每逢失火，認爲是「男火鬼」「女火鬼」作祟，爲了防止再次失火，要在巫師「董薩」主持下舉行「送火鬼」儀式：各家把火塘中的火弄熄，僅保留一根著火的木柴，由一人扛著在前奔跑，另一人持刀在後追趕，趕到村外把木柴投入污水塘，表示送走「火鬼」。然後由老人用原始的鋸竹取火法來生新火。

雲南西盟佤族亦有類似習俗。每逢村寨內有人家失火，即認爲是火鬼「艾榮」（據認爲常幻化爲蝙蝠的形狀）作祟，必須舉行送火鬼儀式：由巫師「魔巴」背著口袋和盛水竹筒到全寨挨户作法，先取火塘中一小塊火炭放入口袋，再用水滅去舊火。「魔巴」背著盛著各家火炭之口袋，由一老婦趕豬一隻，同到寨外，將豬殺死，以口袋內火炭和泥，塗遍豬身，投入河中或水塘中，既表示鬼已送走。回寨後，由會取火的老人以原始的方法來另取新火。常用者爲鑽木取火法，也用帶鋸法（即以一根藤條在木棒下來回摩擦）或鋸竹取法。新火取得後各户來取火種，移至自家的火塘。

---

⑨ 見李玄伯：《中國古代社會研究》，開明書局，一九四八年，一七頁。

⑩ J.Henry, *Jungle People：A Kaingang Tribe of the Highlands of Brazil*, N.Y.：Random House, 1964（1941）.p.118

滄源佤族也認爲失火與「火鬼」有關，但他們不是在失火以後才舉行儀式，而是固定在舊曆年期間選擇一天進行此事。當天早晨，一人手持一雞巡行全寨，另一人背口袋隨行。每到一家取火炭一小塊放入口袋中，將口袋送出寨外，殺雞舉行簡單禱祝儀式，表示送走火鬼。這時放爆竹三聲爲號，各家一齊滅去火塘中舊火。同時村寨頭人（「達改」）在他家用原始的鋸竹取火法來升新火（圖一），各户備米一小碗到「達改」家，取火種而回。此爲滄源佤族過年時重要儀式之一，他們認爲若不舉行此儀式，則當年即會發生火災，人畜也易死亡。

由上述少數民族「送火鬼」儀式進行類比，可知中國古代改火實屬同類對火的禳解儀式。古今改火都是爲了預防火的災禍。景頗族、佤族改火爲了預防失火。古代改火爲了「去茲毒」（《管子·禁藏》）「以救時疾」（《周禮·司爟》），即預防生病，因烹煮食物要用火，有病被認爲是火的「作祟」。又儘管古今改火儀式具體情節各有不同，都要包括兩個方面的内容。一是滅去舊火，因爲被認爲作祟的都是這些用之已久的火。二是以原始方法另生新火。這種原始取火方法往往就是該地區過去最流行的取火方法，隨著社會發展和文化進步，日常生活中已廢棄不用，另有了更方便的方法，但在宗教儀式中一切都要率由舊章，故仍採取古老的取火法。這和有些民族殺人祭祀要用石刀，情況是一樣的。

改火儀式原由村落中會取火者舉行，並不賦予他們什麽特權。取新火並不限定在什麽地方，也不限定什麽人，（如景頗族和西盟佤族）。到了階級社會，統治者看到火是人們生活所必需，乃把取新火作爲自己一種特權，用頒賜火種的方法來神化自己，固定和强調臣民對自己的隸屬關係。滄源佤族規定在「達改」家中取火，各户持禮來接火種，已顯示這方面的迹象。在内地，改火更進入宫廷，由普通的禳解儀式變爲一項隆重禮節。許多古禮究其由來不僅改火而已。多是統治者取民間宗教儀式加以繁縟化、程式化以達到神化自己的目的。

易水則來源於與預防水害之禳解儀式。改火是盡滅「舊火」另生「新火」；而易水則以淘洗水井體現之。蓋中原地區多飲用井水，一年一度之易水即從井中淘盡舊水，清除井中淤泥雜物，再生之水即爲「新水」。憶抗戰時期爲避日寇隨母回轉祖籍（江蘇灌雲板浦鎮），所居院落共用水井一口，每當春節前後，合院人户必集資請人淘井。工人搥繩而下，我輩兒童好奇圍觀，至今記憶猶新，是易水之俗在內地偏僻鄉鎮直至晚近仍有保存。

西南山區居民飲水不靠水井，其一年一度之易水採取另外形式，且伴以一系列宗教活動。

雲南西盟縣佤族架設竹槽引來山澗之水飲用，便以更換竹槽體現易水。每年陰曆十二月全寨舉行「做水鬼」儀式，先由巫師（「魔巴」）唸咒，祭祀水鬼，然後盡去舊槽，另架新槽，重新引來之水即爲「新水」。此儀式爲春節期間一系列宗教活動之開端，佤族視爲大事，經此禳祓儀式方可預防水鬼來年爲害於人⑪，雲南其他少數民族以竹槽引水者，多有類似儀式。

雲南金平縣哈尼族村寨設有蓄水池，靠蓄積泉水飲用。每年陰曆二月第一個「龍日」，合寨集合於全寨最早之蓄水池舉行祭龍儀式，他們信仰龍爲水神，每年祭祀才能保證水源充足，水質良好。然後大家動手汲去池中陳水，挖去池中沈積雜物，清洗池壁，並砍去池周雜草亂樹以利池邊大樹（「龍

---

⑪ 《佤族社會歷史調查》㈠，雲南人民出版社，一九八三年，一五三—一五四頁。

樹」）生長⑫。很多少數民族都有保護水源祭祀「龍樹」之俗（圖二）。

按易水與易火雖出於同一宗教信仰，然火分爲「新」「舊」純屬迷信，而去掉舊水易以新水，客觀上卻有益於飲水衛生。水井或水池使用一年，雜質積累既多，水質腐壞；竹槽歷時既久，朽爛部分混入水中亦必影響水質，每年加以更換實有必要。至於保護水池四周大樹，自有利於涵養水源。

人類學最新研究表明，有些宗教活動客觀上有利於生態環境的保護⑬。古今易水之俗爲此提供又一證據。對於古代宗教方面的禮俗，不僅應探索其起源，抑且要分析其社會功能，分辨其中有無合理的成份，未可一概視爲虛妄之舉。

---

⑫《金平民族志》，雲南民族出版社，一九九〇年，九五—九六頁。

⑬ R. A Rappaport *Pigs for the Ancesters Ritual in the Ecology of a New Guinea People*, Yale University Press，1984，pp3－4頁。汪寧生〈中國西南地區的民族生態學〉，載《當代中國人類學》，三聯，一九九一年

圖一　雲南滄源佤族改火儀式中所用原始取火法

圖二　雲南羅平縣佈依族水塘旁「龍樹」

囓臂和歃血

初民重視盟誓，血盟爲盟誓的一形式。它基於如下信仰：通過血的交換可使結盟雙方建立牢不可破的聯繫，若一方背叛，必將受到超自然力量之懲罰。結盟者以社會活動中扮演重要角色之男性居多，故血盟在人類學上稱爲 Blood Brother，以今天社會俚語譯之，即「換過血之鐵哥兒們」也。然舉行血盟並不限於男性朋友，異性之間或親屬之間亦常實行。中國古代的血盟經常採取囓咬或割破對方臂部方式，即所謂「囓臂爲盟」。

春秋時期魯莊公追求孟任，答應立爲夫人。孟任便「割臂盟公，生子般焉」①。此爲情人之間血盟，是一種表示恩愛之海誓山盟。

著名軍事家吳起離衛去魯，與母告別，囓臂爲盟云：「不爲卿相，不復入衛」②。此爲母子之間血盟，具有賭咒發誓痛下決心之意。

傳説中古代著名射手飛衛，收徒名紀昌。紀昌學射有成，忘恩負義，意欲殺害師父。雙方互射結果，飛衛以荆棘隨手做成之箭便將紀昌之箭擊落。紀昌始知師父之射術非己所及。於是「拜伏於地，……剋臂以誓，不得告術於人」③。此爲師徒之間血盟，表示徒弟認輸服罪，兼有相約保守技術秘密

① 《左傳·莊公三十二年》。
② 《史記·孔子吳起列傳》。
③ 《列子·湯問》。

之目的。

東漢末年，宦官單超與靈帝密謀誅殺大豪門梁冀。「帝齧超臂出血爲盟」④。此爲君臣之間訂立密約之血盟。

唐德宗遇險，隨行官員六人，恐有奸人危害皇帝，亦曾相與齧臂爲盟，替換牽馬而行，使外人不得近。此爲臣下爲保衛君主安全而相互立盟。從中可見多人結盟亦可實行齧臂形式。

齧臂可使對方之血流入已口，以形成血之交換。齧臂爲盟習俗一直保存至今。最著名之例證見於雲南易武瑤族。青年男女相愛，互約成婚，女方便咬男方左臂出血，事後觀察傷口，若愈後結疤，便認爲男方已將自己「記在心頭」；若無疤痕，則認爲男方虛心假意，婚約或竟取消。

四川某些農村男女相愛若遭阻撓而難成婚，則去廟宇燒香烙傷雙方手臂，相約來世結爲夫妻，此可視爲齧臂爲盟之變體。

血盟乃世界性習俗，中國以外中世紀之英國、匈牙利及近代之非洲多曾實行。然出血部位不必都在臂部。如東非 Kampa 人刺取胸部之血盛於杯中供結盟者共飲。蘇丹的 Zande 人則將血和鹽而共食，然後口唸誓詞云：

如你見有人和我——你的兄弟打架，你反而攻打我——你的兄弟，血必向你報仇！
如我來拜訪你，你有啤酒卻不拿出來給我喝，血必向你報仇！

---

④《後漢書·宦者列傳》。

如你在路上看見一位婦女，明知她是我妻還要和她性交，血必向你報仇！⑤

此一誓詞充分反映血盟者之信仰和動機，即視血爲一種超自然力量，既已進行血的交換，若背叛必將遭受懲罰，故盟約必須堅守。此對理解中國古今中國血盟之含義頗有助益。

以血和酒共飲之俗則更爲普遍。春秋時趙簡子使成何涉與衛靈公結盟。「靈公未喋血，成何涉他挨靈公之手擠之」⑥。今天江湖朋友刺破手指滴血於酒中，高呼「有福同享，有難同當」而共飲，實遵循古俗。結盟者之血溶在一起並由各人分飲，亦可形成一種血的交換。

然使自己或親朋流血，終非愉快之事。故人們便用動物之血代替人血和酒共飲。此俗先秦時期已有，即所謂「歃血爲盟」。歃音「霎」，血需於口之意。

綜合有關記載，可以看出春秋戰國時期歃血結盟之禮大致如下：與盟者殺牛祭祀神祇，取其血盛於「珠盤」「玉敦」中⑦，由與盟者共飲。其時應由主盟者手持牛耳滴血於容器之中，故「執牛耳」⑧成爲盟主或居於支配地位之代稱。

結盟內容書於簡策或玉石之上，稱爲「盟書」或「載書」，殺牲取血後，肢體要掘坎而埋，「盟

---

⑤《雲五社會科學大辭典·人類學》，一二七——一二八頁。

⑥《說苑》卷十三。

⑦見《周禮·戎右》、《玉府》。

⑧見《左傳》襄二十七年、定公八年、十七年。

書」或「載書」置於牲體之上⑨。近年山西侯馬發現的大批珠書玉版，便是當時的「載書」，其誓詞最後云：對背叛者要「麻臺非是」⑩，即滅其全族。

這種殺牲取血共飲之俗流傳後世，成爲中國民間及西南少數民族普遍的結盟形式。較多情況下是殺雞取血和酒共飲，習稱「吃雞血酒」。據載苗族還有殺貓結盟之事⑪，爲他處少見。

《淮南子·齊俗訓》云：

越人齧臂，中國歃血，所由各異，其于信一也。

以結盟不同形式代表不同民族之文化差異。從上引材料可見，自古以來齧臂並非南方越人所專有，而歃血亦不限中原。

大體言之，私事密約多採取齧臂形式，而重大事件則歃血而盟。

---

⑨《左傳·僖公二十五年》「宵坎血加書」句下注：「掘地爲坎，瀝牲血坎中，加盟書其上」。《周禮·司盟》「掌盟載之法」下鄭注：「盟者書詞於策，殺牲取血，坎其牲加書上而埋之，謂之載書」。

⑩《侯馬盟書》，文物出版社，一九七六年。

⑪（清）嚴加煜《苗疆風俗考》。

藏冰和賜冰

夏日炎炎，人喜涼食。今人打開冰箱，喝下一杯冷飲，便可神清氣爽，暑意暫消。然若欣然以爲現代人才能有此享受，則未免輕視古人。古人雖不能製冰，卻有一套藏冰方法，一部分人在炎熱季節也能擁有冰塊以降溫。

中國人至遲西周時已知藏冰。《詩·豳風·七月》：

二之日鑿冰沖沖，三之日納於凌陰。

即二月鑿下冰塊，三月藏於冰室之中。又《禮記·月令》（《呂氏春秋·季冬》略同）：

季冬之月……冰方盛，水澤腹堅，命取冰。……仲春之月，天子乃鮮羔開冰，先荐寢廟。

此言十二月爲鑿冰季節，說法與《詩》有異，或由於各地季節差異或所行曆法不同，不必深考。總之，鑿冰必在大寒季節，其時冰層堅硬，不易溶化，有利保藏，且便運輸。《左傳·昭公四年》言藏冰，用冰制度甚詳：

（申豐）曰：……「其藏冰也，深山窮谷，固陰沍寒，於是採取之。其出之也，朝之祿位，賓食喪祭，於是採用之。其藏之也，黑牡秬黍，以享司寒。其出之也，桃弧棘矢，以除其災。其出入也時，食肉之祿，冰皆與焉。大夫命婦，喪浴用冰。祭寒而藏之，獻羔而啓之。公始用之，火出而畢賦，自命夫命婦至於老疾，無不受冰。山人取之，縣人傳之，輿人納之，隸人藏之。夫冰以風壯，而以風出。其藏也周，其用之也徧，則……無菑霜，癘病不降，民不夭札。今藏川池之冰，棄而不用。……

雹之爲菑，誰能御之」?!

從這段話可見，藏冰，用冰先秦時期已成爲一種古禮，建立起一套制度：取冰於高山深谷陰冷之處，河流池塘之冰不宜收藏。藏冰由當地最高統治者首先使用，然後頒賜於官吏及其家屬乃至老人病人。藏冰要嚴密（「周」）以防溶化，而用冰要盡量擴大範圍（「徧」）。據信，人們普遍用冰有助防止自然災害及病疫發生。藏冰及取冰時要舉行宗教儀式，祭拜司冰之神，名曰「司寒」。

除上述「山人」「縣人」「輿人」「隸人」負責冰之鑿取，運輸及收藏等具體之作外，還專設官員一人總其事。《周禮·天官·凌人》云：

凌人掌冰。十有二月，令斬冰，三其凌。春，始制鑑，凡外內饔之膳羞鑑焉，凡酒漿之酒醴亦如之；祭祀共（供）冰鑑，賓客共（供）冰，大喪共（供）夷（尸）槃（盤）冰。夏，頒冰掌事。秋刷。

此言「凌人」一年四季工作日程：冬天藏冰。春天開始供應貴族日常飲食、祭祀、宴請所用之冰。當時盛冰用銅鑑，盛放食物飲料之容器即放在鑑中冷卻，故稱「制鑑」。若遇喪事，還要準備盛放冰塊大盤，屍體陳放其上。古代喪禮繁縟費時較久，爲防屍體腐爛必須如此。夏天炎熱，人人樂於有冰，而冰不用也會溶化，頒冰於衆正當其時。秋天刷洗冰室，準備冬季再次藏冰。

關於先秦時期盛冰銅鑑實物屢有發現。如傳世的「吳王光鑑」（西元前五一四年）、「攻吳王夫差鑑」(西元前五世紀初)、「智君子之弄鑑」(西元前五世紀中葉)①等等，均可供盛冰。近年發掘所得銅鑑，多與盛酒漿之壺同出。湖北隨縣曾侯乙墓出土一鑑(被稱爲「冰酒器」)，內裝方壺，底有拴扣，可將壺固定於鑑，不致傾覆②。足見古人用冰器具設計之巧。至於盛放屍體之冰盤，借用日用之盤而無專用之器，然必如「虢季子白盤」之類大盤無疑。

近年發掘清理先秦宮室遺址，如陝西鳳翔之春秋時期遺址③，河南新鄭之戰國時期「鄭韓故城」④、河北易縣之戰國晚期燕下都故址⑤、陝西咸陽之秦都遺址⑥等處，發現有深埋地下之窖穴。四壁或用陶井圈構築，地面鋪磚。學者一概釋爲古代藏冰之室⑦，似不確。穴中有獸骨，似表明原爲保藏肉類之處，與專門儲藏冰塊之室有別。若藏冰之室兼放肉類，勢必經常開取，冰易溶化。當然，這類窖穴中或可放入冰塊以利肉類保存，但不得稱之爲專門藏冰之「凌陰」。僅上述鳳翔遺址窖穴未見獸骨，且有排水設施，可以考慮是藏冰之室。(圖一)

然自先秦至於後世，歷代宮廷設有冰室則無疑問。《越絶書》卷二：

---

① 陳夢家〈壽縣蔡侯墓銅器〉，《考古學報》一九五六年二期。容庚、張維持《殷周青銅器通論》，科學出版社，一九五八年，六九頁；圖版壹肆零，二七〇；壹肆壹，二七二。
② 〈湖北隨縣曾侯乙墓發掘簡報〉，《文物》一九七九年七期，圖三六—三八，頁七。
③ 〈陝西鳳翔秦國凌陰遺址發掘簡報〉，《文物》一九七八年三期。
④ 〈鄭韓故城內戰國時期地下冷藏室遺址發掘簡報〉，《華夏考古》一九九一年二期。
⑤ 〈河北易縣燕下都故城勘察和試掘〉，《考古學報》一九六五年一期。
⑥ 《秦都咸陽第一號宮殿遺址簡報》，《文物》一九七六年一一期。
⑦ 安金槐〈戰國時期地下冷藏遺跡初探〉，《華夏考古》一九九一年二期。

（吳）閶門外郭中冢者，闔廬冰室也」。

此言春秋吳國都城之冰室。《水經注·濁漳水》云：

（銅雀台）北曰冰井台，亦高八丈，有屋百四十五間，上有冰室，室有數井，深十五丈，藏冰及石墨焉。

此言曹魏都城鄴城之冰室。（宋）張敦頤《六朝事迹編類》卷上：

覆舟山上有凌室，乃六朝每歲藏冰於此也。

此言六朝都城建康之冰室。明代冰室設在北京，有關記載尤詳。（明）劉侗《帝京景物略》：

十二月八日先其鑿冰方尺，（冬）至日納冰窖中，檻深三丈，冰以（已）入則封之。……其窖在安定門及崇文門外。

又《明會典》卷一一六：

凡藏冰，洪武二十六年定每歲冰結之時，禮部堂上官預先奏聞，膳部官赴內官監開支鑰匙，錦衣衛差撥力士或工部各備器具赴正陽內外打掃冰窨，就令户部關撥新鮮稻草並蘆葦襯墊完備。伺候冰凍，檢擇潔淨去處取冰，節次挑赴冰窨內如法收藏封鎖，將鑰匙送赴內官監，仍移付祠部照例祭祀，著軍人看守，至暑熱之時以備應用。

藏冰地點兩者說法有異，或有明一代冰室非止一處。其所以規定冬至取冰，蓋古人自來相信冬至前「所收者堅而耐久，冬至後所收多不堅也」⑧。清代仍行藏冰，據云宮內設有木製冰箱五個，箱邊留孔，以便融水流出，詳情望熟悉清宮掌故之耆老有更多報導。

桔王向臣下賜冰之禮亦由先秦延至後世。如東漢冰室設在洛陽宣陽門內。（晉）陸機《洛陽記》（《太平御覽》卷六十八引）：

恆有冰，天子用賜王公衆官。

臣下受冰常著詩寫賦上表，以示感激。這類文字傳世頗多。如唐代大詩人白居易即曾寫有《謝賜冰狀》，其文有云：

伏以須冰之儀，朝廷盛典，以其非常之物，用表特異之恩。……煩暑迎銷，清風隨至，受此殊賜，臣何以堪。……飲之慄慄，常傾受命之心；捧之兢兢，永懷履薄之戒⑨。

又宋代學者孔武仲《食冰詩》（《古今圖書集成·坤輿典》卷三十引）有云：

冬冰冽冽雖可畏，夏冰皎皎人共喜；休論中使押金盤，荷葉裹來深宮裏。

---

⑧（宋）孔平仲《談苑》卷一收冰法條。

⑨《古今圖書集成·坤輿典》卷二九引。今本《白氏長慶集》未見此狀。

從詩句可見，賜冰是包以荷葉放在金盤中由太監分送，數量自不會多，只具象徵性意義，並無實用價值。賜冰之禮與改火分送新火祭祀分送胙肉一樣，僅是明確和强調君臣之間隸屬關係的一種手法。賜冰作爲一種古禮，具有體現等級尊卑上級關懷下屬之功能。唐代權貴楊國忠子弟夏日取冰雕作「鳳獸之形」送於王公大臣⑩，即因賜冰具有這方面功能，以此聯絡拉攏。

宮廷之外各地州郡亦有藏冰。《北齊書·趙郡王琛傳》：

定州先有冰室，每歲藏冰。

（元）葉祐之《凌室記》（《古今圖書集成·坤輿典》卷二十九引）：

光（州）之判官張公士政於至正壬午冬言於監郡卜顏不花曰：京師與所在州郡於仲冬必藏冰待用，以濟酷熱，而光（州）獨不然，吾爲凌室，候有冰而藏之可乎？監郡曰可。遂築室於郡之北門。……

北齊定州爲河北定縣，元代光州當今之河南潢川，中古之世這些地區已自有冰室。

藏冰不僅是一種政府行爲，民間亦有藏冰。《韓詩外傳》卷七：

駟馬之家不恃雞豚之息，伐冰之家不圖牛羊之入。

---

⑩（後周）王仁裕《開元天寶遺事》。

此言西漢時私人藏冰之事，「伐冰之家」與「駟馬之家」並言，可見藏冰者爲富人。有私人藏冰便有冰之買賣。唐人著《迷樓記》，言隋煬帝時：

諸院美人各市冰爲盤以望行幸，京師冰爲之踴貴。

（唐）王定保《摭言》：

昔蒯人爲商賈，賣冰於市，客苦熱者將買之。蒯人自以得時，欲邀數倍之利，客怒而去，俄而其冰也散。

又雲南大理蒼山終年積雪，人們亦採雪待夏天出售，稱「六月雪」⑪。

冰可買賣，且可自由索價，並因需求而有價格之浮動，是民間普遍藏冰之證。帝王及州郡冰室中之冰只能供應大小統治者，且唐宋以後每年賜冰只是放在金盤中一小包冰凌（見前引孔武仲詩），實爲沿襲古禮，徒具象徵，並無實用意義。廣大居民得以享受冰之降溫作用，全載民間所藏之冰。

民間藏冰及冰之買賣近世猶然。北京老人多能言之。相聲大師侯寶林幼年家境貧窮，即曾以賣冰爲生⑫。不僅北方如此，西南邊陲地區保存更久。直至一九七〇年我在雲南瀘西縣仍見一老婦攜一籃碎冰塊在集市上出售，遂叩詢收藏之法。據云事先於太陽照射不到之處，掘一深坑，每當「下凌」，

⑪　參見（明）張泓《滇南新語》，（清）陳鼎《滇游記》，（清）曹樹翹《滇南雜志》。
⑫　《侯寶林自傳》（上），黑龍江工人出版社，一九八二年。

即高山樹上結有冰柱時，取下存放其中，覆樹葉或草，再覆以土。用此方法冰塊可保存四個月或長達半年。一般是陰曆十一月藏冰，次年四五月取用。打開冰窖時會發現原來之冰必然融化損耗，一般只保存原量的三分之一左右。我得以具體理解《周禮・凌人》文中「三其凌」的含意，即藏冰難免有部分溶化，故藏冰量爲最後所得冰量之三倍。

瀘西採冰於山與古代文獻稱取冰於「深山窮谷」之中，由稱爲「山人」者取之，若合符節。他們至今仍稱冰爲「凌」，則爲邊遠地區常保存古語之一例。

圖一　陝西鳳翔春秋時期冰室遺址中排水設施

用牲諸法

古代祭祀用牲，並非如後世一樣，僅僅一殺了事，視不同祭祀對象而有多種方法。大體言之，共有燎、埋、懸、沈四法。《儀禮·覲禮》：

祭天，燔柴；祭山丘陵，升；祭川，沈；祭地，瘞。

《爾雅·釋天》：

祭天曰燔柴，祭地曰瘞埋，祭山曰庪懸，祭川曰浮沈。

據前人研究，卜辭言祭祀用牲已有「尞」（[illegible]）「薶」（[illegible]）「沈」（[illegible]）①。「尞」即「燎」或「燔柴」，架牲體於柴上燒之；「薶」即埋，牲體埋入地下；「沈」即投入水中任其浮沈。卜辭中未見「懸」或「升」即高掛牲體之法，而《山海經·中山經》中有「用一羊，懸」之記載，可見此法確曾有之。

用牲採取何法，自與古人心目中，神祇所居之處有關。祭天燔燒，可使煙上達於天；祭地瘞埋，可使牲體下入於地……等等。然卜辭中一次祭祀常兼用「尞」「沈」或兼用「尞」「薶」，而且與表

① 參見丁山《中國古代宗教與神話考》，上海文藝出版社，一九八八年，四九七—五〇三頁。

示殺牲之「卯」「歲」同用更爲常見②。《山海經》記載祭山之典，既可用「懸」，又可用「瘞」。可見用牲之法如何確定，除根據神祇居地外還有其他複雜因素。

在食物（特別是蛋白質食物）匱乏的遠古社會，以燎、埋、懸、沈方法處理牲體實爲一種浪費。隨著人類社會和文化的發展，宗教儀式也由繁趨簡，許多違反人性的破壞浪費性的行爲逐漸廢除。用人爲牲之廢除及自殘肢體獻神之停止，皆其例。用牲之法也從燎、埋、沈、懸多種方法變爲殺牲一種方法。據董作賓先生研究，甲骨文中「尞」「薶」「沈」三者多見於第一期，以後四期少見。似這種演變自殷代晚期業已開始。殺牲祭祀，祭後可食，既履行了宗教儀式，又滿足了人們對肉類之需求。王充《論衡·祀義》：

> 祭祀之意，主人自盡思勤而已，鬼神未必享之也。……死人無知，不能飲食。

祭祀用牲原不過表示心意，到了漢代人們對此已有充分認識。

中古之世帝王祀典，雖保存燎埋等名目，不過虛應故事。如唐代每歲祭祀天地、山川、宗廟、社稷，雖設「燎壇」「瘞坎」，然燔燒者爲「肝膋」之類，即有「俎載牲體」，放在俎上的只能是少量的肉③。宋代祭祀「皆不燔瘞牲體」，元豐年間才有人奏請「燔牲首」以祭天，「瘞牲之右髀」以祭

② 羅振玉《殷墟書契前編》。
③ 《新唐書·禮樂志》。

地④，即取一部分牲體作象徵性處理。

燎、埋、懸、沈幾種用牲方法，在內地早已消失而在邊陲少數民族之中幾十年前尚有殘留。此項研究古代宗教重要參考資料，至今少爲人知。

雲南隴川縣拱瓦寨景頗族祭「地鬼」和「路鬼」，以老鼠和乾魚埋入地下。此可視爲埋法。

西雙版納僾伲人每年春季或平時有人生病，必殺狗而祭，並將狗皮懸掛於寨門之外。此可視爲懸法（參見磔狗祭風條）。

雲南西盟縣佤族舉行趕火鬼儀式，由失火户出豬一頭，由巫師趕出寨外，於泥塘中殺死，以泥塗遍豬身，然後放入河中任其流去。此可視爲沈法。

用牲古老方法保存最多者應推雲南滄源縣佤族。該地每年四月祈求豐收，用公豬一隻黑雞一隻，豬雞祭後分食，豬頭埋入土中，豬嘴向上。以後整治水田，若水源不暢，用一狗一雞，雞殺後放入溝渠任其淌去，狗則埋入溝下土中。每年十月稻穀熟時，舉行嘗新之禮，用大公豬一隻黑雞一隻，黑雞殺死放入土鍋中埋入地下，豬則殺祭分食。此外，每隔二三年的五月份，祭一種稱爲「蔑揚卓」之鬼，用牛一隻、孕豬一隻，牛燒之，豬殺祭後可食。有人生病祭一種稱爲「乃」的鬼（據信會使人口吐白沫），用狗及黑雞，雞祭後可吃，狗燒之。

由上可見，僅滄源一地佤族用牲之法即有燎、有埋、有沈，有時兩個方法並用（如水源不暢兼用沈和埋），同時還要殺牲。我曾叩詢每種用牲之法之來由，有些得到確定的回答。例如，祈求豐收及

④《宋史·禮志》。

嘗新皆屬農業生產，一切取決土地之神，故實行埋法；水源不暢是水鬼作祟，故用沈法，埋牲也要埋於溝下土中。大部分得不到可靠的解釋，特別是爲什麼常兼用殺法，他們只是說「老祖宗留下的規矩」。所謂「鬼神之事，難言之矣」，宗教信仰之類事情，是當事人也未必能全部解釋的。

值得注意的無論採用何種方法，犧牲都是先行殺死，活的動物是很難順利進行燒、埋或沈的。這些方法與殺牲之區別在於殺後之處理，殺牲祭後可以食肉，而使用他法則絕不能吃肉。古代燎、埋、懸、沈諸法與各種殺牲之法（「卯」「歲」……）之區別想亦如是。滄源佤族老人回憶說，雖然燒祭時「肉味很香，沒有人敢揀肉吃」，因爲「鬼神會見怪的」。

椎牛祭墓

古代殺牲方法亦有多種多樣。遇重大宴會或祭祀活動，或舉行「椎牛」。如《史記·馮唐傳》云：

魏尚爲雲中守，……出私養錢，五日一椎牛，饗賓客、軍吏、舍人，是以匈奴遠避。

《後漢書·吳漢傳》云：

（漢）乃勃然裹創而起，椎牛饗士。

又《韓詩外傳》卷七有云：

是故椎牛而祭墓，不如雞豚逮親存也。

意謂爲人子者對待父母，與其死後椎牛而祭，不如生前進奉豬雞，可見古人視椎牛爲盛典。

然何謂「椎牛」？或以佤族剽牛（即以長矛刺殺）之法而釋之，這是誤讀「椎」爲「錐」所致。按「椎」即「錘」之古字，乃擊物工具。《一切經音義》引《倉頡篇》云：「椎，用打物者也」。《說文》木部：「椎，所以擊也」。正由於椎用於擊打，無須尖鋒，含有鈍意，人樸實木訥則稱「椎魯」。古代椎牛，應使用錘類工具無疑。

近代西南少數民族舉行盛典時殺牛，確有使用類似於古代椎法者，然非佤族，而另有實例在：

黔東南苗族有「吃牯臟」之俗（今該族人士改稱「鼓社節」），數年或十數年舉行一次，殺牛數十條。以黔東南加鳩地區爲例，其殺牛之法是將牛頸架於木叉之上，以三個竹環分別套緊牛角及牛鼻，以竹繩穿過竹環緊縛於木叉之上，再以木桿壓緊，以斧錘當頭一擊，牛即死去。「吃牯臟」祭祀對象爲祖先，一户決定「吃牯臟」，其他未曾殺牛祭祖人户亦必同時舉行，故一次吃牯臟可殺牛數十條（這一地區最近一次吃牯臟共殺牛七八十頭），殆由各户湊集①。一九九〇年我在貴州調查時得知，有些地方還規定所用之錘必須是木製，似更多保存古風。

納西族傳統喪葬儀式殊爲複雜，歷時數天，用牲多種。然吊奠時殺牛，必由孝子用斧猛擊牛頭致死②。

少數民族椎牛祭祀祖先，與古代「椎牛而祭墓」若合符節。關於古代椎牛具體方法史書記載不詳，現據上述少數民族椎牛情況可想見大概。

牛爲家畜中最大者。古代用作犧牲之牛稱爲「太牢」，規格最高，隆重之禮儀始用之。然殺法卻多種多樣，甲骨文有「卯」若干牛、「歲」若干牛。少數民族亦有矛刺、刀殺等等多種方法。然椎爲錘類工具，椎牛僅指用錘敲擊致死者，其他殺法不得釋爲「椎牛」。

---

① 譚繼堯〈黔東南加鳩地區苗族吃牯臟活動實錄〉，黔東南溶江縣編《民俗》第一集。

② 和即貴〈納西族喪葬古俗—麗江鳴音納西族古禮〉，《麗江文史資料》第八輯，一九八九年。

磔狗祭風

古代殺牲還有一種方法稱爲「磔」者。《周禮・大宗伯》：

以疈辜祭四方萬物（鄭衆注：「披磔牲以祭，若今時磔狗祭以止風」）。

又《周禮・犬人》：

凡祭祀共（供）牲用牷（純色之犬），……沈、辜用駹（雜色之犬）可也。

又《禮記・月令》：

季春三月，……命國難（攤）九門，磔攘以畢春風（鄭玄注：「此難，難陰氣也。陰寒至此不止，害將及人。又磔牲以攘於四方之神」）。

又《爾雅・釋天》：

祭風曰磔（郭璞注：「今俗：當大道磔狗以止風。此其遺也」）。

又《史記・封禪書》：

德公既立，……磔狗邑四門以禦蠱。（「秦本紀」繫此事於德公二年）。

從上述可見春秋戰國時期春季要磔狗於國邑之門，目的在於「畢春風」、「止風」。春天風大，古人相信風有害於人。甲骨文中有「庚戌卜、寧於四方其五犬」，「寧」指「寧風」即使風停吹，似殷代已有此祭①。從鄭衆、郭璞注「今時」「今俗」云云，又知此俗漢晉時仍存。

此種禳祓儀式專用狗爲犧牲，然殺法特殊，稱爲「磔」或「辜」。何謂之「磔」「辜」？《說文·桀部》：「磔，辜也」。段注：「凡言磔者，開也、張也，刳其胸腹而張之，令其乾枯不收」。《周禮·司寇》「辜」字下鄭玄注：「辜之言枯也」。可見「磔」爲破腹，「辜」指乾枯，兩者爲同一殺牲方法之兩個步驟。這種殺牲方法，邊疆少數民族地區近世仍可見之。

雲南西雙版納僾伲人（亦稱阿卡人），篤信鬼神，禁忌尤多。村寨入口處設竹木搭成之「寨門」，每當春季寨中有人生病，則殺狗而破其腹，以竹木棒撐開其皮，懸於「寨門」上空，迎風飄揚，直至枯乾，謂如此可以辟邪免災（圖一）。僾伲人這一宗教儀式，從祭祀季節（春季）、祭祀地點（村邑之門）直至所用之牲（狗）及殺牲方法（破腹），與古代磔狗祭風之俗無一不合。不意二三千前習俗我尚能親自目睹！

一九八四年在德國海德堡大學結識 F. Scholz 博士。他畢生研究泰國境内之阿卡人，承告該處亦有同樣習俗，稱「張狗皮」，並承賜有關相片數幅。似該處狗皮連同狗頭置於寨門頂上（圖二）。

我國傳統醫學對許多疾病歸因於風，如肢體疼痛爲「風寒」或「風濕」，腦溢血則稱「中風」，而春季之風被認爲尤不利於人。我童年體弱，慈母時常告誡，不可坐於「風口」，並嚴禁春天過早脫去厚裝。風招致疾病之觀念來源甚早，或與磔狗祭風出於同一原始宗教信仰。然不知是否包含若干科

---

① 丁山《中國古代宗教與神話考》上海文藝出版社，一九八八年，一六二、五一〇頁。

學道理？此有待現代醫學家予以研究整理者。

圖一　西雙版納僾伲人村寨門前高懸狗皮祭風

圖二　泰國阿卡人（即僾伲人）寨門上張狗皮懸狗頭祭風

分胙

古代貴族祭祀，事後有以供神之肉分送他人之俗。此肉稱「胙」，謂食之可以邀福①。君主送胙於臣下稱爲「賜胙」②。臣下送胙於君主則稱「歸胙」③。

胙有不同種類。《左傳·成公十三年》：

國之大事，在祀於戎。祀有執膰，戎在受脤，神之大節也。

「脤」是生肉，盛於介殼中④；「膰」是已經過炙燒之熟肉⑤。兩者原或用於不同場合，然到春秋時期似已不甚區別。據上引《左傳·成公十三年》文及注，「脤」是戰爭祭社所用。然《左傳·昭公十六年》云：「受脤歸脤，其祭在廟」，似祭祀宗廟之胙肉亦可稱「脤」。

中古之世帝王祀典仍要分胙，僅作爲儀式之一項內容，受胙者限於參加儀式人員⑥。已不見送胙

---

①《說文》肉部：「胙，祭福肉也」。

②《左傳·僖公九年》：「王使宰孔賜齊侯胙，曰『天子有事於文武，使孔賜伯舅胙』」。

③《左傳·僖公四年》：「太子（申生）祭於曲沃，歸胙於公。」又《周禮·膳夫》鄭玄注：「諸臣祭祀，進其餘肉，歸胙於王」。

④《說文》示部：「裖，社肉盛之以蜃，故謂之裖，天子所以親遺同姓」。裖即脤。

⑤《說文》炙部：「䊩，宗廟火熟肉，天子所以饋同姓」。「䊩」即膰。

⑥參見《新唐書·禮樂志》，《宋史·禮書》，《明會典》卷九十五受胙條。

歸胙於千里之外之事，不像上引《左傳·僖公九年》記周王賜胙於齊侯那樣，把胙肉從洛陽一直送到臨淄。

分胙之俗實來源原始宗教儀式中與祭者分食祭肉之俗，古今均有此俗流行。漢初丞相陳平未得意時蟄居家鄉，每當祭社，他負責宰牲分肉，能做到「分肉食甚均」⑦，遂稱譽於鄉里。雲南滄源縣糯良地區佤族每年三月舉行「改火」儀式，殺豬祭鬼，一半當場煮食，一半分與各户帶回。五月祈求豐收，殺豬一條，内臟當時煮食，豬肉平分。六月祭一種稱爲「嫩諾克」之鬼，殺豬一半煮食，一半平分。七月爲祈求水源暢通，祭一種稱爲「懶」之鬼，殺黄黑色小母牛一條，血倒入水溝，取一部分肉和雞煮食，大部分平分於各户。十月嘗新，殺大肥豬一條祭鬼，一半當場煮食，一半平分。有專人司分祭肉之事，稱「卓某」。漢初陳平擔任之職務或即類此。除村寨頭人可得頭部或所得稍多外，其他人户平均分配。分到各户不過「手指長的一條」，衆人仍視若珍寶，包在芭蕉葉中帶回，供奉祖先之前，或用於祭鬼，然後家人分食，認爲食此肉可獲鬼神保佑。其他民族也有類似習俗（圖一）。古代胙肉想亦如是，它無太多食用價值，作爲曾用於宗教儀式中一種神聖之物受到重視。

古代貴族對分食祭肉這種民間普遍習俗，加以程式化禮儀化，遂形成分胙之禮。用以維繫貴族之間親屬聯繫。以此表明分居各地大小貴族原屬同族或親屬，原有共同的神祇和祖先，原曾參與共同的祭祀儀式。《周禮·大宗伯》：

---

⑦ 《史記·陳丞相世家》。

以賑膰之禮，親兄弟之國。

一語道破分胙之禮的實際目的。「胙」與表示家族綿延之「祚」同音，或兩者實是一字⑧，自非偶然。

許多古禮源於民間普遍流行習俗，爲貴族採用以鞏固自己統治。分胙之禮亦是如此。

圖一　雲南西盟佤族殺牲分肉（瑞典馬思中博士近攝）

⑧ 李玄伯《中國古代社會新研》，開明書局，一九四八年，二〇—二六頁。

獻帛

古代貴族相見，無論是朝覲、聘問、締結婚姻、拜見師長或是初次會面，均要持贄禮物。《禮記·表記》有云：

無辭不相接，無禮不相見也。

據鄭玄注，此處之「禮」即指禮物而言。相互饋送禮物是古代很多禮節中重要內容，它本身不是一種古禮。

祭祀鬼神或祖先，有時也要陳設禮物而奠，與上述送人禮物種類相同。這當然出於「事死如事生」①、「祭如生，祭神如神在」②的觀念。

古代禮物或稱爲贄，大體包括家畜（「馬」「羔」）、禽類（「雁」③「雉」）、皮革（「儷皮」④）、玉器（「圭」「璧」「璜」「璋」「琮」等）及紡織品。各種禮物有不同組合方式及規格，視往見之人等級身分及相見所爲何事而定。授受禮物有一套繁縟的禮節，受禮以後有時還要還禮，又有一套固定的程式。

---

①《禮記·祭義》。
②《論語·中庸》。
③古代作爲禮物之雁乃指鵝而言，參見王引之《經義述聞》卷十納采用雁下大夫相見以雁條。
④「儷皮」爲兩張鹿皮。

在各種禮物類組合中，必有紡織品。故原意紡織品的「幣」，成爲一切禮物的代稱。例如，聘問之禮中常見「奠幣」「振幣」「陳幣」等辭，實際上所用禮物除紡織品外，還有「乘馬」（四匹馬）⑤。婚姻規定「男女非有行媒不相知名，非受幣不交不親」⑥；或云「男女無媒不交，無幣不相交」⑦，實際上議媒所用禮物除紡織品外至少還要有「儷皮」等。《周禮·小行人》言其職掌是：

合六幣：圭以馬、璋以皮、璧以帛、琮以錦、琥以繡、璜以黼。

在「幣」一詞之下可包括不同種類禮物，足見紡織品在禮物構成中的重要性。

據上引《周禮·小行人》文，作爲禮物之紡織品有很多種類，最常用是一種繒類絲織品——帛，故幣帛同意⑧。傳夏禹會合諸侯於塗山，「執玉帛者萬國」⑨。金文中屢見貴族「獻貟」（帛）（「羌伯𣪘」）或「帛束」（「召伯虎𣪘」、「大𣪘」）之事。故文獻中常見的禮物就是「束帛」或「束帛加璧」⑩。據王國維考證，「束帛」是帛五匹⑪。

⑤《禮記·聘義》。
⑥《禮記·曲禮》。
⑦《禮記·坊記》。
⑧《說文》巾部：「幣，帛也」。
⑨《左傳·哀公七年》。
⑩例如漢武帝猶以「束帛加璧」徵召魯申公，見《漢書·武帝紀》。
⑪王國維〈釋幣〉，載《王國維遺書》第九冊。

古代這一套送禮之禮節從何起源？它實來自簡單社會中人們饋贈禮物之習俗。此說前人早已提出⑫，但需作若干補充。

遠古人類相互交往中以贈送禮物表示誠心與敬意。「贄」在古文獻中還寫作「摯」，誠摯一詞當由此發源。自法國學者M.莫斯開始，人類學家一系列研究表明，簡單社會中之送禮具有維繫親屬關係的功能，「一件禮物宣示送禮者和受禮者之間的關係」⑬。此外，通過送禮和回禮，它又是原始交換的一種形式。美拉尼西亞羣島中的特羅布里安島上的「庫拉」（Kula）制度，即人們沿著固定路線先進行儀式性禮物（手鐲和項圈）之交換，後開展討價還價的真正貿易⑭，即可說明送禮習俗與原始交換的關係。最初送禮必有回禮，及至社會分層之後，開始出現「非對稱性送禮」，地位高者收禮之後可以不必還禮。

簡單社會中所送禮物不過是自己狩獵、採集所獲，生產所得以及隨身佩帶之物。《左傳·莊公二十四年》：

男贄：大者玉帛，小者禽鳥，以章物也。女贄不過榛栗棗脩，以告虔也。

《穀梁傳·莊公二十四年》：

---

⑫ 楊寬〈贄見禮新探〉，載《古史新探》，中華書局，一九六五年。

⑬ R·基辛《當代文化人類學》，陳其南等譯，臺灣巨流圖書公司，一九八六年，四七四頁。

⑭ B. Malinowski, *Argonauts of the Western Pacific*, N.Y.: E. P. Dutton, 1961 (1922), pp.27－48.

男子之贄：羔雁雉腒；婦人之贄：棗栗腶脩。

大體反映中國遠古禮物的情況。舉凡自己獵得的禽鳥、豢養的家畜、採集的乾果，乃至儲存的乾肉（「脩」）自可作爲禮物送人。帛是紡織物，是自己的手工產品；各種玉器原是自己隨身佩帶玉飾和玉佩，送與他人也可作爲紀念。送禮種類大抵視當時自己所有而定，有什麼送什麼，數量規格並無固定。《禮記·曲禮》：

庶人之贄匹。

「匹」意匹敵，視收禮多少而還禮多少。春秋戰國時期庶人送禮大概還沿襲古風。而貴族之間則選中某幾種物品作爲固定禮物，並對種類組合、數量作出一套繁瑣的規定。通過授受禮物來建立和維繫彼此之間的關係，明確或强化等級尊卑。幣帛爲紡織品，不像食品那樣易於乾卻腐爛，不像禽畜那樣不易攜帶，故和玉器一起被選中作常用的重要禮物。《論語·陽貨》有云：

禮云禮云，玉帛云乎哉

玉帛竟成禮的同義語。

西南少數民族之中不見以玉器作爲禮物，但以紡織品作禮物送與活人或神佛之事常見。略作介紹於後，供研究古代幣帛制度之參考。

雲南滄源佤族百姓之間（如借物還物）、百姓頭人之間（如結婚或蓋房拜見頭人）或頭人與頭人之間（如大頭人分封小頭人），經常於其他禮物之外加送白布一方。宗教儀式（如滴水節）中向緬寺

圖一　西雙版納傣族敬佛的彩布

賧送白布一方，再加茶葉一包、芭蕉一「梳」（即一把）、蠟條一對。這白布長約一尺，寬亦如之，必積累多塊縫綴起來才作實用，一般是保存起來以後又送與他人。

雲南景谷傣族遇有宗教儀式向宗教頭人（「布斬」）送布一捆。親友之間遇婚喪大事亦相互送布。

雲南西雙版納傣族婦女專門織成小塊棉布作爲禮物送與佛寺，上織彩色圖案（圖一）。此物並不能縫製衣物，和尚積累多塊，可綴成長幡掛於殿堂之上。

又如衆所知，藏族有互敬「哈達」或向佛敬奉「哈達」之禮，似亦爲過去以紡織品爲禮物之遺風。

值得注意的是少數民族作爲禮物之紡織品，有時只具象徵意義，可以轉送他人，並不實際使用。古代幣帛之中有「制幣」一說，長廣有定制，可以縫衣一套（參見上引王國維〈釋幣〉文），則一般之幣似只作爲禮物送來送去，並不實用。

握粟卜筮

《詩·小雅·小宛》：「握粟出卜」。毛萇於此無傳。顧炎武《日知錄》卷三握粟出卜條云：

古時用錢未廣，「詩」「書」無貨泉之文，而問卜者亦用粟，漢初猶然。

清人姚際恒①，近人顧頡剛②均沿此說，認爲粟是卜具，像後世銅錢一樣。惟惠棟《毛詩古義》（《昭代叢書·甲集補》卷四）云：

古者卜筮，先用精鑿之米以享神

釋粟爲占卜時供奉神祇用物。

細考有關占卜記載，則惠氏之説是也。粟確爲祭品而非卜具。《史記·龜策列傳》：

粱卵焍黄，祓去玉靈之不祥

是龜卜前要用穀物（「粱」）、雞蛋（「卵」）等物供奉龜甲（「玉靈」），爲之淨祓。《史記·日者列傳》：

---

① 姚際恒《詩經通論》卷十（鐵琴山館道光酉年版）。

② 顧頡剛《顧頡剛讀書筆記·湯山小記》握粟卜條。臺灣，聯經，一九九〇年。

> 卜而有不審，不見奪糈

糈爲精米，意爲卜問結果即使含糊不清，也不能再把供奉龜甲之穀物收回來。

不僅龜甲占卜如此，古代以箸草舉行的筮法亦要以粟敬神。《管子·小匡》：

> 握粟而筮者屢中

此處「握粟而筮」與〈小宛〉「握粟出卜」同一文例，可見卜和筮均要以粟享神，才能得出「正確的」（「中」）答案。占卜時祭供神祇大概即爲古代著名神巫「巫咸」之類。屈原《離騷》有云：「巫咸將夕降兮，懷椒糈而要（邀）之」。

今世少數民族占卜猶有以穀物享神之俗。川西北羌族舉行羊骨卜之前，問卜者要「手持青稞、麥子，吹口氣……，然後赴『端公』家求卜。『端公』……將青稞、麥子置柏枝上烘了，……以艾葉捻成小粒置羊骨上……炙出花紋。由端公察看，以斷吉凶或病因」③。

羌族還有類似古代筮法的占卜方法，惟以羊毛繩代替箸草，稱「打索卦」。占前將羊毛繩陳列於地，「用青稞撒之」④。

雲南納西族行羊骨卜時備小竹筐一個，盛滿麥子，以乾艾草搓成團粒狀置骨無脊面灼燒，「灼及

---

③ 胡鑑民〈羌族之信仰與習爲〉，《邊疆研究論叢》，一九四一年。

④ （道光）《茂州志》卷一。

骨面時，便取小筐之麥粒一撮置於灼點……後將骨上麥倒回竹筐，再將艾爐彈去，以觀裂紋」⑤。

雲南永勝縣他魯人在六十年代猶保存羊骨卜法。我目睹巫師占卜全過程。巫師面前置碗，盛米一撮，禱祝後灼燒羊骨，其禱祝詞最後必曰：「羊膀，你不許哄我，没有吃的，給你吃點米，但你千萬不許哄我」。這時便撒米於羊骨上，米落於碗中（圖一）。

古今相互印證，進一步證明古代卜筮所用穀物確爲了享神，而不是像銅錢一樣的占卜工具。

圖一　雲南永勝縣他魯人行羊骨卜時撒米祭祀「羊膀」

⑤　陶雲逵〈麼些族之羊骨卜及貺卜〉，《人類學集刊》一卷一期，一九三八年。

以畜計富

《禮記·曲禮》篇堪稱爲古代中國人日常生活「行爲規範手册」。其述及人們應對禮節有云：

問庶人之富，數畜以對

此説並非盡出理想，古人形容人之富有，確是列舉牲畜之數。如《論語·季氏》云「齊景公有馬千駟」。《莊子》（《太平御覽》卷六〇七引逸文）云：「（叔文）相莒三年，有馬千駟」。《史記·貨殖列傳》言人若擁有「馬二百蹄」、「牛角千」、「千足羊」或「千足彘」（即五〇匹馬、二五〇條牛、二五〇頭羊或二五〇頭豬），即可「與千户侯等」。

按以家畜代表財富，乃古代普遍習俗。據語言學家研究，荷馬史詩中屢以牛表示價值，英文fee（費用）即源於古英文之feoh（牛）；而梵文之牛稱rupya，乃今印度貨幣單位rupee（「盧比」）之詞源①。

以畜計富之俗，在中國南方少數民族之中保存更久。（清）檀萃《滇海虞衡志》卷七云：

南中民俗，以牲畜爲富。……馬牛羊不計其數，以羣爲名，或百爲羣，或數百及千爲羣。論所有，輒曰：某有馬幾何羣，牛與羊幾何羣。……凡夷俗無處不然。

① 羅常培《語言與文化》，北京大學，一九五〇年。

此言一般情況，再舉幾個民族具體情況爲例：

海南省黎族「以牛之有無多寡計貧富，大約有十頭者，即爲殷實；有養至數十頭或數百頭者，黎內謂之『大家當』」②。

雲南西盟縣佤族常由富人舉辦宗教儀式，屆時必大量剽牛以誇示豪富。事後保存牛頭，堆放廊下或專蓋小屋以貯。積累牛頭愈多，愈爲光榮，社會地位隨之提高。

滇西景頗族視牛爲重要財富，舉凡嫁娶、賠償、送禮、交易，常以牛爲計算單位。牛具有交換媒介之功能。故他們喜歡保存牛頭，掛於屋內中柱上，以爲榮耀。

滇西北民族過去也普遍以牛羊作爲交換媒介（圖一）。傈僳族至今仍有以畜計富之俗。一九九〇年我去永勝縣調查，當地傈僳族經濟好轉，牲畜繁衍。每告我某人之富有，不稱爲「萬元户」，而曰「牲口遍及一架山」。牛羊愈多愈受尊敬。

以畜計富，並非如當代某些史家所斷言，乃畜牧社會才有之現象。當農業社會之初，土地屬於最高統治者，所謂「普天之下，莫非王土」，僅有他們才能以土地計算財富。故《禮記·曲禮》有云：

問國君之富，數地以對

庶人即使富有，亦不能擁有土地，易於計算之財産惟有家畜，故只能以家畜數量表示財富。久之成爲

---

② （清）張慶長《黎歧紀聞》頁三，昭代叢書本。

圖一　雲南獨龍族量牛胸圍計算價格

一種應對禮節，不以此方式說話便爲非禮。所謂「無辭不相接」③，即不學會合乎自己身份的言辭和表達方式，不能與人交談。沿至後世，社會變遷而積習難改，家畜繼續成爲衡量財富標誌及表示方法。上舉古今以畜計富之事例，均出於農業社會，無一爲畜牧社會，可爲證明。

③ 同註②。

誇富宴

「誇富宴」（potlatch）一詞來源於美洲西北岸印第安人。據最早研究這一習俗的人類學家F·鮑亞士描述，誇扣特—印第安人（Kwakiutl Indian）氏族首領之間爲了比賽豪富，採取毀壞財產的方法。「一個首領燒去毯子（用作貨幣），獨木舟或『銅片』（一種價格昂貴的貨幣），以此表示滿不在乎及比對手强大有力。……宴會也是摧毀財產的一種方式。……最昂貴的宴會是那種消耗大量魚油者，……稱爲『油脂宴』。凡能舉辦這種宴會者聲名大震，忽視迅速回報者失去威信。」①後來，鮑亞士的學生R·本尼迪克特又對此有所論述，她著重從心理狀態上進行了分析②。法國著名社會學家M·毛斯認爲，這是人類社會發展到一定階段（一般是社會分層開始形成的時期）常會發生的現象③。其實質是社會上層人物利用節日或婚喪之類大事的時機，舉行浪費的競賽性宴會，或再加上分贈禮物，用以取得、鞏固或提高自己的社會地位，從而駕凌於公衆之上④。

「誇富宴」確曾在世界範圍內流行。印第安人之外，太平洋島嶼及東南亞地區都有此俗見於報導。

---

① F. Boas, *Kwakiutl Ethnography*, The University of Chicago Press, 1966, pp.93－103.

② R. Benedict, *Patterns of Culture*, Boston：houghton Miffin Co., 1959, pp.173－219.

③ M. Mause, *Gift：froms and Function of Exchange in Archaie Society*, N.Y.：The Free Press, 1954（1925）, pp.45－46.

④ M. Harris, *Cultural Anthroplogy*, N.Y.：Happer Row & Publishers, 1983, pp.71－73.

所羅門羣島是太平洋島嶼中保存「誇富宴」習俗較爲典型的地區。村落中具有較高社會地位者稱爲「大人」，一個人若想成爲「大人」，必須舉辦盛大宴會招待衆人。爲此，事先他必須督促家人努力工作，養育很多的豬，種植很多的薯芋，宴會前還必須乞求他所屬年齡等級的朋友們幫助從事一次捕魚遠征。每次宴會要耗去他多年積累起來的財物。但緊接著他又得計劃和準備另一次宴會。若一個「大人」不能經常舉辦宴會，他可能被貶爲普遍人。每個集會房屋中都有木鼓，通常是九個，大小不同。每當宴會即將舉行時，特別在宴會前殺豬時，所有的木鼓齊鳴，宣告宴會即將開始⑤。

東南亞大陸實行「誇富宴」者是老撾的拉棉人（Lamet）。該族的富人稱爲 Lem，凡擁有兩個銅鼓及五六頭牛者，便可成爲 Lem。他們頭上便可包上絲質頭巾，並享有一些特權，如可以代表村落接待來客，可以佔種距村落較近的土地，等等。每當有人購進新的銅鼓，便要殺牛祭祖，請全村居民大吃一頓，宣告他們的財富有所增加，使大家承認他的社會地位。這裏的「誇富宴」與銅鼓有著直接的聯繫⑥。

中國南方有些少數民族直至五十年代初期仍流行「誇富宴」之俗，人數學文獻尚少見報導。雲南盟縣佤族是一個典型的例子。七八十年前佤族已出現一個比較富裕的階層，稱爲「珠米」，他們定期舉辦「砍牛尾巴」和「做老母豬鬼」兩項活動。「砍牛尾巴」於每年春天舉行，其目的在於祈求豐

⑤ D. L. Oliver, *A Solomon Island Society*, Boston : Beacon press, 1967, pp. 381. M. Harris, *Cow, Pigs, Wars and Witches : The Riddles of Culture*, N. Y. : Vintage Books, 1974, pp.111 – 130.

⑥ K. G. Izikowitz, *Lamet : Hill Peasnts in French Indochina*, N. Y., 1979, pp.116 – 118

收。舉辦者事先已積累了大量財富，要準備幾頭水牛以供剽殺。屆時邀請全寨參加，在舉行一系列儀式後，把一頭黃牛拴在房前木樁（即稱「牛尾巴樁」）上，全寨成年男子手持短刀在旁等候，以巫師（「魔巴」）砍斷牛尾作爲信號，衆男子便一擁而上爭割牛肉，多得肉者光榮，不得肉者爲人所耻。「做老母豬鬼」在「砍牛尾巴」之前不久舉行，亦由富人主辦，邀請全寨參加，據説可以使主人長壽，村寨平安。主人事先備老母豬一隻，拴於房前石樁（稱「老母豬石」）上，由巫師念咒後殺死，然後還要舉行一系列儀式。這兩項活動舉行儀式後都要招待衆人大吃大喝，剽殺若干頭牛，消耗大量財富（主要是牛），名義上是保證豐收及長壽等，實際上是誇示主人之豪富，明顯具有「誇富宴」性質。主辦者對於「牛尾巴樁」及「老母豬石」事後必妥善保護，作爲自己舉辦過這活動紀念。此外，凡剽牛一頭另還在房前留下叉形木柱一根。每入西盟佤族村寨，若見房前有「牛尾巴樁」「老母豬石」及叉形木樁如林者，即知其爲「珠米」或有一定社會地位之家。

值得注意的是這兩項活動都要敲擊銅鼓。銅鼓的響聲既可宣告宴會即將開始，催請賓客；又可渲染熱鬧氣氛，表示主人富有。因爲在佤族之中，一個銅鼓要用三頭牛或一個奴隸才能買到，只有「珠米」及一些新興頭人才能擁有銅鼓。它是財富的標誌，是佤族「誇富宴」活動中必不可少之物⑦。

貴州三都縣水族也是使用銅鼓並保存「誇富宴」遺俗的民族。銅鼓爲私人所有或爲家族共有。後一種情況下常以銅鼓的四個環（「耳朵」）爲單位劃分所有權，如説某户或某幾户擁有「一個耳朵」，即指四分之一個銅鼓。銅鼓由享有所有權各户輪流保管或由族長保管。銅鼓户多半是有錢有勢

⑦ 汪寧生〈佤族銅鼓〉，載《古代銅鼓學術討論會論文集》，文物出版社，一九八二年。

者。在過年過節（「端」節「卯」節）時，全寨羣衆即去有銅鼓者家中擊鼓爲樂，而主人有招待衆人之義務，即使耗費大量錢財也毫不顧惜，因爲通過吃喝和擊鼓，可表示最近主人家「過得不錯」。這種過年過節時全寨在銅鼓户聚宴，便具有「誇富宴」的性質。貧者因無力付出這筆招待費用，即使原來擁有銅鼓部分所有權，也不敢充當銅鼓保管人，久而久之，便只有賣掉銅鼓部分所有權⑧。

中國古代是否也有「誇富宴」？法國著名漢學家M.Granet說它在中國遠古社會中一定佔有重要位置。一位美國學者認爲古文獻記載的「鄉飲酒禮」即是「誇富宴」⑨。然通讀有關文獻，此宴具有「明尊長」「明養老」的功能（《禮記·鄉飲酒義》），看不出有誇示豪富的行爲和動機。「誇富宴」發生於社會分層剛剛開始國家尚未形成階段，中國中原地區即使有「誇富宴」，當在夏商以前，屬於遙遠的古代，已難追溯。惟後世豪富之家石崇、王愷之流，請客競相揮霍，史稱「爭豪」（參見《世説新語·汰奢》篇），顯示自己之權勢財富，或可視爲「誇富宴」之遺風。然此是某一時期個別人之行爲，與作爲一種社會普遍現象之「誇富宴」仍有區别。

中國古代內地「誇富宴」之存在與否，有待搜集可靠材料進行研究；而中國南方社會發展遲緩，「誇富宴」之俗不僅存在於近世邊陲少數民族之中，古代確曾有之。其主要證據就是作爲「誇富宴」

---

⑧ 汪寧生〈水苗壯彝諸族使用銅鼓的習俗〉，載日本《御手洗勝博士退官紀念論文集》，臺灣：聯經出版公司，一九八八年。

⑨ E. Cooper, *The Potlatch in Ancient Chine : Parallel in the Sociopolitical Structure of the Ancient Chinese and the Americam Indians of the Northwest Coast*, History of Religons, Vol 22 : 2, 1982.

重要用物的銅鼓春秋戰國以來一直存在，且分布甚廣。

銅鼓與「誇富宴」有密切聯繫，不僅見於之雲南佤族、水族及老撾拉棉人，而且從銅鼓本身亦可得證明。中國雲南文山地區發現的「開化鼓」及相鄰的越南境內發現幾具銅鼓（「慕烈鼓」、「玉鏤鼓」、「黃下鼓」）⑩，以圖像精美著名。在鼓面主暈中，以一座頂部飾鳥的干欄房屋爲中心，室內有人羣作相對飲酒或聚談狀，周圍人羣連袂起舞，有編鑼及葫蘆笙伴奏。有些還有舂米圖形。對照雲南西盟佤族及婆羅洲、太平洋某些島嶼某些民族的習俗，屋頂飾鳥是富人或頭人住宅的標誌。舂米表示在爲一次盛大的宴會準備食物，跳舞奏樂的人羣則是應邀而來的賓客。我過去把這一圖像釋爲「蘆笙舞」⑪，只觸及了表面觀象，實際上所描繪的正是一次「誇富宴」的盛況。非常有意義的是這幾幅圖像中房屋晒台上多平置著銅鼓，人們持棒由上而下敲擊。這是銅鼓用於「誇富宴」的明顯證據（圖一、二）。

這樣的圖像在晚期銅鼓中不再出現，但幾件鼓內側有被稱爲「農莊圖」或「莊園圖」的圖畫⑫，反映出「誇富宴」遺風尚存。其中有代表富人住宅之高大房屋，有表示穀物豐收之晒穀架（與今貴州

---

⑩ 聞宥《古銅鼓圖錄》，中國古典藝術出版社，一九五七年，第七鼓。（越）鄭明軒〈越南的古銅鼓研究情況〉（梁志明譯），《考古學參考資料》第二期（一九七九年）。（越）阮文煊、黃榮《越南發現的東山銅鼓》，河內，一九七五，一六五—一六六頁。

⑪ 汪寧生〈試論中國古代銅鼓〉，《考古學報》，一九七八年二期。

⑫ 商承祚《十二家吉金圖錄》卷七。黃增慶〈廣西出土銅鼓初探〉，《考古》，一九六四年一一期，圖一三。宋曼〈一面鑄有繪圖內容的銅鼓〉，《中國古代銅鼓研究通訊》四期，一九八六年。

從江苗族所用全同），有代表水田之耙，有魚塘，有穀倉。人羣或騎馬而來，或並排而舞，均代表賓客。在原始繪畫中，很難直接表現大擺酒宴的情景，故以上述諸物象徵之。又圖畫中雖未表現敲擊銅鼓之情景，把這種圖畫鑄於銅鼓之上，仍是耐人尋味的（圖三）。廣東省博物館藏鼓，鑄有「古隆（鼓撞）百姓歸」銘文⑬，表示通過擊鼓舉行「誇富宴」，便可使百姓歸附。

古代墓葬中出土銅鼓多與銅釜共生，也有助於説明與「誇富宴」的關係。例如，雲南楚雄萬家壩春秋時期墓葬中除發現銅鼓五具，還發現銅釜，有一件銅釜就是在銅鼓邊沿加上立耳改裝而成⑭。貴州赫章可樂漢墓中的死者，頭部套有銅釜或銅鼓⑮。四川興文建武鄉即發現一些約當東漢魏晉時期的銅鼓，又發現巨型銅釜⑯。大的銅釜當然只能是大宴賓客時使用之物（圖四）。

銅鼓與銅釜經常並存，在文獻記載中也有反映。僚人是古代使用銅鼓最盛的民族，他們也以銅製坎具著稱。史載他們「鑄銅爲器，大口寬腹，既薄且輕，易於熟食」⑰。明代四川都掌蠻除擁有大量銅鼓，還有，「鍋狀如鼎，大可函牛，刻畫有文彩」。萬曆元年平都掌蠻之役，明軍掠獲銅鼓九十三具，還有「銅、鐵鍋各一」⑱。這些釜鍋所以被大書特書，因爲它們不是一般的炊器，而是和銅鼓一

---

⑬　楊耀林〈廣東發現的帶銘文的銅鼓〉，《考古》，一九八二年一期。
⑭　〈楚雄萬家壩古墓羣發掘報告〉，《考古學報》，一九八三年三期
⑮　〈赫章可樂發掘報告〉，《考古學報》，一九八六年二期。
⑯　一九八一年我去四川珙縣地區參加全國懸棺葬會議時所見。
⑰　《魏書·僚傳》。
⑱　《明史·劉顯傳》。

樣作爲財富和權勢的標誌。雲南永勝、鶴慶一帶少數民族的豪富之家，過去多有銅製大鍋，被視爲一種傳家之寶，以備大型宴會中使用。

廣西浦北東漢墓出土一件銅釜底部中有與銅鼓面部一樣的紋飾⑲。同樣的器物在越南清化也曾有發現⑳。又海南島臨高縣海邊發現三件大銅鍋，口沿有C型鼓面部常見的立體騎馬人像㉑。凡此也可證明銅鼓與銅釜確有一種並存關係。過去總是把這種關係解釋爲銅鼓起源於銅釜。若說一種器物源於另一種器物，則兩者不應該總是長期並存。按照我們現在的解釋，一切自可豁然開朗。原來它們都是「誇富宴」中必用之物，銅釜用以烹煮食物，銅鼓用以敲擊，宣告宴會舉行。把它們一同隨葬，表示墓葬主人生前經常舉行「誇富宴」，其社會地位非一般人可比。

古文獻中還直接提到古代民族敲擊銅鼓宴請賓客。例如，唐代在今雲南文山及廣西西部的東謝蠻「會集則擊銅鼓」㉒。宋代在今廣東合浦一帶越㐌人「親戚宴會，即以瓠笙、銅鼓爲樂」㉓。清代黎人「富者鳴銅鼓，貧者鳴鐺，以爲聚會之樂」㉔。這樣的宴會之中必有一些具有「誇富宴」性質。

---

⑲ 梁旭達、覃聖敏〈廣西浦北縣出土的青銅器〉，《文物》，一九三七年一期報告稱爲「銅盆」。

⑳ （越）黎文蘭萊《越南青銅時代的第一批遺跡》（梁志明譯），中國古代銅鼓研究會，一九八二年印，圖Ⅶ。

㉑ 梁明燊〈廣東臨高出土漢代青銅釜〉，《考古》，一九六四年九期。揚耀林〈海南島發現漢代青銅釜〉，《文物》，一九七九年四期。

㉒ 《舊唐書・南蠻傳》。

㉓ 《太平寰宇記》卷一六九。

㉔ 李調元《南越筆記》卷六。

總之，古今使用銅鼓的民族，都有可能存在「誇富宴」之俗。銅鼓可視爲「誇富宴」的象徵。

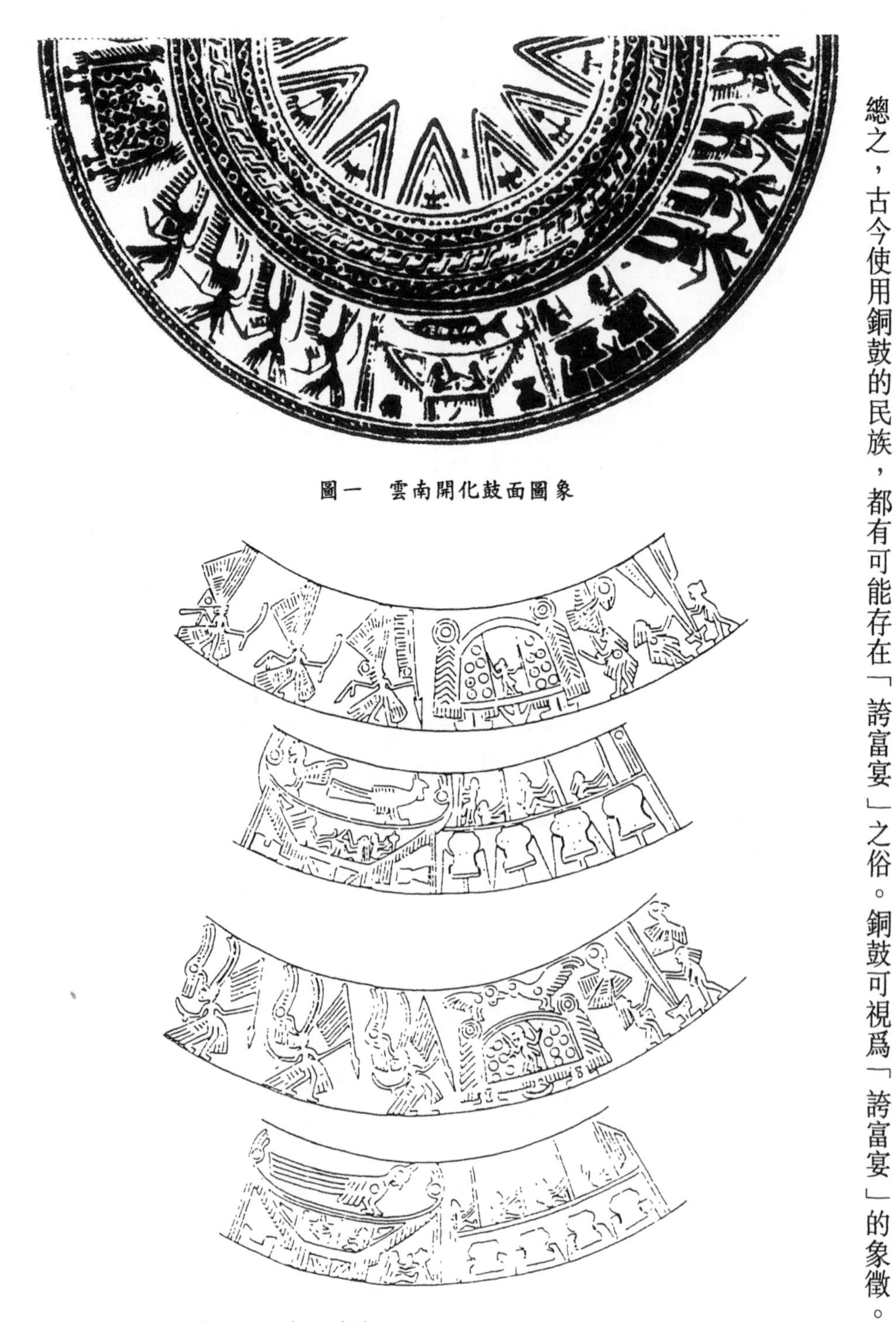

圖一　雲南開化鼓面圖象

圖二　越南玉鏤鼓（上）及黄下鼓（下）面部圖象

圖三　中國歷史館藏晚期銅鼓内部圖象

圖四　四川興文縣建武鄉與銅鼓同出的銅釜

頭人椅

古人生活起居與今人有異。舉凡宴飲、博弈、朋友會談、師徒講授，均作跪坐狀，即雙膝跪於席上而以尻著蹠，並無椅凳之類高坐傢俱。僅設几以供憑倚，有案陳放食具而已。據研究，高坐之具乃由中亞傳入。十九世紀末英人斯坦因在新疆尼雅、樓蘭遺址發現東漢魏晉時期雕花木椅①，爲我國最早之椅。宋代之後高坐習俗始遍及中土。

有關古代內地高坐習俗興起及椅凳之始用，前人考據甚詳②，無待我輩再作贅語。然某些少數民族之中，高坐之俗興起更晚，椅凳之類初傳入時竟成爲社會特權之標誌，僅高層人物可以享用，此或爲前人所不知。

按南方少數民族直至近代仍實行席地而坐或低坐，即有坐具，不過草墩之類。偶有從內地傳入之高椅高凳，必屬頭人，於重要場合時坐之。下面僅是幾個例子：

雲南貢山獨龍族視椅凳爲權力象徵。一九五〇年左右該族送人民政府禮物中，竟包括凳子一個，以此表示對政府官員之尊重③。

---

① 見向達編譯《斯坦因西域考古記》圖版，商務，一九四六年。

② 參見《清》王鳴盛《十七史商榷》卷三十四箕踞條，《清》趙翼《陔餘叢考》卷三十一古人跪坐相類條。高坐緣起條。

③ 汪寧生〈從原始記事到文字發明〉，《考古學報》一九八一年一期，一五頁，圖二，13。

雲南滄源佤族某些村寨僅主要頭人擁有由漢地傳入之高背木椅，於村寨議事或履行頭人職權（如爲人調解時）用之，稱爲「頭人椅」。一九六五年我於該縣民良鄉調查見原來頭人仍持此物，以爲榮耀（圖一）。南撤鄉某鄉長竟仿效過去頭人置備「頭人凳」，不准他人使用，被批評有「頭人思想」。

廣東連南一帶瑤族議事時，僅村寨長老可以坐凳。史載「凡相聚議事必設凳以延老者，無凳則以銀酬之，名曰『坐凳銀』」④，可見該族亦視高坐爲特權。

南方少數民族以坐位高低區分尊卑由來已久。晉寧石寨山青銅貯貝器（M12：26）表現集會議事場景，參與者九人，一人高坐中間，八人列坐兩旁⑤，從坐位高低即可判別社會地位之差異，雖然當時高坐尚無後世之椅凳。

高坐者較低者顯得身軀高大，易於體現統治者與被統治者之關係，如非洲「頭人凳」就特別發達，製作精美，歐美博物館常作爲藝術品收藏。故高坐器具作爲一種外來奢侈品傳入中國時，正好迎合統治者需要，最先爲其專有，作爲顯示自己權勢之具。

由少數民族「頭人椅」及其統治者高坐的習慣給予的啓發，細讀有關高坐器具初入中原之記載，可見相同的情況。最早專用坐具稱「胡牀」，傳爲趙武靈王始用。唐代始有「繩牀」，即在榻面上穿繩，大抵如今之軟凳，（宋）程大昌《演繁露》云：

---

④（清）李來章《連陽八排風土記》，中山大學出版社，一九九〇年，六二頁。

⑤《雲南晉寧石寨山發掘報告》，文物出版社，一九五九年，七五—七六頁，圖版伍貳—伍伍。

穆宗長慶二年十二月，見羣臣於紫宸殿，御大繩床。

用者亦爲皇帝。北宗初年始有椅子。（宋）王銍《默記》記李後主被俘入宋，徐鉉往見，小卒取椅子相待，鉉曰：

但正衙一椅足矣。

他不忘君臣之分，請僅設一椅供李後主坐，可見視坐椅爲地位高者之標誌，又（宋）葉夢得《石林燕語》卷五：

殿廬幕次：三省官爲一幕，樞密院爲一幕，兩省官爲一幕，尚書省官爲一幕，御史臺爲一幕。中司則獨設椅子，坐於隔門之內。

按「中司」指「佐天子，總百官，平庶政事無不統」的「同中書門下平章事」（《宋史・職官志》），地位高於羣僚，故只有他「獨設椅子」。中國成語形容人與人社會地位相等「平起平坐」，可見以坐位高低表示不同社會地位之觀念長期存在。

後世椅子等高坐器具普遍化，在重要場合又以坐具之位置、高低及舒適程度區分尊卑。當然，客人來訪，讓客於舒適坐位（make yourself comfortable）；家人相聚，使長者坐於正中；此已屬普遍禮節，中外皆然，無足爲怪。然今日中國人開會或合影，重要人物必按職位、級別依次安排其坐位與坐具。爲作出妥善安排，每令會議組織者煞費苦心，尚有未能得坐高位事後耿耿於懷者。其心態與上述少數民族頭人之看重「頭人椅」，實無以異。

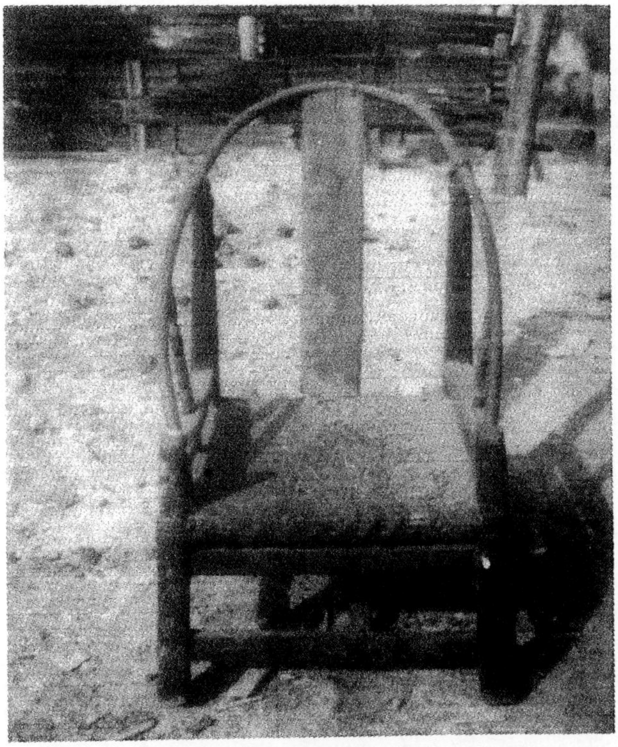

圖一　雲南滄源佤族的頭人椅

古代婚喪習俗叢考

媵

中國古代婚姻喪葬習俗，凡今人不能理解者便目爲怪異。然若以文化人類學觀點進行分析，取民族志資料加以類比，則大部分均可得到合理的解釋，並非中國才有的特殊現象。先秦典籍中常見的「媵」的習俗，就是其中一例。

綜合有關記載，媵制有以下內容：凡嫁一女，同時或事後要賠送兩人爲媵，「媵」即有「送」意①；而媵者爲該女之妹或姪女，此即所謂「以姪娣從」②、「姪娣曰媵」③。以上乃通制，適用於士大夫之間通婚。若爲諸侯，與一國之女締婚，則以另外同姓國之兩女爲媵，不必爲嫁者姪娣。還有謂「諸侯一聘九女」，而天子可娶十二女者。此處顯然摻入陰陽家言，附會「三」、「九」神秘數字，然據可靠記載，媵制確曾實行先秦時代，似無可疑。《周易·歸妹》：

帝乙歸妹，其君之袂不如其娣之袂良。

① 《爾雅·釋言》。
② 《公羊傳·莊公十九年》。
③ 《釋名·釋親屬》。

《詩·大雅·韓奕》：

韓侯娶妻，……百兩（輛）彭彭。……諸娣從之，祁祁如云。

某女「來媵」之具體史實，在春秋三《傳》中亦屢有記載。

古代宗法制度强調長幼、嫡庶之分。媵者爲幼爲庶，故其社會地位較低。例如，媵侍奉正妻，雖「遇勞而無怨」④；在婚禮中由「媵」布席，侍奉正妻「沃盥」，並「餕主人之餘」（吃主人剩下食物）；新婚之夜，「媵」侍於户外，「呼則聞」⑤。媵若單獨來歸，婚禮極爲簡單，所謂「媵，禮之輕者也」⑥，或「媵，淺事也」⑦，史官完全不予記錄。

文獻記載媵制極爲零碎，難窺全貌。今天國内少數民族之中，亦無同類習俗可資參考。幸明末清初文人陳鼎，流寓滇東，曾爲龍氏土司之婿，著《滇黔土司婚禮記》一書（通行的有香艷叢書本、昭代叢書本、叢書集成本），記本人娶妻及媵之經歷甚詳。此書或疑爲僞，我反復觀摩，並非贋作（另有考證）。茲抄錄所記當時當地媵制，以與古代媵制相比較。

---

④《詩序·召南·江有汜》。

⑤《儀禮·士昏禮》。

⑥《穀梁傳·莊公十九年》。

⑦《穀梁傳·成公八年、九年》。

《滇黔土司婚禮記》述媵之來源云：

> 嫁嫡長女爲嫡長婦，必一媵八人，古諸侯一娶九女之遺意也。然所媵或養同姓，或選良家，或庶孽，嫡女則不能矣。

陳氏娶龍氏土司嫡女爲妻，即有八人爲媵：

> 從嫁八媵，半屬良人，半選民家，大都是家臣之女也。……其齒以內子居中，上而遞長至四齡止，下而遞幼至四齡止。

可見媵不必爲正妻親生姐妹，但爲同姓即可；其年齡有小於正妻者，亦有大於正妻者。婚禮中諸媵與正妻之地位判然有別：

> 少頃外姑率媵出坐簾內，……婿八拜于簾外，受四答四。……緋衣老媼出以軟紅羅丈許束婿腰牽入簾內，……又遍拜諸媵母，母皆跪答。……外舅姑北向，諸媵母皆待立。……新婦下車，侍女扶諸媵出，共簇新婦歸臥房。相者立中堂唱禮，夫婦交拜，諸媵皆隨新婦後行禮，不坐床，席地而坐。飲交杯，諸媵皆雁行列坐，新郎新婦各一飲，捱遞諸媵飲畢。……侍女扶媵者參新郎君，新郎君坐受一拜，答三拜。老婦遞媵者酒，手奉新郎飲半，媵接跪飲畢。……諸媵者新沐畢，更衣俱來幃中，……告辭各歸家。雞初鳴，諸媵俱櫛沐至新房，遞茶道喜，候新婦妝畢。……

對媵平日起居禮儀及職掌，陳氏更有詳細記述：

自是每雞初鳴，（新婦）必起櫛沐，率諸媵至姑寢門，如未醒即默候。……每日以一媵侍其役。……室老者，老年寡居有德之婦，亦龍氏宗人也。……內子及諸媵稍不合，輒罵詈，輕則揮掌，重則提以杖。……各媵女獨處，室老皆有法，不許偃仰縱橫。既覆以衾，外加繡袱，四角鎮以銅獸，重則二三斤，若不令其轉側者。寢後即禁起溲溺，幃外張燈徹夜。……室老時行潛察，一聞鼾呼聲，輒排闥入，提其髮而扑之。……至雞初鳴，室老輒擊銅版者七，各屋室媼亦擊銅版以應之，俱促諸婦起櫛沐。櫛沐畢，皆集正堂爲主婦治妝。妝畢則偕往候姑。……

凡有身者，立稍不端，坐不正，臥或偃仰縱橫及酣酒茹葷者，室老皆戒之。諸媵與主婦常同坐起，或嬉戲投博者皆勿論。見主人則不敢坐，常侍立終日。……主人欲與諸媵坐，必其臥榻；若於椅，室老聞之，必加撻。媵者或逢怒主人，室老必勒媵者去其下衣，當庭而痛扑之，毋赦也。凡爲姑滌溺器，浣裳履，整衾枕，進飲食，生子者逢三日，女者二日，未生者一日，次弟以役，無敢或紊，皆室老主之。……家一切動用，內子總之，八媵各有分掌，一事不備，一物不工，職者耻之。

媵由「室老」管束，彼輩老年「寡居」，行爲乖戾，對媵施各種虐待，並睡中打鼾、翻身亦不許，媵之身份卑微及生活之不自由，由此可知。媵之地位及職掌實同婢女，唯一區別尚有爲主人生育之義務：

忽一夕，外姑攜酒筵來，大張花燭於下房。令媵者蘭紡嚴妝出拜家慈，拜余夫婦及室老諸人。……內子攜雙燭引余寢下房。余曰：『何爲者？』內子曰：『寒門家教：凡女子適入半載不孕，即令媵者入值，冀早生子。蘭姊長，當首入侍。』予方悟，乃就下房寢。雞初鳴，室媼促媵者歸。……自是間兩

> 日，蘭必入値，至雞鳴即去。《詩》所謂載星而往還者也。兩月蘭不孕，內母如前攜花燭、酒筵來送甄姑入値。……孕者即不令入値。……外姑聞三婦皆有孕，大悅。……

清初滇東媵制，雖未必如陳鼎所云「一遵周禮」，然對研究古代媵制有足資參考之處。例如，媵來自同族，不必盡爲新婦家中之人，或爲「庶出」，出身較爲低微；平時有侍奉主人之責，有爲主人生育之義務，皆與內地之媵相合。又有「室老」管束，在《儀禮·士昏禮》中有稱爲「姆」者，或與之相當。

按舊說，媵制之設「所以妨嫉妬也，令重繼嗣也」，「欲使一人有子，二人喜也」⑧，或「一人有子，三人共之，若己生之也。」⑨古代婦女無子當「出」，而媵既來自同族，其子可視爲己生，故「嫡得不去」。又正妻與媵，嫡庶、長幼、貴賤名分早定，又可減少多妻制度下齟齬、勃谿之事。儘管媵制具有上述功能，若據此認爲乃「制禮作樂」聖人有意爲之設計，乃中國古代特有制度，則大錯。放眼觀之，媵制實爲一種普遍存在之原始婚俗。

據人類學家對婚姻制度之研究，淺化民族常有姊妹數人共嫁一夫，或姊死由妹續嫁之俗。前者稱「姊妹共夫制」（Sororate Polygyny），後者稱「妻姊妹婚」（Sororate）。或以爲中國之媵包含這兩者在內，似非是。媵僅屬於前者，是一種特殊的一夫多妻制。後者一次僅娶一女，仍爲一夫一妻制。

---

⑧《公羊傳·莊十九年》何休注。

⑨《白虎通·嫁娶》。

媵爲史家目爲怪異之處在於婚配對象可由妻妹擴大爲妻之姪女。然此正爲姊妹共夫制常有現象，並不足怪。北美印第安人中米沃克（Miwok）部落及南美印第安人卡利布（Carib）部落中，男子既不僅可娶妻妹，且可娶妻之兄弟之女爲次妻。在米沃克部落之中，兩者甚至同一親屬稱謂，均稱Wokli⑩。內姪女不能作爲婚配對象，乃出於後世等輩通婚之觀念，先民並不以爲非。妻之妹及姪女，均屬其他氏族成員，自可得而婚配。

若論中國古代媵制特殊之處，即在其深受宗法制度影響，即正妻必爲嫡爲長，而次妻必爲庶爲幼，兩者地位懸殊，次妻有如婢僕。此與世界其它淺化民族姊妹共夫制下衆妻大體處於平等地位，有所不同。媵制可稱爲「宗法制度下之姊妹共夫制」。

又當前流行幾種中國古代史著作，常釋媵爲「羣婚」之殘餘，更有不妥之處。按「羣婚」乃摩爾根等據親屬稱謂推論而來，在世界民族志中無一實例可尋。當代人類學家無論屬何派別，對於稱爲「一羣男子與一羣女子相互婚配」之羣婚，均持否定態度。故媵非羣婚或其殘餘形態，此點已無待多辯。

---

⑩　參見R·羅維：《初民社會》，中譯本，第四六頁；E·韋斯特馬克：《婚姻進化史》，中譯本，第一九〇頁。

奔者不禁

《周禮·地官·媒氏》：「仲春之月，令會男女，於是時也，奔者不禁」。此爲中國古代社會史上饒有趣味之問題，釋者甚衆，歧義叢生。

舊注以爲「非謂淫奔也」⑪，或「奔者不待禮聘因媒請嫁而已矣⑫，以封建禮教觀點對此古俗曲爲掩飾，固爲陳腐之論；而當代中國史學家或以此爲例證明中國遠古時代有所謂「羣婚」存在，更屬附會之談。

放眼觀之，一個社會中部分居民於正式婚姻之外，又偶然有短暫之性伴侶，自古至今可謂無處無之。初民質樸率真，對此不加掩飾，故《詩》三百篇中有桑間濮上男女幽會之描繪；成都出土漢畫像石上有男女桑下交合情景。「奔者不禁」之實質，即在某一時期（如節日）爲婚外性關係提供方便並使其合法化。此俗在人類學上或稱之爲「節日放縱」（Festival Dissolution），淺化民族曾普遍流行，僅從中國南方民族之中即可舉出數例。

雲南大理白族有傳統節日，稱爲「繞三靈」。每年農曆四月廿三至廿五日，洱海蒼山之間舉行盛大集會，已婚或未婚男女列隊遊山逛廟，沿途對歌奏樂，邊走邊舞，入夜則對對情侶幽會，有春宵一度即散者，有相約明年再聚者，亦有因此而長期結合者。由於「繞三靈」中包含有拜佛或祭祀「本

---

⑪ 孫詒讓：《周禮·正義》引《玉燭寶典》。

⑫ 《穀梁傳·文公十二年》。

主」（白族信奉之地方保護神）之內容，前人調查報告或論著中常視此爲純粹之宗教活動，殊不知「繞三靈」乃漢語，此一節日在白語中稱爲「觀沙那」，即「逛情侶」之意⑬。男女聚會原是這一節日主要目的。

雲南永勝縣他魯人本世紀初尚保存所謂「採火草」之俗。每年六七月間男子攜帶情人前往距村寨數日路程之深山中，彼之妻則隨他人前往。男女露宿野外，採集火草（當地織麻布必須摻入火草纖維），白天男割女剝，入夜則調情交合，歷十餘日始返。每當興盡歸來，行將進入村寨時，必有人敲銅製之「鑼鍋」（當地宿營用之炊具）之鍋蓋而高呼曰：「從今日起不得亂來了，仍按老樣子過日子！」⑭

貴州溶江縣八達區苗族有所謂「放牛出欄」之俗，苗語稱爲「丟郎」。每年秋季男女平素有情者，可以相約幽會，凡三日始罷。（該縣文化館楊方明君提供，楊君爲苗族）。

廣東連南縣瑤族亦有「放牛出欄」之俗。每當舊曆除夕至初三，已婚及未婚男女均可去田野幽會、唱歌、並共食糍粑，盡興始返⑮。

以上述民族志資料相類比「節日放縱」與古代內地「奔者不禁」，應爲同類習俗。它並非只是未婚年輕人談情說愛，已婚的成年人亦乘此時機約會情人。

---

⑬ 參見張錫祿：〈試論白族婚姻制度的演變〉。《南詔史論叢》第二輯。張君爲白族。

⑭ 參見拙作〈雲南永勝縣他魯人的原始婚姻形態〉，《西南民族研究》第一輯，一九八二年。

⑮ 參見《廣東連南自治縣南崗、內田、大掌瑤族社會調查》，一九五八年，第一二一頁。

但節日放縱之具體內容及目的，則因不同民族又有差異。中國古代「奔者不禁」，限定在仲春之季，或兼有祈求生育之意。《禮記·月令》云：「仲春之月，……以大牢祠於高禖。」《後漢書·禮儀志》引蔡邕《章句》：「高，尊也；禖，媒也。……蓋爲人所以祈子孫之祀。」兩者同於三月舉行，應有一定聯繫。然不得謂所有「節日放縱」，均爲祈求生育之巫術。如上述四族舉行此項活動或在春季，或在秋季或在冬季；或包含某些宗教內容，或與生產勞動相結合。

無論如何，在任何情況下此俗均不代表正式婚姻關係，不得視爲「羣婚」或任何一種婚姻形態。

家內葬

家內葬指居住區內或就在居室之內的埋葬而言。它是一種非常古老的葬俗，人類初有埋葬制度就是實行家內葬的。舊石器時代中期的尼安德特人，在居住的洞穴中埋葬自己的親人①。中國的山頂洞人②以及華南新石器時代早期洞穴遺址，如江西萬年仙人洞③、廣西桂林甑皮岩④，在居住層下都發現帶有隨葬品的墓葬。

當代處於狩獵採集階段的民族有仍然實行家內葬者。例如，非洲的姆比蒂俾格米人（Mbuti pygmy）在尼格羅人（Negro）教會他們埋葬方法以前把屍體就丟棄在死的地方，然後離開，幾年以後俟「死者精靈走遠」再回來。錫蘭的維達人（Veddas）也將死者屍體丟棄或掩埋在住地。由於他們住有好幾個岩廈，以一個岩廈作這樣的用途即可，不必遠離，熱帶雨林中的昆蟲或動物很快可使屍體消失；即使掩埋在土中，當地酸性土壤在一年內也使骨架無影無踪⑤。

馬來亞的塞芒人（Semang），人死即以住房（稱「寮子」）爲墳場，把屍體埋在死者睡床之下。房內一切保持原狀，床上放好死者生前喜愛之用具及食品，然後全族在三天以內遷離，另闢新

---

① B. M. 費根《地球上的人們》（中譯本），文物出版社，一九九一年，一七二頁。
② 裴文中《中國史前時期之研究》，商務，一九五四年。
③〈江西萬年大源仙人洞洞穴遺址的試掘〉，《考古學報》一九六三年一期。
④〈廣西桂林甑皮岩洞穴遺址的試掘〉，《考古》一九七六年三期。
⑤ C. S. Coon, *The Hunting People*, Boston：Little, Brow and Co., 1971. pp.331－332.

居，以避免災難，並可使死者永久安息，以免死者變成製造不幸的魔鬼，尾隨到「新寮子找麻煩」。西諾伊人（Senoi）過去也把屍體埋在住屋地下，「他們相信鬼魂將在人間徘徊七天」。爲防鬼魂騷擾，用木條竹片製成「鎮魂籤」插在墳上。巫師死去則懸掛在住房中⑥。

爲死者專設墓地，是已有固定住所過著長期定居生活的農業民族的葬俗。把活人居住區和死者安息地分開，應爲文化上一大進步。但有些農業民族沿襲舊俗，仍然保留家內葬。國外的如波利尼西亞的蒂科比亞人（Tikopia）在室內或屋檐下埋葬死者，屍體包在蓆子或樹皮中，埋在地面六英尺之下，「這樣可使親愛的人墳墓免於惡劣的氣候」。埋有死者之處地面稍高，上放一塊蓆子，較一般蓆子稍大。每塊蓆子就是一個已死成員「休息之處」，不允許在上面走路以免觸犯死者。著名英國人類學家R·弗思在其附近放留聲機也引起女主人的抗議，說父親托夢給她，抱怨「打擾了他的休息」⑦。

非洲的Abaluyia人對死者根據其在家庭中地位分別埋在家中不同地方。家庭首領埋在正妻房內，祈雨者埋在房中正中，一般婦女、只有二個以下小孩的男子、未婚男女埋在房屋後面左邊，而只生二個以下小孩婦女就必須送回娘家埋葬，因「這樣的婚姻不能算是完整的」⑧。

⑥ F. Lebar and Others, *Ethnic Groups in Mainland Southeast Asia*, New Haven：HRAF, 1964, pp.181－186。梅井《馬來亞的兄弟民族》，新加坡青年書局，一九六〇，頁一〇—一二、四一。

⑦ R. Firth, *We Tikopia*, Boston：Beacon Book, 1965, pp.78－79.

⑧ J. S. Mbiti, *Religion and Philosophy of Africa*, New York：Archer Books, 1970, pp.200－203.

國內民族之中保存家內葬較爲典型的是臺灣的原住民，日本人佔領時期有的仍在實行。如泰雅族、賽夏族，把死者埋在睡床之下；曹族、卲族在屋內空地埋葬死者；排灣族把家庭中第一個死者埋在房屋西南隅，以後死亡者依次向東北方下葬，其頭目葬身之屋即成爲宗廟所在（圖一）；布農族埋在屋中央或床下；卑南族埋在竈邊；魯凱族男子埋在屋內前半部，女人埋在屋內後半部，待屋內已無下葬餘地，便拆除住屋，遷往他處另起新居。據說臺灣原住民實行屋內葬是由於「愛惜死者，不願將死者於野外被野獸咬去」⑨。

更多民族僅對兒童實行家內葬。如東南亞的孟金人（Murngin）把到達一定年齡的兒童葬在營地中。雲南西盟縣佤族對夭死的兒童用蓆裹屍，不用棺木，亦無隨葬品，經簡單的唸咒儀式後葬於房後園圃之中，不起墳堆，插竹圍籬以爲標誌（圖二）。廣東連南縣瑤族對夭死的嬰兒埋在床舖之下⑩。

此外，還有一些家內葬屬於特殊情況。例如，上述西盟佤族過去盛行獵頭之季節，爲防死者頭被砍去，對成年正常死亡者一般埋於村寨濠溝之內，有時也埋在園圃中。又如，新幾內亞巴布亞人實行平台葬，而婦女難產而死「被認爲有特殊危險」，放置屍體的架子就建造在死者房中，然後將房屋封閉並廢棄⑪。

中國中原地區新石器文化從距今約八千年的裴李崗文化起已有墓地埋葬死者，家內葬久已不存。

---

⑨ 陳國鈞《臺灣土著社會婚喪制度》，臺灣：幼獅書店，一九六一，頁一二五—一八〇。

⑩《廣東連南瑤族自治縣南崗、內田、大掌瑤族社會調查》，一九五八，一一九—一二一頁。

⑪ L. Pospisil, *The Kapauka Pupuans*, New York : Holt Rinehart and Winston, 1965, pp.70－71.

李玄伯先生認爲中國古代葬禮中先殯後葬是家內葬的遺意⑫，這點尚待證明。殯是停屍於家舉行儀式以便送走亡靈，最終尚須送去墓地「入土爲安」，似與家內葬性質不同。然兒童家內葬在中原地區確是延續較久。西安半坡仰韶文化遺址中有七十三座以甕棺爲葬具的兒童墓，其中六十七座在住宅旁邊，另外幾座亦距住宅不遠⑬。

雲南元謀大墩子兒童瓮棺葬「成行埋葬於建築遺存周圍」⑭。它們均與成人墓地分開。這一傳統一直延續到有文字記載的歷史時期。《禮記·曾子問》：

下殤土周葬於園

按「土周」在其他記載中作「堲周」，當指不用棺槨僅有土壙之意。未成年而死稱「殤」，又按年齡分爲「長殤」「中殤」「下殤」，「下殤」指夭死的八至十一歲兒童⑮，他們是葬於一般離住房不遠的「園」中的。

爲何實行家內葬？沿襲這一古老習俗某些民族説家內葬是爲了使死者「免於惡劣氣候」或「野獸所咬」（如前述之玻利尼西亞人及臺灣原住民），應是後起的解釋。最早人們舉行家內葬後，便要遠

---

⑫ 李玄伯《中國古代社會新研》，開明，一九四八。

⑬ 《西安半坡》，文物出版社，一九六三，頁二一九。

⑭ 〈元謀大墩子新石器時代遺址〉，《考古學報》一九七七年一期，頁五八。

⑮ 《禮記·檀弓》上：「周人以殷人之棺槨葬長殤，以夏后氏之堲周葬中殤、下殤，以有虞氏之瓦棺葬無服之殤」。鄭玄注：「十六至十九爲長殤。十二至十五爲中殤。八至十一爲下殤。七歲以下爲無服之殤」。

遷（如前述之維達人、俾格米人、塞芒人等），說明古老的人類對死者是懼怕之心超過留戀之情。埋有死人的遠古房屋遺存有突然放棄的現象，其故即在此。爲何後來像半坡遺址那樣獨對兒童實行家內葬?時人多認爲有不忍兒童遠葬之意。其實它是以不同埋葬地對成人葬和兒童葬一種區分。上引《禮記・曾子問》文下鄭玄曾明確解釋說：

以其去成人遠，不就墓也。

幼小兒童與成人身份相差甚遠，故不能葬入墓地。中國古代和世界很多民族一樣，認爲只有經過成丁禮的人才算社會正式成員，死後才能享受正規的葬儀，所謂「丈夫冠而不爲殤，婦人笄而不爲殤⑯，而早殤兒童葬於家內而不葬於公共墓地正爲了體現他們尚非成人。

據研究，兒童與成人葬地有別，從原始民族到古代羅馬都是如此，都具有區分兒童和成人不同身份（Status）的意義⑰。假如兒童和成人葬葬在同一墓地，這種區分也會在葬具、葬儀等方面體現出來。

---

⑯《禮記・喪服》。

⑰ Peter J. Ucko, *Ethnography and Archaeological Interpretation of Funerary Remains*, World Archaeology 1（1969）

圖一　臺灣排灣族來武社頭目的宗廟（內有兩墓）（采自凌純聲《臺灣排灣族的宗廟和社稷》一文圖版肆）

圖二　雲南西盟縣佤族兒童家內葬

洗骨葬

洗骨葬爲二次葬的一種形式。它曾在東南亞及環太平洋地區流行①，新幾內亞巴布亞人②及特羅布里安島居民③在進行二次葬時，也要以不同方式進行洗骨。據著名人類學家C·列維·斯特勞斯報導，南美的博羅羅人（Bororo）也有是俗④。

中國史前時期二次葬在中原地區較爲普遍，新石器文化遺存中時有發現。然並非二次葬都要經洗骨這一手續。中原地區二次葬中是否包括洗骨葬？尚待找到一種方法能通過自然科學手段分析遺骨加以確定。進入有史時期後，二次葬在中原地區少見，然在中國南方地區一直延續下來⑤，有一部分即是洗骨葬。如《南史·顧憲之傳》云：

---

① 參見凌純聲〈洗骨及祖先崇拜在東南亞及環太平洋的公布〉，《中央研究院年刊》第二期，一九五五年。但凌先生所舉例證中有些只是二次葬，並非洗骨葬。

② L. Pospisil, *The Kapauku papuans*, New York: Holt, Rinehart and Winstor, 1965, pp.70－71.

③ B. Malinowski, *The Sexual Life of Savage*, New York: Harcourt, Brace& World, Inc., 1929, pp. 155－158.

④ C. Levi－Strauss, *Tristes Tropiques*, Washington Square Press, 1973, pp.259.

⑤ 例如《墨子·節葬》下：「楚之南有炎（啖）人國，……（父母死）朽其肉而棄之，然後埋其骨，乃成爲孝子」。《隋書·地理志》：「南郡、夷陵、嘉、沔陽、沅陵、清江、襄陽、舂陵、漢東、安陸、永安、義陽、九江、江夏諸郡多雜蠻。……始死，……斂畢送至山中，以十三年爲限。先擇吉日改入小棺，謂之拾骨，拾骨必須女婿。……除肉取骨，棄小取大」。

憲之爲衡陽内史，其土俗：人有病，輒云先亡爲禍，乃開塚剖棺，水洗枯骨，名曰除祟。

直至清代，洗骨葬仍見於今江西境内。趙翼《陔餘叢考》卷三二洗骨葬條：

江西廣信府一帶風俗，既葬二三年後，輒啓棺洗骨使淨，别貯瓦罐内埋之。是以爭風水者，往往多盜骨之弊。余友沈倬宰上饒，見庫中有骨數十具，皆盜葬成訟存庫者。

祖先遺骨竟可取出刷洗，非漢文化所能容忍，此必出於當時當地尚未漢化少數民族習俗。蓋南方邊遠地區少數民族之中洗骨葬直至晚近仍有存在。文獻記載中比較明確的事例如下：

貴州大方縣清代有稱爲「六額子」者。人死葬後歲餘，「祭而取其骨刷洗至白爲佳，以囊布埋之。嗣後間歲一洗，至七度乃止。凡家人有病，則謂祖先骨不潔云。今經嚴禁，惡俗漸革」⑥。按「六額子」今稱「盧」，一九六〇年我在大方縣調查時尚存五百餘人⑦，問其洗骨之俗已瞠目不知所答。

貴州大方縣還有稱爲「龍家」者。「人死三年取其屍刷之，凡三次」⑧。此族今劃入當地彝族之中，洗骨葬俗今亦不存。

雲南文山地區清代有「普馬」人。「人死不論男女，倶埋於『掌房』（指當地一種平頂土房）下

⑥（清）愛必達《黔南職略》卷二四。（羅繞典《黔南職方紀略》卷九、道光《大定府志》卷一四略同）

⑦陳奎章《大方縣民族歷史資料》第一本。

⑧乾隆《貴州通志》卷七、道光《大定府志》卷一四、民國《大定府志》卷一三。

常行走處，每日以滾水澆之，俟腐取出，以肉另埋，骨則洗淨，用緞爲袋盛之。家人盡穿紅綠，殺豬羊，令婿負之跳舞，藏於家三年乃葬。遇疾病則取用再跳，以爲未洗之骨作祟也」⑨。此俗今已無聞。

上述三族洗骨葬均已消失。一九四九年後仍然保存洗骨葬僅有廣東連南瑤族。據報導：人死先葬於各姓公共墓地之中。如有人家宅不安，病痛多，便自行選擇山地，請人看風水，進行遷葬。遷葬前請「先生」問祖先要躺著葬還是要坐著葬。如躺葬用棺，如坐葬用瓦缸。遷葬時屍體未爛多用棺木。若屍已化，則拾骸骨另葬，由兒子動手，從左至右拾骨，名「起身」。全部骸骨削淨洗過，放入瓦缸，疊成一個坐著的骸骨⑩。

洗骨葬基於何種宗教意識？何以有人生病歸咎於祖先遺骨「不潔」必洗之以「除祟」？此殆出於後進民族一種非常普遍之信仰：人死之後靈魂仍在屍體附近徘徊，必待屍體完全腐爛後靈魂才脫離屍體，前往另一世界。二次葬實質是送死者前往另一世界告別儀式⑪。而洗骨就是以人工方法加速靈魂脫離屍體的過程，使靈魂盡快離開人世。葬後規定洗骨三次或七次，或因人生病洗骨，都爲了達到這一目標。只要存在上述信仰之處，都會導致二次葬或作爲其一種形式洗骨葬的出現，故各地洗骨葬起

---

⑨ 道光《雲南通誌》卷一八六引《開化府志》。

⑩ 《廣東連南瑤族自治縣南崗、內田、大掌瑤族社會調查》，一九五八年，頁一一八——一一九。

⑪ R. Huntington and P. Metcalf *Celebration of Death: The Anthropology of Mortuary Ritual*, Cambridge University Press, 1979, pp.68–81.

源於某一地區（例如中國洞庭湖地區）的說法，是值得商榷的。

凌純聲先生早在四十年前即對洗骨葬問題作過很好的研究，然尚有賸義有待闡發，因略作補充如上。

凶死異葬

後進民族凶死者之埋葬與常人有異，古今概莫能外。雖然對凶死之界定各有不同，下列情況一般均算凶死：被殺、自殺、意外事故而死（如淹死、野獸咬死、雷擊而死……）、患惡疾而死、婦女難產而死。

對凶死者異葬表現在下列諸方面或其中某一方面：

㈠埋葬地點

若當時已有墓地，凶死者必葬於墓地之外，這方面例證甚多，毋庸列舉。若當時仍實行家內葬，凶死者必葬於家外。如非洲的 Abaluyia 人將正常死亡者埋於房內，而凶死者只能葬在院落之後，有些患惡疾者更要丟入河邊叢林之中①。

雲南古代麼梭人行火葬，凶死者焚死也要另外擇地，與正常死者分開②。至今涼山彝族舉行火葬儀式時，凶死者和正常死亡者仍是分別對待的③。至於淹死一般就埋在河邊，很多民族都是如此。

---

① J. S. Mbiti, *Religion and Philosophy of Africa*, New York：Archer Books, 1970, p.203.
② 萬曆《雲南通志》卷一六：「麼梭人死則以竹簣舁至山下，無棺槨貴賤皆焚之，非命死者則別焚之」。
③ 王昌富《涼山彝族禮俗》，四川民族出版社，一九九〇，頁一五五。

(二)屍體處理

凶死者葬式特殊，以示與常人有別。緬甸撣邦布朗族對雷擊而死的男子及難產而死的婦女採取直立葬，屍體縛成站立狀，墓穴挖成井狀，無棺；而一般人是平身而葬，墓穴作長方形並使用棺木的④。澳大利亞人對凶死者也行直立葬，墨累河地區一百多座墓葬中凡作直立葬者多是分娩而死者、年青人被處死者、死於矛刺者以及遺傳異常者⑤。海南島黎族實行土葬，一般人是仰身，而非正常死者則俯身而葬，並用木棍從背後把屍體釘入地下，「不讓凶鬼害人」⑥。古代仫佬族也實行俯身葬，作爲一種厭勝之法⑦。有些民族更對凶死者屍體加以斮殘，如雲南景頗族對正常死亡者實行土葬，凶死者實行火葬，而夭死兒童必須戮屍或砍斷一足，埋於十字路口，「讓人足踩腳踏」，使他不能再來投胎⑧。

(三)葬儀

凶死者不能像正常死亡者一樣享受正規的葬儀。他們無葬具或僅有簡陋的或特殊的葬具，無隨葬

---

④ Leslie Milne, *The Home of an Eastern Clan*, Oxford University Press, 1924, pp. 304, 311.
⑤ Geoffry Blainey, *Triumph of the Nomads*: *A History of Aboriginal Australia*, N.Y.: The Overlook Press, pp. 99.
⑥ 王國全《黎族風情》，廣東民族研究所，一九八五，頁一一〇—一一一。
⑦ (清)陸次雲《峒溪纖誌》：「狇老……與死則俯屍側葬之，爲死者避厭也」。
⑧ 《景頗族社會歷史調查》(二)，一九八五，頁二一二。

品或有少量隨葬品以平息他們的「憤怒」，不舉行哀悼儀式或另有一套特殊的禳祓儀式。葬儀經歷時間不會太長，一般是愈快愈好。例如，上述撣邦布朗族難產而死的婦女，除採取直立葬不用棺木外，其屍體還必須從地板挖洞運出，不許經過正門，嬰兒取出另葬⑨。金三角地區的阿卡人一般凶死者通過複雜的禳祓儀式可以葬入家族墓地，但下列三種情況絶對不許葬入：虎豹咬死、淹死、患天花而死。他們要就地掩埋或丢入叢林，而且必須殺狗一隻「埋於屍體之上，防鬼外出」。男子無子嗣而死葬儀亦異於常人，屍體要破牆而出⑩。廣東連南縣瑤族正常死亡者葬前可享受一套屍體縛於椅上抬之遊行儀式，而凶死者則先匆匆殮葬，事後以草人進行「坐椅」儀式；又生育而死婦女之埋葬儀式，婦女不能參加，「以免受影響」⑪。

在中國史前埋葬遺存中，有些明顯的凶死異葬已爲人們所認識。例如，江蘇邳縣劉林屬大汶口文化的第一五二號墓，婦女腹中有胎兒，當係生育而死，而頭被折斷⑫（圖一）；雲南元謀大墩子新石器文化第四號墓的骨架插有骨鏃，當係被人射死，身上壓有大石⑬；邯鄲澗溝龍山文化層中所謂亂葬

---

⑨ *The Home of Eastern Clan*, p.305.

⑩ P. Lewis and E. Lewis, *People of the Golden Triangle: Six Tribes in Thailand*, New York: Thomes and Hudson, 1984, p. 237。

⑪《廣東連南瑤族自治縣南崗、內田、大掌瑤族社會調查》，一九五八，頁一一九—一二一。揚耀林〈廣東連南瑤族一次葬禮的記錄〉，《民族學報》第一期，一九八一。

⑫〈江蘇邳縣劉林新石器時代遺址第二次發掘〉，《考古學報》一九六五第二期，頁一八—一九；圖一二；圖版貳：3，4。

⑬〈元謀大墩子新石器時代遺址〉，《考古學報》一九七七第一期，頁五四。

墳，人骨相互疊壓，有的身首異處⑭，可視爲一次戰爭後的掩埋。無論屬於敵人或己方戰死者，初民都作爲凶死對待的。又如，臨潼姜寨仰韶文化灰坑中發現的屍骨，或頭身分置，或合葬一坑，無任何隨葬品⑮；西安半坡仰韶文化第六六號墓女性死者腿骨砍斷再行埋葬⑯（圖二），均可視爲對凶死者的處理。

如上所述，凶死異葬形式多種多樣，有的可能以其他特殊形式表現出來，這就需要人們細加辨別。例如，中國古代俯身葬爭論頗多，實應區分不同情況加以考慮。江蘇常州圩墩遺址（馬家濱文化）第一次發掘二十五具屍骨中二十三具作俯身狀⑰；第三次發掘三〇具單人葬中，二十六座中是俯身葬⑱，這些當然只能算爲一種正規的葬式。殷代俯身葬，以近年安陽殷墟的發掘爲例，約佔百分之二十到三十⑲，它們的意義自應繼續研究。但是，如臨潼姜寨仰韶文化四十二座單人墓中，俯身葬僅一例，無任何隨葬品⑳；青海樂都縣柳灣三四三座齊家文化單人墓中，俯身葬僅二座，無隨葬品㉑

---

⑭〈一九五七年邯戰發掘簡報〉，《考古》一九五九年第一〇期。
⑮《姜寨——新石器時代遺址發掘報告》，文物出版社，一九八五，頁六三。
⑯《西安半坡》，文物出版社，一九六三，頁二〇二，圖版壹柒伍。
⑰〈江蘇常州圩墩新石器時代遺址的調查和試掘〉，《考古》一九七四第二期。
⑱〈常州圩墩新石器時代遺址第三次發掘簡報〉，《史前研究》，一九八四第二期。
⑲《殷墟發掘報告：一九五八—一九六一》，文物，一九八七，頁二一一。
⑳《姜寨——新石器時代遺址發掘報告》，頁五三。
㉑《青海柳灣——樂都柳灣原始社會墓地》，文物出版社，一九八三，頁一七七；圖一〇二右；圖版二三：2。

（圖三）；甘肅永靖秦魏家一一四座齊家文化單人墓中，俯身葬僅一座㉒；江蘇海安青墩從崧澤文化到良渚文化的九十五座單人墓中，俯身葬二座，另有一個四人亂葬坑中兩人是俯身葬，均無隨葬品㉓（圖四）；參考上述黎族及仫佬族習俗，可以認爲都是凶死異葬。又如，史前埋葬遺存中曾發現頭骨在上軀幹及肢骨在下的情況，過去均釋爲二次葬，但直立葬也會形成類似的現象，通過墓穴形狀（是橫穴還是豎穴？）不難作出判斷。參考上引撣邦布朗族及澳大利亞人的習俗，與大量正常埋葬並存的個別直立葬也可能是凶死者一種葬式。

有史時期中國人葬禮中仍包括凶死另葬的內容。《禮記·檀弓》上：

死而不弔者三：畏、厭、溺。

「溺」指淹死，無庸多說。據鄭玄註「畏」兵刃所殺也，當指被殺。「厭」是「行止危險之下」，當指意外事故死亡者。此外，如《周禮·冢人》：

凡死於兵者，不入兆域。

又《禮記·曾子問》：

大辱加於身，支肢毀傷，即君不臣，士不交，……死不得葬昭穆之域也。

㉒〈甘肅永靖秦魏家齊家文化墓地〉，《考古學報》一九七五第二期，頁六三；圖五；圖版貳，1。

㉓〈江蘇海安青墩遺址〉，《考古學報》一九八三第二期，頁一六一—一六四，圖二一。

和上舉後進民族一樣這些凶死者不能葬入正規墓地，也不能享受正常人之葬儀（「死而不弔」）。又《莊子·德充符》篇有云：

> 戰而死者，其人之葬也，不以翣資。

翣指下葬之日棺上附飾的扇形物，戰死者也是不許使用的。

總之，如何進一步辨別出從史前到有史時期埋葬遺存中的凶死異葬，是今後考古工作者一項有趣的課題。

爲什麼初民在埋葬方面對凶死者要進行不同的對待？這來源於初民對凶死者的看法。如衆所知，初民對死者具有普遍的懼怕心理，而對凶死者尤爲懼怕。例如，揮邦布朗族認爲凶死者的「鬼魂是凶惡的，嫉妬的，易傷害人的」㉔。雲南西盟佤族甚至把鬼魂分爲兩種：正常死亡者變爲「戈孟」，而凶死者則變爲「丘」㉕。雲南納西族認爲一般人的靈魂是他的影子，稱「峨黑」；而凶死的則變爲惡的靈魂，稱爲「斗」。特別是新死未久者危害尤大，必須以一系列淨袚儀式化解之，這儀式即稱爲「斗」。一切凶死異葬都是基於上述的信仰而採取的儀式行爲。

㉔ *The Home of Eastern Clan*, p. 304.

㉕ 此承最近在西盟佤族之中進行調查的瑞典馬思中（Magnus Fiskejo）博士見告。

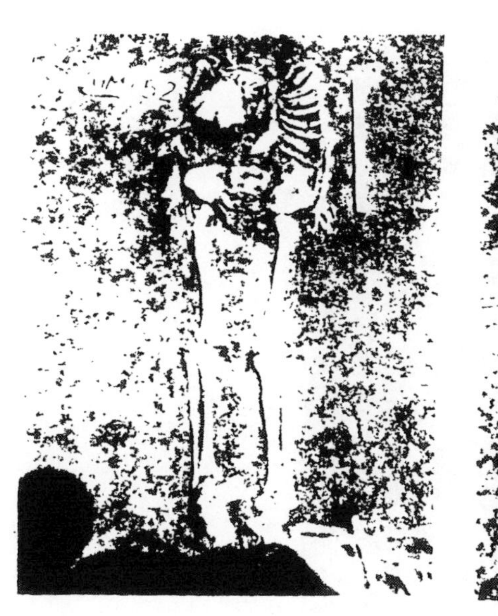

圖一　邳縣劉林大汶口文化產婦折頭葬（右圖顯示腹有嬰兒骨骼）

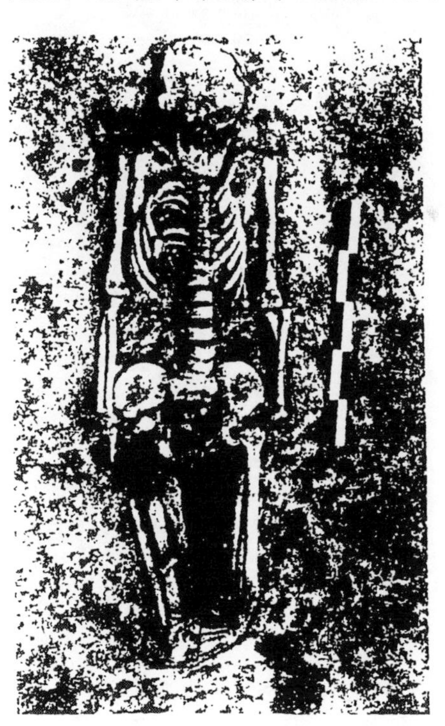

圖二　西安半坡仰韶文化斷腿葬

圖三　青海樂都縣柳灣齊家文化俯身葬

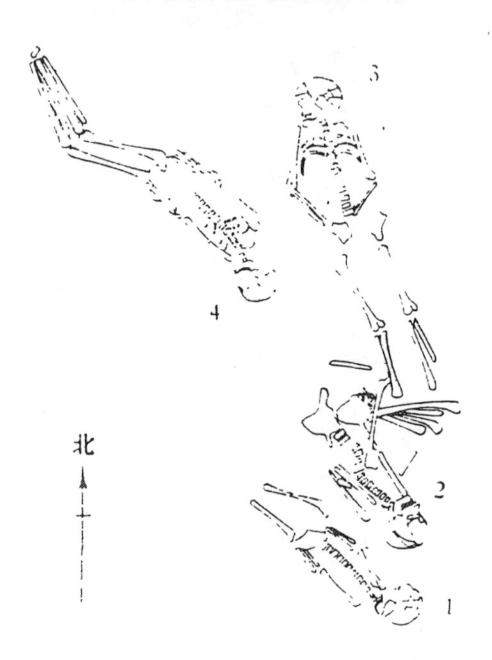

圖四　江蘇海安縣青墩崧澤—良渚文化俯身葬

杵舂守靈

杵舂是古代普遍存在的穀物加工方法。人們爲了減輕這簡單重覆勞動之乏味和疲勞，常以杵臼作爲打擊樂器，將舂搗動作節奏化，打出音樂節拍，邊舂邊唱，使勞作與娛樂相結合。其發展形式是多人對舂，通過舂擊碓臼的不同部位發出不同音嚮，形成合奏，我國古代南方民族曾有之，稱爲「舂堂」①。

某些民族把杵舂奏樂用於喪葬儀式之中。（明）李思聰《百夷傳》（景泰《雲南圖經》本）記今雲南德宏地區風俗有云：

（百夷）父母亡，……諸親戚鄰人各持酒物於喪家，聚少年百數人飲酒作樂，歌舞達旦，謂之「娛尸」。婦女羣聚擊碓杵爲戲，數日而後葬。

又如。（清）愛必達《黔南識略》卷五（田雯《黔書》卷一略同）云：

鎮寧州（今貴州鎮寧）舊有康佐土司，其人號狗耳龍家，……死以杵擊臼，和歌而哭。移之幽宫，祕

---

① （唐）劉恂《嶺表錄異》卷上：「廣南有舂堂，以渾木刳爲槽，一槽兩邊約十杵，男女間立，以舂稻糧，敲磕槽舷，皆有編拍，槽聲如鼓，聞於數里」。（宋）周去非《嶺外代答》卷四椿（舂）堂條：「靜江民間……屋角有大木槽，將食時，取禾椿於槽中，其聲如僧寺之木魚。女伴以意運杵成音韻，名曰椿堂。每旦及日昃，則椿堂之聲，四聞可聽」。

而無識。

按「百夷」爲今德宏傣族先民，自接受小乘佛教以後，喪事中「擊碓杵爲戲」之俗早已不存，「狗耳龍家」今亦不知何往。今天猶保存此俗者爲西盟佤族。前人調查材料中留下一份一九五七年寫的《大馬散寨一個喪禮的記錄》，摘錄如下：

死者名娜惠，……五六年一二月一二日死。當日殺頭豬做鬼。一三日下午裝殮。……晚上，有三個魔巴（巫師）在死者家裡跳鬼。……同時四個婦女在房外「掌子」（涼台）旁舂碓。四人交錯用杵舂碓中的來和擊木碓的邊沿。兩種不同的聲音，構成有規律的節奏，非常動聽。這種特殊的舂碓法，只有在死人、剽牛、蓋房子、收獲等大場合中才能用。舂碓的人邊舂邊笑，有時夾以跳躍動作。……②。

喪葬儀式中唱挽歌跳喪舞並不足奇，但佤族杵舂奏樂在其他場合也可進行（圖一），而且喪事中竟可「邊舂邊笑」，無疑屬於娛樂性的。

按喪事中竟可進行娛樂性歌舞，我輩或視爲非禮，而這在中外後進民族之中並不少見。例如，雲南哈尼族人死在家守靈，每十二天舉行一次歌舞，青年男女聚集喪家，吹拉彈唱，甚至談情說愛。滄源岩帥地區佤族老人死，跳竹桿夾足舞，即兩人相對各持木棒一端一開一合，舞者在其間隙中跳來跳去，這是東南亞地區很多民族流行的娛樂性舞蹈。雲南永勝縣他魯人，人死則舉行「打跳」，男女老少圍成一圈，以足頓地，隨著樂器伴奏節拍走動。祭祀或年青男女集會時也進行同樣的「打跳」。非

② 《雲南佤族社會經濟調查材料》之七，中國社會科學院民族研究所，一九八〇年。

洲坦桑尼亞的尼亞庫薩人（Nyakyusa）有人死亡，婦女在屋內哭泣，男子則在屋外跳戰舞，因爲死者「生前是個偉大的戰士」，假如是個婦女，則「尊敬她能生出戰士來」③。

後進民族對親人死去感到痛苦之外，更多懼怕情緒。正如專門研究喪葬的人類學者所指出，他們怕鬼魂，怕因沒有執行適當儀式激怒鬼魂會帶來災難，各種喪儀的「目的就是使鬼魂遠離」④。喪葬中進行歌舞，假如屬於挽歌和喪舞，若細加分析其內容皆不外乎送走鬼魂，希望他們不要回來。如僅是娛樂性歌舞，則爲了造成一種熱鬧氣氛，免除懼怕心理。關於喪葬中使用舂樂，據我在西盟佤族之中了解，除了在守靈的漫漫長夜中免於懼怕之外，還有準備米糧以便招待前來弔唁人士之實際需要。

中國內地古代也有杵舂奏樂。《禮記·曲禮》（亦見《檀弓》上）：

> 鄰有喪，舂不相；里有殯，不巷歌（鄭玄注：「相，謂送杵聲也」）。

《禮記·樂記》：

> 今夫古樂……始奏以文，復亂以武，治亂以相（鄭玄注：「相即拊也，亦以節樂」）。

可見古代把杵臼擊出節拍的奏樂方式稱爲「相」，頗類似今之「數來寶」或「快板」。《荀子·成相

---

③ R. Huntington and P. Metcalf, *Celebrations of Death: The Anthropology of Mortuary Ritual*, Cambridge University Press, 1979, pp. 38。

④ *Celebrations of Death*, p. 36。

篇》就是這種樂曲之歌詞。梁啓雄《荀子簡釋》說它是「舂米歌」，甚是。全篇以三字句、四字句、七字句組成，其排列是三三七四四三，推想當時杵臼擊出之節拍應該是：

○○○｜○○○｜○○○○○○○｜○○○○｜○○○○｜○○○

（○代表一擊，｜代表停頓或擊打碓臼邊沿發出另一種音響）。

又每段歌詞之先常見「請成相」三字，有如「數來寶」藝人開頭必唱「數來寶，跨大步……」，乃起興之句。

按《淮南子》中亦有《成相篇》，現只留下極少逸文（見《藝文類聚》卷八九），全篇已佚。又《漢書·藝文志》者錄有《成相雜辭》，今亦不存。然由此可見，「相」在中國內地曾是普遍流行的。

疑相在中原地區亦曾用於喪葬儀式之中，但屬於遙遠的過去。自原以治喪爲職業的儒家在中國文化領域取得統治地位之後，由於他們主張「祭思哀，喪思敬」⑤，「喪事主哀」⑥，「喪禮，與其哀不足而禮有餘也，不若禮不足而哀有餘也」⑦，而娛樂性的舂樂與喪事應有的哀戚嚴肅氣氛太不協調，遂反對過去鄰里之間杵舂奏樂守靈助喪之俗，提倡「鄰有喪，舂不相」，以示哀悼。這方面證據

---

⑤《論語·子張》。
⑥《禮記·少儀》。
⑦《禮記·檀弓》上。

不多，始志於此，以待繼續研究。

圖一　雲南西盟縣佤族杵舂奏樂

助哭

古代有助哭之俗。《周禮·挈壺氏》：

凡喪，懸壺以代哭者（孔穎達疏：「未殯以前無問尊卑，哭不絕聲。大斂之後，乃更代而哭，亦使哭不絕聲。大夫以官，士以親疏代哭。人君尊，又以壺爲漏，分更相代」。）

《禮記·喪大記》：

大夫，官代哭，不懸壺；士代哭，不以官。

此爲古代喪禮中有趣問題。人死，除親人外，還要按死者等級卑請不同的人助哭，或爲屬僚，或爲親屬，務使「哭不絕聲」。而人君之喪更要分批值班代哭並用懸壺滴漏計算時間。在古代喪禮中，哭原是一種儀式行爲，對喪禮不同環節如何哭法，不同關係的人哭到什麼程度，均有系統的規定①。助哭也是儀式行爲之一。

此俗延至後世。《南史·王裕之傳》：

（孫）秀之隆昌元年卒，遺令：朱服不得入棺，祭則酒脯而已。世人以僕妾直（值）靈助哭，當由喪主不能淳至，欲以多聲相亂。魂而有靈，我當笑之。

---

① 參見《禮記·檀弓》、《喪大記》、《曾子問》、《奔喪》、《間傳》等篇。

（唐）李國義《資暇錄》：

喪筵之室，俾妓婢悲切聲以助主人之哀者，謂之揚聲。

（清）趙翼《陔餘叢考》卷三二喪次助哭條記當時仍有此「陋習」。直至近世，內地偏僻地區凡富裕之家人丁不旺，辦喪事仍請人或僱人代哭，特別是出殯下葬之日，代哭者穿孝衣隨家人之後，形成一長列送葬隊伍。我兒時尚及見之。

助哭爲一種原始葬俗，後進民族多有。雲南德宏地區傣族上層人士死，停屍於家至少七天之上，要使哭不絕聲，僅靠家屬親鄰已不能勝任，必請外寨農民（多爲女性）前來助哭，並付報酬。同一地區景頗族亦有類似習俗，稱爲「幫哭」。西雙版納傣族土司死，規定由橄欖壩兩個村寨（曼達島、曼孫罕）農民專門負責助哭。這兩個村寨遂被稱爲「哭喪寨」。傳說所以有此「義務」，是因爲他們原爲土司親隨侍衛後裔之故②，可見由親戚鄰人助哭之俗演變而來。

雲南永德縣利米人「開弔」（追悼亡魂）儀式全過程，都有一位婦女在靈床旁號哭，此人稱爲「額」。我於一九八一年尚親見其事。

何以人死除親人外還要請人助哭？這來源於初民普遍存在的對死者之恐懼心理。上述少數民族告

---

② 刁國棟等譯〈宣慰使婚喪禮儀及獻禮和服役的規定〉，載《傣族社會歷史調查》（西雙版納之三），雲南民族出版社，一九八三。朱德普〈西雙版納召片領祖先神壇及其祭祀考察〉，《雲南文史叢刊》一九九四年四期。

我：實行助哭多因爲人死未久靈魂尚在附近「觀察」活人的「反映」。若哭聲不大，哭者不多，説明活人對自己死去「毫不在乎」，「這樣死人會怪罪的」。只有造成一種强烈的哀悼氣氛（即使是人爲的），死者靈魂才會無遺憾地離開人間。故助哭是爲了「給死人看的」。當然統治階級請人代哭，便又兼有講究排場顯示權勢的社會功能。古今助哭習俗之意義，均應如是。

最近報載，助哭之俗在中國大地又復興起。縣鄉暴發户大辦喪事，便要請人「哭靈」。哭靈在人殮及下葬時達到高潮。「哭靈人」多選當地經費困難劇團之女演員，取其善於表演，每天付費四佰元。若能付酬八佰元，則能哭得比死者兒女還要「悲傷」，哭得「頭髮散亂滿臉泥淚」云云③。

③　王廣田〈荒唐的哭靈〉，《南方周末》一九九六年五月十七日。

初民生活習俗叢考

巢 居

巢居是中國遠古時期居住形式之一。傳有巢氏即因教民巢居而得名①。甲骨文中有□字，丁山釋巢②。古代著名隱士許由實行巢居，故字巢父③。由於巢居有關記載極爲簡略，其具體形制自來無法知曉，幸賴近年考古學和民族學的新發現，人們對巢居始有較多了解。

雲南滄源崖畫，第五地點有一圖形，一棵大樹上建有房屋，另有一根線條相連，似表示可供上下之繩索或軟梯。顯然，這一樹上房屋即是對巢居的具體描繪。（圖一）

雲南地方志書中記載，直到明清時期仍有這種樹屋，而且就稱它爲「巢居」（有關資料已備錄於《雲南滄源崖畫的發現和研究》，見該書七九頁）。而獨龍族到了近代仍實行巢居。夏瑚《怒俅邊隘詳情》云：

> 俅人（即獨龍族）多結房於樹而居，如有巢氏之居者。其巢居之由，在昔野獸較多，……抵禦無方，

---

① 《韓非子·五蠹》、《莊子·盜跖》。

② 丁山《中國古代宗教與神話考》，上海文藝出版社，一九八八年，四七二頁。

③ 皇甫謐《逸士傳》（《文選》卷三四七註引）。

故其先人創此巢居。……近則殺人拉人所在恆有，亦仍以巢居避患爲樂。

到了五十年代，獨龍族樹屋雖已不存，民族調查者尚得見其遺址。據介紹，樹屋盡量利用樹上枝杈以大樹之直枝爲爲柱，橫枝爲樑，平鋪枕木爲地板，編竹爲壁，屋頂用芭蕉葉和竹葉覆蓋。房屋之建成要遷就樹之天然形狀，故房屋形式多種多樣，甚或建成多層樹屋。樹屋利用樹幹鑿出階梯，或備有藤製軟梯，以供上下。各座樹屋之間或有藤橋相通④。雲南部分地區苗族也有樹上房屋（圖二）。

據世界民族志材料，同樣樹屋在美拉尼西亞，新幾内亞等地也有存在⑤圖三。

遠古巢居的情況，由上述樹屋可以想見彷彿。它並非如前人所想像「如鳥之有巢」，仍是一種人工建築物，只是建造在樹上盡量利用天然樹枝爲樑柱而已。

中國巢居自來被以爲是南方民族的住所。《國語·魯語》云「桀奔南巢」。殷代有「巢伯來朝」，舊註以爲是南方之國。所謂「南方巢居，北方穴處」⑥。這一點頗符合事實。不僅現知巢居之文物古迹和遺址，只發現於南方偏僻地區，而且文獻記載南方民族居住形式與巢居有一脈相承的關係。《魏書·僚傳》：

依樹積木，以居其上，名曰『干欄』。

---

④ 王均〈獨龍族的穴居和巢居〉，《民族調查研究》一九八三年一期

⑤ W. H. R. Rivers, *The History of Melaneisian Society*, Cambridge Umiversity Press, 1914, vol Ⅱ, p.456

⑥ 《太平御覽》卷七八引項峻《始學篇》。

（宋）樂史《太平寰宇記》卷一三六渝州風俗條：

鄉俗構屋高樹，謂之「閣闌」。

可見南方民族自古至今一直流行的所謂「懸虛構屋」的干闌式建築是由樹屋發展而來。「干闌」一詞原來是指樹屋的。（宋）周去非《嶺外代答》卷四有云：「深廣之民，結柵以居，乃上古巢民之遺意歟？」。所謂「結柵以居」，就指今干闌式建築。古人已經看出這種建築與古代巢居的關係。

我以爲最能說明干闌式建築來源於樹屋的是其中的「獨腳樓」。它建在一根木柱上。（明）鄺露《赤雅》卷一羅漢樓條：

以大木一枝，埋地作獨腳樓，高百尺，……男子歌唱飲啖，夜歸緣其上。

（清）閔叙《粵俗》係此爲仡佬族風俗。此種房屋當爲供男子集會之「男子公所」，今仡佬族已無此風俗。而雲南西雙版納傣族祭祀寨神（「哼披曼」）之小屋仍作如此形式，今日一些村寨中猶得見之⑦（圖四）。

---

⑦《書・序》及鄭玄註。

圖一　滄源崖畫中的樹上房屋

圖二　雲南苗族的樹上房屋

圖三　新幾內亞的樹上房屋

圖四　西雙版納傣族祭鬼用的獨木小屋

石炊

人類自用火起即知熟食。肉食可以直接置於火上燒烤，植物類食物必賴某種器物烹煮。人類自進入新石器時代以後始有陶器（金屬炊具之出現更晚），那些還未掌握或從來不曾掌握製陶技術的遠古居民是如何煮物呢？原來是使用石頭。

根據民族志提供的材料，人類石炊之法多種多樣，但歸納起來不外下述兩類。

㈠燒石

此法曾在世界範圍內流行，或稱「熱洞法」，其要點是取天然卵石置於火中燒熱，迅速投於某種容器中，將其中的水及食物煮沸。關於所用容器種類甚多，因地而異。北美草原印弟安人喜用樹皮，柳條等編成的籃子，或再覆蓋野牛皮，可以盛水不漏；臺灣高山族中阿美人以檳榔葉或椰子葉折成船形容器；而美拉尼西亞人和玻利尼西亞人就在地下掘一凹穴，鋪以石板，稱爲「阿帕毛利」，投入燒石亦可煮物，或將塊根或小動物炙熟①。（圖一）

雲南少數民族保存燒石之法者，至少有獨龍族和西雙版納傣族。他們都早有自製的或從外族購入

---

① H.柯諾《經濟通史》卷一，吳覺先譯，商務，一九三六年，五五—五六、一七七—一七八、一八一、二四二頁。A.C.海頓《南洋獵頭民族考察記》，呂一舟譯，商務，一九三七年，五一頁。陳奇祿〈阿美族的製陶、石煮和竹煮〉，《考古人類學刊》一三—四期，一九五九年。

的陶器或金屬炊具，但由於習慣的原因，對某些食物仍要用燒石法烹煮。例如，西雙版納傣族，烹製一種青苔就是如此。直至一九八二年我在景洪一個瀾滄江邊村寨中，尚得親見，所用燒石即爲江中卵石，其大如拳。由於多次使用，已燒成黑色，平時置於火塘邊，用時即投入火塘燒熱，放入盛有青苔之陶罐。

㈡石製炊具

在有合適石材的地方，人們用石頭直接製成炊具。在國外，加拿大的因紐特人（愛斯基摩人）便有一種質軟的「皂石」（soapstone）鑿挖成淺壁平底之鍋②，我曾在渥太華的加拿大國家博物館見此物（圖二）。在國內，據前人報導，西藏的門巴族一直以石鍋爲主要炊具③，今日仍作爲工藝品而製作。雲南景頗族（大山支）亦曾有「石鍋」④，但六十年代初我去調查時已無人會製。

若無質軟可鑿之石材，亦可用頁岩做成薄石板爲炊具，有如我們煎物之平底鍋。國外如北美印弟安人及安達曼人便以石板架火上燒熱，煎烤玉蜀黍餅或薯芋之類⑤，國內如怒族用石板煎成的玉蜀黍

---

② A. Balikci, *The Netsilik Eskimo*, N.Y.: The Natural History Press, 1970. pp.20－21, Fig 12.

③ 《西藏墨脱縣門巴族社會歷史調查報告》，北京，一九七八年，一四頁。李德潤〈門巴族民俗〉，載《古民俗研究》，吉林文史出版社，一九九〇年。

④ 李生莊《雲南邊地問題研究》（上），一九三六年，九八頁。《景頗族社會歷史調查》㈠，一九六三年，八四頁。

⑤ 上引《經濟通史》卷一，一三五，三〇〇頁。

圖一　玻利尼西亞的塔希提人用燒石烤熟麵包果

餅，稱爲「包穀粑粑」，頗負盛名（圖三）。這種石板鍋有不易燒裂及不粘等優點，至今仍存⑥。

遠古時期中國內地是否也有石炊？考古發現迄今未見明確的報導，而據零星文獻記載似亦曾存在。《禮記·禮運篇》「燔黍捭豚」下鄭玄注：「上古未有釜甑，釋米捭肉加於燒石之上而食之耳」。（蜀）譙周《古史考》云：「神農時食穀，加於燒石之上食之。黃帝時（始）有釜甑」。這應指第（一）類石炊法。又（宋）杜綰《雲林石譜》云：「萊州……有白色石，未出土最軟，工人取巧，鐫治爲器，甚輕巧，見風即勁。或爲鐺銚，又堪烹飪」。這與上述第（二）類石炊法中之石鍋情況符合。

今後考古發掘中應注意尋找石炊的遺迹及遺物。

⑥ 羅孟〈怒族的飲食及民俗〉，雲南《民族學》一九八八年二期。

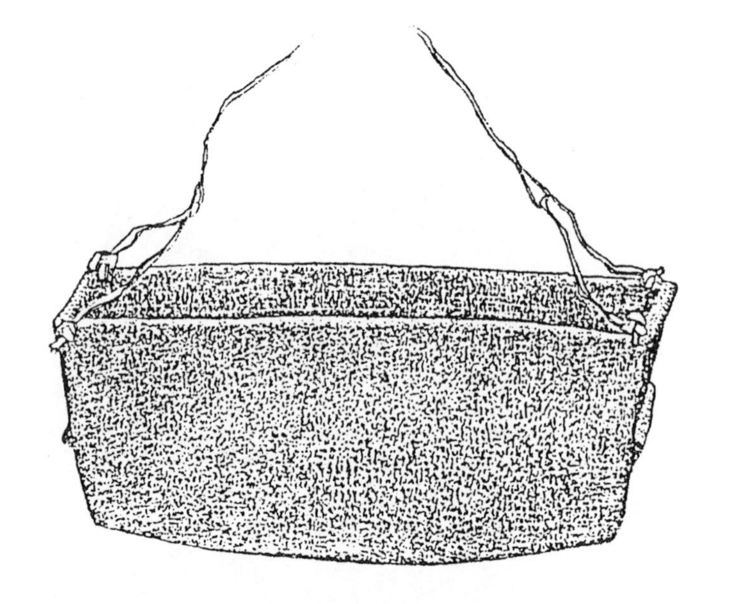

圖二　加拿大因紐特人石鍋

圖三　雲南怒族石板鍋

竹煮

在無陶器情況下，另一種可用來煮物的是竹筒。在亞洲南部及太平洋島嶼等多竹地區，此法曾普遍存在。我國南方少數民族竹筒煮飯之法自古至今未曾斷絕。

（清）陸次雲《峒溪纖志》：「傜人截大竹筒以當鐺鼎，食物熟而竹不然（燃），亦異制也」。此言古代傜族。又（清）曹樹翹《滇南雜志》卷一四引王堯衢《記永昌種》詩：「俍人無甑竹筒炊，採取蛇𪓰嘉饌奇」，此當指今德宏地區某一古代民族。到了五、六十年代雲南保存竹筒煮飯之俗者，就我所見，尚有景頗族、苦聰人（圖一、二）、佤族和傣族。又臺灣阿美人五十年代亦有之。

各族竹煮之法大同小異，茲舉在潞西西山景頗族中所見情況爲例。

取新砍下來的竹子一節，削去一端製成竹筒，內部略加清洗。米淘洗後放在大的樹葉中包裹成圓柱狀放入竹內，使大小相合，再以樹葉將竹筒口部塞緊。燃火一堆，置竹筒於火中（吃飯人數較多，可將數個竹筒同時並燒），約數分鐘後熄火，留竹筒於熱灰中不立即取出，再過數分鐘竹筒外部燒黑而由於新竹多含水份並未燒焦，剖開竹筒，飯剛好煮熟。竹筒煮出的米飯帶有竹子清香，味美異常，非其他炊具所能及。當然，用同樣方法也可烹煮蔬菜和肉食。

上述幾個民族很早已有陶製的和金屬的炊具，爲了飯菜可口或出外露宿野營免帶笨重的炊用具，仍用竹煮法。今天它成爲這些民族傳統風味食品。

中國內地古代是否也有竹煮之法？據一些零星記載，它應該是存在過的。《孝經河圖》（《御覽》卷九六二引）：「少室之大竹，堪爲釜甑」。按《孝經河圖》爲纖緯之書，應成於東漢或稍晚，可見古代至少在河南嵩山這樣產竹地區，亦曾用竹煮物。惟由於竹子不易保存，在考古遺存中很難發現。

圖一　苦聰人竹筒煮飯

圖二　景頗族竹筒煮飯

酒之創始

中國何時開始有酒？這個問題至今未有結論。沒有可靠的直接證據之前，筆者無意提出什麼確定看法，僅就討論中存在的研究方法問題貢獻一點個人意見。

當世學者有的主張中國有酒始於仰韶文化時期，有的主張始於龍山文化時期①，多從當時農業生產發展程度進行推論，並未找到直接證據。若驗證世界上其他民族酒史，這種推論有不能令人心愜之處。

按酒之存在並不以農業生產爲前提。人類最早釀酒原料並非人工栽培之穀物，而是野生果類或含糖分較多之野生植物。糖分遇到空氣中酵母菌即可天然發酵，不像穀物多含澱粉，要使澱粉醣化再經人工發酵才能成酒。根據技術發展先易後難由簡到繁的一般規律，人類穀物酒之前應有一個果酒階段②。世界上淺化民族使用野生果類及野生植物釀酒者，例證甚多。

美洲印第安人釀酒之物共達數十種，包括野生的柿子、杏、馬美蘋果（mamy）、仙人掌、螺旋豆（screwbean）之筴、一種稱爲 sarsaparilla 植物之根、蜂蜜和龍舌蘭。特別是龍舌蘭酒（pulque）至今仍負盛名。釀造上述酒之印第安人主要分布於中美，有些已知農業仍用野生果類及野生植物釀

---

① 張子高〈論我國釀酒的起源和發展〉，《清華大學學報》七卷二期。李仰松〈對我國釀酒起源和探討〉，《考古》一九六二年一期。方楊〈我國釀酒當始於龍山文化〉，《考古》一九六四年二期。

② 袁翰青〈釀酒在我國的起源和發展〉，《中國化學史論文集》，三聯，一九五六年。

酒。有些（如墨西哥東北部某些部落）不知農業卻早會釀酒③。

太平洋島嶼和非洲一些民族用棕櫚製酒（圖一），他們之中有不少是以採集、狩獵爲生的非農業民族④。

中國雲南金平縣的苦聰人經營遷徙無定的刀耕火種農業，已有穀物釀酒，同時也用野生馬蹄及董棕樹（Caryota Urens L.）爲釀酒原料。董棕樹先切片舂粉，蒸熟發酵成酒⑤。獨龍族也會製造董棕酒（圖二）。這都是他們過去製作非穀物酒的遺風。

有理由認爲，中國內地在穀物酒之前也有一個技術簡單的釀造果酒或其他野生植物酒的階段。「清盎之美，始於耒耜」一語出於《淮南子·說林訓》，反映的是已大量製造穀物酒西漢人的看法。只能說穀物酒隨著農業生產而開始，不能隨便引用來概括酒的全部歷史。

還有一種意見走得更遠，即認爲釀酒不僅以農業生產爲前提，還必須要農業生產相當發展有了剩餘穀物之後才有可能。這種看法在中國古史學界尤有很大影響⑥。

這種看法純出於現代人據自己的生活經驗的推論，與遠古社會的實際相去甚遠。不必多舉，僅以中國西南地區農業生產最不發達的獨龍族爲例。

---

③ H. E. Driver, *Indians of North America*, University of Chicago Press, 1975, pp.109－110.

④ J.利普斯《事物的起源》（汪寧生譯），四川民族出版社，一九八二年，一五七－一五八頁。

⑤《拉祜族社會歷史調查》(二)，雲南人民出版社，一九八一年，八七－一〇一頁。

⑥ 例如，頗有影響的《中國史稿》（郭沫若主編）說「夏代飲酒反映農業產量已在提高」（八十二頁）。「商人酒的大量釀造和消耗，說明當時農業已經相當發展的」（九五頁）。

獨龍族分布於雲南西北部橫斷山脈地區，山高谷深，無大片可耕土地，只能以刀耕火種方式在小塊土地上種植玉蜀黍、蕎子、洋芋等作物，產量極低。直至五十年代，每一勞動力生產糧食僅可維持一個人或一個半人生活。平均每户每年缺糧四個月，多者達七八個月。這樣情況自無剩餘穀物可言。然而獨龍族不分貧富，普遍嗜酒（圖三），每年仍用大量穀物釀酒。據不精確統計，平均每户每年釀酒用糧約佔收穫量的五分之一，個別嗜酒者可達二分之一左右。獨龍族諺語有云：「寧可餓肚，不可無酒。」甚至在收穫季節就把釀酒工具搬到山上，邊收割邊煮酒邊痛飲，以後如何度日全不放在心上⑦。

這種情況並非現代開始，十九世紀末二十世紀初獨龍族農業生產更爲落後，開始進入農業社會未久，已經大量使用穀物釀酒。這一點常給予來訪者以深刻印象。一九〇九年第一個到達獨龍族地區的官員夏瑚所著《怒俅邊隘詳情》云：

俅人（獨龍族）年獲糧食，悉以造飯煮酒。

又李生莊《雲南邊地問題研究》（雲南民衆教育館一九三七年印）卷上云：

俅子嗜酒，其所種擇其良者以之釀酒。每有集會必大量痛飲。於是秋冬之交，便向漢人藏人貸穀。

---

⑦《獨龍族社會歷史調查》㈡，雲南人民出版社，一九八五年，一〇一頁。《獨龍族社會歷史綜合考察報告》，雲南省民族研究所，一九八三年，三三——三四頁。

又三十年代首先對獨龍族進行科學考察的人類學家陶雲逵〈俅江紀程〉（《西南邊疆》一二一—五期，一九四一—一九四二年）云：

（獨龍族）除嫁娶聚會歌舞外，當於年收之後即將所獲收成，悉數造飯釀酒，擇定日期宰牛殺豬，約集親友歌舞，且跳且食，酒肉既盡，始散而歸。

以上例證生動説明淺化民族大量使用穀物釀酒並不一定表明農業生產已有剩餘。儲備並節約糧食，有計劃安排全年生活，是比較進步社會中人的思維，絶非遠古人類所知。一位史學家以殷人酗酒斷定當時必有大量剩餘農產品，説「不能想像，在充饑糧食尚且不足情況下，會有餘糧來釀酒以供人們享樂」⑧。遠古人類及淺化民族很多習俗，確實不是現代人所能想像的。

總之，没有農業以前即已有酒，有了農業便可用穀物釀酒，不必待農業生產發展有了剩餘穀物之後。因此，要確定中國釀酒最早年代，不能局限於仰韶文化或龍山文化的範圍，而應從更早的（例如新石器時代早期）文化遺存開始探索。關鍵在於搜尋關於酒的直接證據，而不是據當時社會條件作種種推論。要找到酒的實證，必須從容器殘存物中廣泛採樣，借助自然科學手段進行分析，看是否有酒精（乙醇）的成份存在。

順便説明，遠古人類並無專用酒具，裝水盛物的陶罐甕即可釀酒，葫蘆、牛角甚至竹筒即可飲酒，西南少數民族至今仍是如此。酒的殘存物可能存在於很多器物之中，不能只注意人們主觀斷定那

⑧　李亞農《欣然齋史論集》，上海人民出版社，一九六二年，四六九頁。

些「盛酒」的器物，更不能考慮專用酒具的有無。專用酒具是酒史相當發展階段才有可能出現的。

圖二　雲南獨龍族加工董棕樹（製酒原料）的木錘

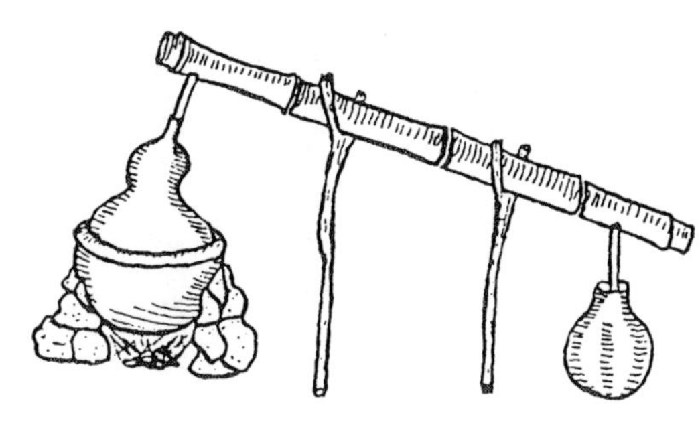

圖一　印尼摩鹿加羣島居民製造棕櫚酒

圖三　獨龍族飲酒

中國早期的酒

中國最原始的酒雖未發現，但在近年考古發掘中已四次發現古酒：㈠一九七四年河北藁城縣台西商代遺址一個陶甕內有含酵母的酒的殘渣①；㈡一九七九年河南羅山縣商代晚期墓葬中一個密封銅卣中盛滿含有乙醇的稠液（圖一）②；㈢一九七七年河北平山戰國時期中山王墓中兩個帶蓋銅壺，分別盛有兩種顏色不同度數較低的酒③；㈣一九六八年河北滿城西漢中山靖王劉勝夫婦合葬墓出土三十三件陶質酒缸，上有朱書文字：「黍酒十一石」「稻酒十一石」「甘醪十五石」等，內有酒的殘存物④。

這些先秦西漢酒的實物自是中國酒史上珍貴資料，但尚難僅據此全面復原中國早期的酒釀造方法。

我認爲能夠說明中國早期釀酒情況的是古文字資料。

---

①《藁城台西商代遺址》，文物出版社，一九八五年。唐雲明、孟繁峰〈試論河北釀酒資料考古發現與我國釀酒的起源〉，載《水的外形火的性格—中國酒文化研究文集》，廣東人民出版社，一九八七年。

②〈羅山天湖商周墓地〉，《考古學報》一九八六年二期。歐潭生〈三千年古酒出土記〉，載《水的外形火的性格—中國酒文化研究文集》。

③〈河北平山縣戰國時期中山國墓葬發掘簡報〉，《文物》一九七九年一期。〈中山王墓出土銅壺中的液體初步鑒定〉，《故宮博物院院刊》一九七九年四期。

④《滿城漢墓發掘報告》，文物出版社，一九八〇年，二八八頁，圖一九二，圖版二〇一：3。

殷代金文有一族徽文字：

對鑄有這種族徽的銅器金石學家早有著錄（圖二），且知出於山東益都一帶。一九六五—一九六六年益都蘇埠屯發掘殷代墓地，出土銅器上果見這種族徽，進一步證明遠古益都地區原爲此族之分布中心。現此類銅器包括傳世品和發掘品已有十五類五十六器⑤。

「亞」中之字一般被隸定爲「醜」或「酘」。關於此字之構成，其中人形，或謂爲戴有複雜頭飾儀式人物⑥，或謂乃表示奴僕（與「僕」字頭部略同）⑦，此與本文討論問題關係不大。我們感興趣者乃人形外諸圖形。阮元謂乃卣置於丌上，合而爲尊⑧。張廷濟謂分別象酒器、勺及陳放酒器之「舟」，「合爲置酒於丌上，酌酒以祀神」⑨。容庚云：「右象人形，左象酒尊，酒傾瀉而出，下承以盤」⑩。郭沫若云：「此分明一人奉酒甕欲飲而呈喜悅之狀。酒甕下一器乃酒甕之座而非盤

---

⑤ 王獻唐〈釋醜〉，《說文月刊》第四卷。殷之彝〈山東益都蘇埠屯墓地和『亞醜』銅器〉，《考古學報》一九七七年二期。

⑥ 高田忠周《古籀篇》卷五十四。

⑦ 馬叙倫〈讀金器刻識〉，《國學季刊》五卷一期。

⑧ 阮元《積古齋鍾鼎彝器款識》卷一。

⑨ 張廷濟《清儀閣所藏古器物文》卷一。

⑩ 容庚《武英殿彝器圖錄》頁五。

⑪ 郭沫若〈殷彝中圖形文字之一解〉，《殷周青銅器銘文研究》，科學出版社，一九六一年。

形」⑪。赤塚忠云：「明顯象傾酒尊者，必爲表示傾酒之象，故不得不認爲字含有做酒及傾注之會意表示掌管含有供酒於神之宗教職業者也」⑫。今人王樹明則認爲「酉」代表釀酒或盛酒用具形象，頂端所畫爲一勺柄之形，表示以勺出酒，其下所繪乃承接酒液之筐類物，全圖表示濾酒之意⑬。

按圖形確表示傾酒而非飲酒。《金文篇》收此圖象文字數十例，「酉」上箭頭多向外（僅有一例向內，當係誤書），非表示人之自飲可知，更不見有何「喜悅之狀」。此必爲釀酒供人飲用職業集團之族徽，正反映遠古時代釀酒方法。現代雲南幾個少數民族釀造穀物酒的傳統方法仍是如此。

雲南佤、景頗等民族除已從內地學會製作之蒸餾酒外，仍保存傳統之「水酒」（或稱「泡酒」）。其法是以米、小紅米或玉蜀黍蒸煮後，拌以「酒藥」（麯）放入陶罐（或罈）中密封。數日酒成，並不將酒汁濾出，連酒滓保存於酒罈之中，插入細竹管吸之，俗稱咂酒（今四川渠縣猶有此酒，已成爲當地風味飲料）。亦可插入較粗之竹管，酒積聚管中，汲出或傾出而飲（圖三、四）。罐中酒汁吸盡，加水再飲。如此加水數次，酒逐漸變淡直至無味乃止。

由此可以推知，「亞醜」圖形中「酉」爲釀酒容器；其上↰形，即爲竹管而非勺類，箭頭表示向外傾酒；其下之⊠，從此物置於器下非在箭頭之下可知絕非承酒之筐或盤，應表示置放酒罐之草墊。少數民族圜底陶器下多有此物⑭。當然，釋爲承載酒罈之「箕」或「丌」亦無不可。

⑫ 赤塚忠《殷金文考釋》（林潔明譯）一〇〇—一〇二頁。
⑬ 王樹明〈亞醜推論〉，《華夏考古》一九八九年一期。
⑭ 汪寧生〈傣族原始的製陶術〉圖八：三，《民族考古學論集》，文物出版社，一九八七年。

字書中從酒之字均可反映中國早期之酒與少數民族傳統之酒相同。「醪」爲這種酒之總稱，《說文》云：「醪，汁滓酒也」，即指酒汁與酒糟尚未分離狀態，有如今之酒釀。「酎」爲首酒，「醨」爲尾酒（《正字通》）。酒初成其味最醇，故「酎」稱美酒（《玉篇》）；加水數次最後酒味變淡，故「醨」爲薄酒（《說文》）。《楚辭·漁父》：「衆人皆醉，何不餔其糟而歠其醨」。大意是衆人既飲而醉，首酒必已喝光，剩下尾酒和酒糟你也不妨喝點，何必清高？根據古人飲酒之俗如此理解漁夫對詩人之勸告，可能更符合原意。

《周禮·酒正》：「酒正掌酒之政令，以式法授酒材。辨五齊之名，一曰泛齊，二曰醴齊，三曰盎齊，四曰醍齊，五曰沈齊。辨三酒之物，一曰事酒，二曰昔酒，三曰清酒」。中國酒史研究者對「五齊」「三酒」，至今各逞臆斷，糾纏不清。若看過少數民族上述釀酒方法，則可作出合理解釋。

「五齊」指從發酵到酒成釀造過程中出現的現象。「泛齊」指開始發酵時汁滓完全混在一起，穀物上浮。「醴齊」是一兩天後略有酒味可以飲用但汁滓仍未分開，故前人解釋「醴」是「一宿孰（熟）也」（《說文》）或「汁滓相將」（《周禮·酒正》鄭玄注）。古代祭祀用酒之外也可用醴，即是這種未濾之酒，類似今之「酒釀」。「盎齊」、「醍齊」是酒滓已經沈澱，先後出現顏色不同之酒汁。「沈齊」則是酒滓完全下沈，酒汁最爲清澈，釀酒完成。故「五齊」依次是汁滓不斷分離酒汁是由混濁而清醇的過程。

「三酒」則指酒既成之後按飲用先後酒的質量有所不同的現象。舊注「事酒」是「有事而飲」，「昔酒」是「無事而飲」（《周禮·酒正》鄭衆注）。既因某事釀酒，屆時所飲必爲頭道最好之酒（今少數民族因來客泡酒，第一道酒必先敬客），故「事酒」應爲酒味最濃之酒。事後加水仍可供平常飲用，即所謂「無事而飲」，既非新釀，故稱「昔酒」。若加水數道，酒清味淡，故稱「清酒」。舊注謂「清酒」爲「祭祀之酒」，指個別祭祀特殊需要，事實上「事酒」、「昔酒」亦非完全不用於祭祀。有些祭祀且需「三酒」並用，「皆有罍」以陳（《周禮·司尊彝》）。不能認爲「清酒」用於祭祀便質量最好，情況恰好相反。故「三酒」依次是酒汁由厚變薄，酒味由濃變淡的過程。

酒正職掌便是執行有關酒的法令，按規定供給釀酒原料，並能辨別釀酒過程及酒成之後的各個階段，根據祭祀、宴會等場合的不同需要提供各種酒。

總之，「醪」代表中國早期製酒法，酒即是以自然沈澱法將醪汁滓分離而成。儀狄造酒故事，在較早記載中作「儀狄造酒醪」⑮。（宋）朱肱《酒經》有云：「空桑穢飯，醖以稷麥，以成醇醪，酒之始也」。（見涵芬樓本《說郛》卷四四）把醪作爲酒之開始，不是没有理由的。

從先秦到中古之世，中國主要製造穀物酒。雖然，西漢張騫已從西域傳入葡萄，至少三國時內地已知葡萄酒。唐代詩人不止一次盛讚葡萄酒之美味，但元代以前葡萄酒在新疆以外地區似始終不曾推廣⑯。穀物始終是製酒主要原料，釀酒基本方法也没有大的突破，製造出來的是低度酒。只在釀酒工藝方面不斷有所改進，特別是酒麴更爲講求（《齊民要術》中介紹十二種製麴方法）；而且隨著製酒規模的擴大，由自然沈澱改用人工過濾方法使汁滓分離。先秦時期已用「苞茅縮酒」，漢代製酒作坊

⑮《世本·作篇》。

⑯張玉忠〈葡萄及葡萄酒的東傳〉，《農業考古》一九八四年二期。尚衍垣、桂柄鵬〈元代西域葡萄和葡萄酒的生產及其輸入內地述論〉，《農業考古》一九九六年三期。

中則出現了大規模濾酒設施。內蒙古托克托東漢閔氏墓壁畫中有三個陶甕，上書「酒」字，置於架上，酒從底部下流⑰。甘肅嘉峪關曹魏墓畫像磚中有類似之圖（圖八）（報告誤釋爲「濾醋」）⑱。四川成都曾家包東漢墓畫像石（圖五）⑲及新都東漢墓畫像磚⑳上都有表現釀酒過程的圖像。從新都畫像磚可見酒甕（罈）置於「糟床」之下以承酒（圖六），這樣可以在較短時間內大量濾酒，效率更爲提高。

然中國遠古時代（造字時代及以前）的釀酒情況只能從少數民族製造「水酒」習俗中加以復原。順便說說，傣語至今仍稱酒爲lau，與「醪」音同。在釀酒方面華夏民族與某些南方民族似曾相互影響。

---

⑰ 羅福頤〈內蒙古托克托縣新發現的漢墓壁畫〉，《文物參考資料》一九五九年九期。
⑱ 《嘉峪關漢畫像磚墓》圖一九，《文物》一九七二年十二期。
⑲ 〈四川成都曾家包東漢畫像磚墓〉，《文物》一九八一年十期。
⑳ 《全國出土文物珍品選》：一九七六—一九八四，文物出版社，一九八七年，圖三五〇。

圖一　河南羅山縣發現盛酒的銅卣

圖二　「亞醜」銅器銘文（據《三代吉金文存》）

圖三　雲南景頗族從泡酒陶罐中以竹管汲酒

圖四　雲南佤族從盛酒竹管吸酒飲用

圖五　成都曾家包東漢畫像石上的釀酒圖

圖六　四川新都東漢墓畫像磚上的釀酒圖

酗酒與酒戒

殷人酗酒是中國古史家經常討論的問題，或作爲當時農業生產發展之證（見「酒之創始」條）；或視爲殷人社會特殊問題，並沿襲舊說以爲殷人亡國即由於酗酒。

按淺化民族酷愛喝酒，古今中外皆然。酒對他們而言較之我們有更大的社會功能。通過考察今天少數民族普遍嗜酒（圖一—四）的原因，這一點至爲明顯。第一，酒可減弱神經抑制功能，使人處於興奮狀態，從而打破拘束，增强感情。淺化民族尤爲重視個人之間、親屬集團之間的聯繫，故酒是招待客人節日聚會不可或缺之物。如金平彝族諺語云：「壺中有酒客常在，壺中無酒客難留」。貴州水族諺語云：「人没有酒不講話，紡車不上油難旋轉」。第二，酒的過量飲用，會使人眩暈或產生幻覺。對於相信超自然力量的人來説，似乎步入另一世界，巫師（薩滿）則借助於酒達到鬼神附體的境界，故很多宗教儀式少不了酒。佤族諺語有云：「無酒不成禮」。這「禮」既包括人們交往的禮節，也包括一切宗教儀禮。第三，酒能供給人體的熱量，促進血液循環，有擴張微血管的作用。對於勞動條件較差勞動强度較大的淺化民族而言，飲酒可減輕疲勞，袪除寒氣和濕氣，且有防治疾病的功效，少數民族民間草藥多用酒配製或與酒同服，他們相信，酒是包治百病的「良方」①。淺化民族自我控制能力較差，嗜酒而無節制便會形成酗酒之風。

殷代末年從統治集團開始確是酗酒成風。《書·微子》：「無毒降災荒殷邦，方興沈酗於酒」

---

① 參見汪寧生〈酒與少數民族〉，載《中國人類學的發展》，上海三聯書店，一九九六年。

「我用沈酗於酒，殷罔不小大，好草竊姦宄」。《詩·大雅·蕩》：「文王曰咨，咨女（汝）殷商。天不湎爾以酒，不義從式。既愆爾止，靡明靡晦，式號式呼，俾晝作夜」。據這些殷末周初可靠史料，殷人喝酒簡直是不分晝夜，喝醉了便大聲呼叫；不分貴族和平民（「罔不大小」），多因酗酒而幹壞事（「好草竊姦宄」）。

殷人雖已進入「文明時代」，從遇事占卜祭祀頻繁等現象觀之，尚未發展出自我節制飲酒的理性思維，其酗酒仍屬淺化民族普遍現象，不應作爲特殊問題看待。至於酗酒導致殷商亡國之說，只不過是殷末周初人的看法，當時還認爲這是「天」要降災於殷才讓他們喝酒的（見上引《書·微子》《詩·大雅·蕩》）。古人沿襲舊説無可深責，現代史家似不應不加科學分析而引用。一個政權之衰亡必有深刻的社會根源，酗酒可視爲統治集團腐化一種表現，雖帶來若干社會問題，決非導致亡國之根本原因。史載古代民族酗酒不只是殷人。《墨子·非樂》：

> 啓乃淫溢康樂，湛濁於酒，渝食於野，萬舞翼翼，章聞於大（天），天用弗式。

此乃夏初時事，夏並未因此而亡國。

殷人酗酒並非特殊現象，而早在西元前一千年左右周人提倡酒戒卻是世界少有，值得大書特書。《書·酒誥》傳爲周公告誡康叔而作，全文不足千言，卻包括豐富的内容。首述文王關於飲酒的遺訓：祭祀可以用酒（「朝夕曰祀茲酒」）；祭祀時集會可以喝酒但不能喝醉（「越庶國，飲惟祀，德將無醉」）；可以用酒孝養父母（「厥父母慶，自洗腆致用酒」），敬奉老人（「爾大克羞耈惟君，爾乃飲食醉飽」）；但有職務的臣僚平時不能喝酒（「有正有事無彝酒」）。繼而説康叔要治理的衛國是殷人故地，那裡就是因爲酗酒，酒味上達於「天」，上天發怒才使之滅亡的（「庶羣自酒，腥聞在上，故天降喪於殷」）。最後要衛叔以此爲鑑分別情況制定有關飲酒之法規：羣飲對社會秩序影響最大，絕不寬容，全部拘捕來周殺死（「羣飲汝勿佚，盡執拘以歸於周，予其殺」）；殷遺民照顧原有習慣，酗酒可以不殺但要教育（「殷之迪諸臣，惟工乃湎於酒，勿庸殺之，姑惟教之」）；一般臣僚百姓不要沈溺於酒（「勿辨乃司民湎於酒」）。提倡節制飲酒，並能針對不同人羣和場合分別作出規定，而不是一概禁止喝酒；對統治集團本身嚴格要求，因爲他們負責國務活動，酗酒更易誤事。此文堪稱人類酒史上最早一篇周備詳明的禁酒法令。自此以後，反對酗酒，提倡酒戒即對酒持節制態度，便成爲中國傳統文化中一項寶貴遺産。

後世頒發禁酒法令，多遵照「酒誥」，有禁止羣飲的內容。如《周禮》司虣之責便是「禁以屬游飲食於市者」；西漢初年蕭何律，規定三人以上無故羣飲罰金四兩。此外，凡遇饑荒，多禁止釀酒和飲酒，以節約糧食。關於歷代禁酒之情況，顧炎武搜集資料甚備②，不贅述。

酒可滿足人們某些需要，完全禁止或寓禁於征榷，都有弊病。故歷代禁酒法令時張時弛，舉措不定。而古代哲人早就認識到關鍵問題在於養成人民的自我控制能力，對酒自加節制。中國古代道德規範中，一直包含酒戒的內容。

對醉酒之害古人早有認識。孔子提倡「惟酒無量不及亂」③。即喝酒多少不能强求一致，不能喝

② 參見顧炎武《日知錄》卷二十七酒禁條，《日知錄之餘》（鄒福保輯）卷二禁酒條。

③ 《論語·鄉黨》。

醉亂來。傳管仲有云：「酒入口出舌出，舌出者言失，言失者棄身。與其棄身，不寧棄酒乎」④。醉酒之後失言，誤事害己。禮儀中固然不能無酒，所謂「爲酒爲醴，以洽百禮」⑤，但祭祀用酒原是獻給祖先鬼神的。即人們宴飲，在繁縟的禮節之下實際喝下之酒不多。《禮記·樂記》：

一獻之禮，賓主百拜，終日飲酒而不得醉焉。此先王所以備酒禍也。

齊景公飲酒過量三日不起，晏嬰諫曰：

古之飲酒也，足以通氣合好而已矣。故不羣樂以防事，不羣樂以防功。男女羣樂者，周觴五獻，過之者誅。今一日飲酒，而三日寢之，國治怨乎外，左右亂乎內。失所以爲國矣。願君節之也⑥。

飲酒目的是「通氣合好」即聯絡感情，不可喝醉而防礙工作。在中國歷史文獻中，有不少著名酒徒的故事，卻有更多如上述反對過度飲酒的格言和勸戒，並出現提倡節制飲酒的專文，如（魏）曹植〈酒賦〉、（晉）庚闡〈斷酒賦〉、（唐）皮日休〈酒箴〉等⑦，强調酒雖有益於人，過飲則誤國誤民。有關酒戒的專書也有數種傳世，如（清）金昭鑑《酒箴》、（清）程弘毅《酒警》、（清）張潮《酒律》等。

---

④《韓詩外傳》卷十。
⑤《詩·周頌·豐年》。
⑥《晏子春秋·內篇·諫》景公飽酒酲三日而後發晏子諫條。
⑦《淵鑒類函》卷三九二輯錄這類文字殊多，可參看。

環顧世界其他古國，也有對飲酒之限制和勸戒。例如，古代埃及文獻中有一篇教師對學生的訓詞：

> 我聽說你離開了書本，盡情享樂。每天黃昏你從這一條街道到那一條街道，啤酒的味道使人們不敢接近你。酒摧毀了你的靈魂。你就像一支不能划上岸的破碎的槳，一座沒有神的神廟，一所沒有麵包的房子。當你破門而入而被人抓住，你就破壞門柵。人們逃避你，而你竟傷他們。你要了解酒是個壞東西。⑧

古代墨西哥的阿茲忒克人大量釀造龍舌蘭酒，規定酒限於「年老德劭的老年男女」飲用，而且僅僅在「七月宴」的時期⑨。《舊約全書·箴言》云：

> 酒能人褻慢，濃酒使人喧嚷。

《新約全書·以弗所書》云：

> 不要醉酒，酒能令人放蕩。

《古蘭經》（馬堅譯本）卷二第二章云：

---

⑧ A. Erman, *Life in Ancient Egypt*, translated by M.M. Tirard, N.Y.: Dove Publication, Inc. 1971, pp.256－257.

⑨ J.利普斯《事物的起源》，汪寧生譯，四川民族出版社，一九八二年一六一頁。

（飲酒）包含著大罪，對於世人有許多利益，而其罪過比利益還大。

但比較起來，對酒之危害認識之早，酒戒歷史之悠久及有關文獻之多，他處是遠不如古代中國的。

當前人們侈談「酒文化」，宣傳中國人飲酒的「光榮歷史」。事實上，酒戒才是中國傳統文化中真正的優秀遺產，值得認真研究和大力弘揚。

圖一　貴州雷山縣苗族婦女喝「姐妹酒」

圖二　雲南金平縣少數民族鬧酒

圖三　貴州從江縣芭撒苗族羣飲

圖四　雲南獨龍族兩人共飲一杯酒

樹皮布

初民未知紡織之前，蔽體之物有獸皮，有樹葉和草編物（「卉服」當指此而言），而較普遍的則爲樹皮製成之衣。此在太平洋島嶼、東南亞以及中南美地區，均曾存在①。中國古代亦曾流行樹皮布，與紡織品長期並存，成爲人們衣著主要材料，《史記·貨殖列傳》所云之「榻布」，《漢書·貨殖列傳》之「答布」，《後漢書·馬援傳》之「都布」，《宋書·徐堪之傳》之「納布」，均指樹皮布而言。樹皮布製作甚至導致了造紙術之發明。文獻記載提到的「紙甲」、「紙衣」、「楮冠」實爲樹皮布所製並非真紙，正由於與紙有密切關係而以紙名。凌純聲先生對此論述甚詳，並介紹臺灣阿美人製作樹皮布的情況②。

然談到民族志材料，西南少數民族製作樹皮布似更普遍，在現實生活中一直保存到六十年代初。我雖未曾作專題調查，然調查旅途中屢見實物，並了解其製作之法。茲取當日筆記，並參稽文獻，略作介紹，聊備參考。

西南地區製作樹皮布，自古有之，史不絕書。（晉）郭義恭《廣志》（《御覽》卷七九一引）：「黑僰濮，在永昌（今保山）西南，丈夫以谷（構）皮爲衣」。（唐）樊綽《蠻書》卷四：「裸形

---

① B. Blackwood, *The Technology of a Modern Stone Age People in New Guinea*, Oxford, 1950, pp.27－30，邱新民〈樹皮布〉，載《東南亞古代史地論叢》新加坡，一九五八

② 凌純聲、凌曼立《樹皮布與造紙、印刷術之發明》，臺北，一九六〇年。

蠻，在尋傳（今德宏地區）西三百里，……無衣服，收取木皮以蔽形」。《馬可波羅行紀》（馮承鈞譯本，第一九三節）記叙州（今川南及滇東北地區）「居民用樹皮爲布，甚麗，夏季衣之」。《（道光）雲南通志稿》卷一九七：「野蠻……以樹皮毛爲布，掩其臍下……去騰衝千餘里」。（清）倪蜕《滇小記》亦云：「騰越州（今騰衝）外行四日爲野人地方，以老樹皮厚而柔者爲褥，曰木皮褥，彼亦甚貴之。」又清末人曹樹翹《清南雜志》卷十六引王堯衢《記永昌種詩》有云：「木葉蔽身林作屋，授衣剝盡樹人（之？）皮」。這些記載所涉及均爲西南地區古代居民，到了五六十年代，西南地區還有獨龍族、涼山彝族及傣族，保存樹皮布之製作技術。

先以一九六四年我在西雙版納曼沙寨所了解者爲例。該地貧苦人民常取一種名爲「梅廣」的樹（其學名有待鑒定）的皮，放水中浸泡一天，再加錘打，去其外面硬殼，曬乾即成。擊打工具即用洗衣木棒或天然卵石。製好的樹皮布，視若兩層，斜紋者乃外皮，平紋者乃韌皮，兩者實難撕開。（見圖一）幅廣約一市尺半，長度不一，有長至五市尺左右者；視其需要，尚可將小塊樹皮布縫合成更大幅度。其主要用途仍和古代騰衝地區一樣，製作墊褥。由於此樹可製箭毒，所製床墊被認爲可以防禦跳蚤。

其他民族製作樹皮布方法大同小異，惟像古代一樣，多用構樹之皮。而用途除作墊褥外，尚可爲小孩作尿布。由於各族早有紡織，已沒有用樹皮製作服裝的情況。

值得一提的是西南既用構樹製作樹皮布，在土法造紙中也多用構樹之皮爲原料。如著名的鶴慶紙即如此。此可爲造紙術導源於樹皮布製作之說，增添一條旁證。

圖一　雲南西雙版納傣族樹皮布

左衽

古人視髮式和服裝爲民族之標誌。此由孔子「微管仲，吾其披髮左衽矣」一語（《論語·憲問》篇）可以推知。「左衽」一詞自此成爲蠻夷之代稱。

左衽即衣襟左掩，右衽即衣襟右掩，今人視之，似爲無足輕重之小事，而古人卻視爲華夏與蠻夷之大防。華夏民族上衣無論長短均爲右衽，人死始著左衽之衣。《禮記·喪大記》：

小斂、大斂，祭服不倒，皆左衽。（鄭玄注：「左衽，衽鄉（向）左，反生時也」）。

死人之服與生前相反，表示已非活人。而活人穿左衽衣者，惟有「非我族類」之蠻夷。

然則左衽之衣究流行於何種「蠻夷」之中？今日猶可見之乎？

管仲尊王攘夷，與北方諸戎戰，故孔子所云左衽者應包括諸戎。古代東北地區確有左衽流行，著名之輯安高句麗墓壁畫人像，即作披髮左衽狀。宋代使臣在金人統治地區見孔子之塑像，竟作左衽①，對反對左衽之孔子而言，實爲絶大諷刺。此類塑像明代猶存，地方官吏不斷上奏朝廷拆毀②。然金人此舉並非特意對孔子大不敬，實以當時當地流行之服裝塑造古人形象而已。顧炎武《日知錄》卷廿八左衽條言之甚詳，茲不贅。

① 周必大《二老堂詩話》、岳柯《桯史》。

② 《明實錄》永樂八年、宣德七年、正統十三年諸條。

然無論東北地區抑或其他地區，今日少數民族已不見左衽之裝。故當世學者疑左衽之服已不存在，或有以藏族長袍右袒僅穿左袖之習慣而釋之者③。

我多年訪古於西南邊陲，所見民族數十種，未見左衽之服，亦曾懷疑西南民族之中未曾流行。直至一九八七年在貴州從江縣調查，途經一苗族村寨稱爲芭撒，見當地苗族男子，穿自織土布上衣，黑色無領，均爲左衽（圖一），不禁喜出望外。自此知左衽之俗西南亦有，二千餘年孔子所云左衽服裝可以從中想見彷彿。

歸來以此爲線索，翻閱民族志資料，乃知今「金三角」地區之苗族、拉祜族、哈尼族（阿卡）之中，左衽服裝更爲普遍，且當地苗族婦女亦著左衽之衣④。

華夏民族左衽之衣在今日內地幾成陳迹，而邊陲左衽之衣猶有保存，可證愈是後進民族，愈不輕易改變傳統服飾。從江芭撒苗族甚至規定，凡外出工作或參軍回鄉男子必換上傳統服裝，否則不允入寨。當前城市時髦青年服裝數年一變之現象，決非後進民族所知。而當代人類學界據今天族羣認同隨意改變現象，推測古人亦必如是，亦頗爲不妥。

---

③ 顧頡剛《史林雜識》披髮左衽條，中華書局，一九六三年。

④ P. Lewis and E. Lewis, *People of the Golden Triangle*；*Six Tribes in Thailand*, NY：Thamses and Hudson, 1984, pp.25,115,129,131,173,175,213,221.

圖一　貴州從江縣芭撒苗族左衽服裝

芾

古代內地有代表等級尊卑之禮儀性服裝，稱「芾」。《詩·小雅·采芑》：

> 服其命服，朱芾斯皇，有瑲葱珩。

此言周宣王南征荆楚車服之盛。又《詩·小雅·斯干》：

> 乃生男子，……其泣喤喤，朱芾斯皇，室家君王。

此爲建造宮室之頌歌（類似今日少數民族蓋新房之歌），言遷入新房大吉大利，生子哭聲響亮，長大仍爲帝王，將穿華麗堂皇之「朱芾」云。

「朱芾」爲天子之禮服，而諸侯、大夫則著「赤芾」。《詩·小雅·采菽》述諸侯朝拜天子時服裝合乎禮節有云：

> 君子來朝，赤芾在服。

又《詩·小雅·車攻》述諸侯集會時車馬服飾之盛有云：

> 駕彼四牡，四牡奕奕，赤芾金舄，會同有澤（毛傳：「諸侯赤芾」）。

又《詩·曹風·候人》：

彼其之子，三百赤芾（毛傳：「大夫以上赤芾乘軒」）。

身穿赤芾乃少數貴族特權，而曹國竟有三百人之多，故舊說以爲《候人》乃刺曹共公親近小人不循法度之詩。

「朱芾」和「赤芾」作爲天子之服和諸侯、大夫之服代稱，可見其在古代禮儀中重要性。銅器銘文記述貴族所得賞賜之物中常見「赤市」「朱市」。關於芾之制度，如以不同顏色代表不同等級等等，在《禮記·玉藻》篇尚有詳細記錄，茲不具引。三《禮》記錄古代輿服宮室制度，已經系統化和理想化，未足深考。

今日可得而言者乃芾之具體形制。《說文》市部：

市（芾），韍也，上古衣蔽前而已，芾以象之。

又《說文》韋部：

韠，韍也，所以蔽前，以韋。

由此類簡略記載，可以推知芾起源於原始人之遮羞布。後世已有衣裳，仍以一幅布或皮蔽之於前，沿襲古老習慣。今日少數民族尚保存這類儀式服裝，可作佐證。

雲南永德縣利米人每逢舉行「作帛」等重要儀式，重要執事人員（男性）多在長褲之外繫以白布一方（圖一）。

雲南施甸縣自稱爲「本人族」者貴州鎮寧縣佈依族以及「金三角」地區所謂「白苗」和「藍苗」

婦女①亦有類似裝束（圖二）。

藏族婦女腰間常繫巾一幅，作正方形，下與袍齊，稱爲「薄克」。喇嘛跳神時亦作此裝，有氆氌製者，有皮製者②。後者與古代的芾「以韋」製成，尤爲相合。

少數民族此類裝束形如圍裙，實爲禮服，與婦女下廚始穿之圍裙作用不同。禮儀性服裝中常保存古代裝束之一部或全部，如歐美人之晚禮服，大體上仍沿襲中古服裝形式，芾之情況當亦如此。

圖一　雲南利米人身前繫白布一方舉行儀式

圖二　貴州鎮寧縣佈依族婦女裝束

---

① *People of the Golden Triangle*: *Six Tribes in Thailand*., pp.116,117,119.

② 任乃强《西康圖經・民俗篇》。

衣著尾

據漢晉文獻記載，古代內地及西南地區有衣著尾之俗。《說文》尾部：

古人或飾繫尾，衣後著十尾。

《華陽國志·南中志》：

（哀牢）衣後著十尾。

《後漢書·南蠻西南夷傳》：

（盤瓠之裔）好五色衣服，制裁皆有尾形。

細讀以上文獻，可知此爲一種衣後裝飾，而晉唐之際筆記野乘中有所謂「尾濮」，謂人生尾「長四五寸，欲坐，輒先穿地空竅以安其尾」云云①，實由此特殊裝束附會爲說。

此種尾形服裝究作何形式？記載簡略，有待搜集新資料作合理之解釋。

近年發現文物考古資料中，「衣著尾」服裝已屢有表現。如青海大通縣孫家寨馬家窰文化彩陶盆邊沿上之跳舞人形，連手而舞，皆有小尾；湖北江陵縣鳳凰山西漢墓中漆盾上人物形象，衣後見小卷

① 《太平御覽》卷七九引《永昌郡傳》。

尾；陝西郃縣東漢墓石門框刻有人像，身披樹葉之衣，衣後有尾形②；西昌東漢墓畫像磚上描繪婦女舞蹈人像，兩腿之間有尾形（圖一）；又雲南晉寧石寨山青銅器圖象中男子衣後亦見長幅拖曳。以上可證，「衣著尾」之俗確曾流行古代各地；若據圖象中簡單抽象之線條，復原此種服裝之具體形式，仍嫌不足。幸西南及東南亞少數民族傳統服裝中尚有遺迹，前人未曾注意。據我調查，民族服裝中衣後長幅或垂帶，即代表尾飾，此一部分至今仍稱爲「尾」。茲舉例說明之。

雲南白族或與古代「衣後著十尾」之哀牢夷有關（明清白族碑刻常自稱其祖先爲「哀牢九隆」）。今劍川、大理、鄧川、保山等地白族老年婦女，至今仍穿「前短後長之衣」，對此「後長」部分白族即稱爲「衣尾巴」，可見「衣著尾」之「尾」乃指衣之後幅而言。

雲南金平瑤族婦女外衣，亦是前幅甚短而後幅甚長，與白族略同。瑤族自以爲盤瓠之後，故至今保存「尾形」服裝，更無足怪（圖二）。

雲南永德縣利米人平時服裝已無尾飾，惟逢節日婦女於外衣之後繫布一幅，以爲盛飾。

貴州黎平等縣有所謂「羅漢苗」者，直至清代婦女仍有「衣著尾」之俗，即於長褲或長裙之後必加布一幅，上有刺綉，名曰「衣尾」③。

雲南西雙版納基諾族傳統服裝中有腰帶甚長，多餘部分不垂於前而垂於後，此後垂部分即稱之「尾」。過去傣族新土司即位，舉行「登殿」（傣語稱「郝登武」）儀式，必由基諾族爲前導，新土

② 孫貫文〈古人繫尾新證〉，《思想戰線》一九八五年七期。
③ 《黔省苗圖》，*East and West* Vol 37：1987.

圖一　四川西昌東漢墓畫像磚上「衣著尾」婦女

司即手牽基諾族之「尾」而緩行。

湖南通道縣侗族每逢跳蘆笙舞，舞者亦將腰帶垂於後，而平時不若是。

泰國清邁栗栗族婦女在腰帶之上另繫一帶垂於後，由若干條流蘇組成，更有象徵「尾巴」之效果（圖三）。

無論身後垂帶或拖一長幅，實爲初民披獸皮爲衣而拖尾於後之遺風。雲南劍川等地白族過去除著後幅甚長外衣外，還喜身披羊皮，羊尾必須保留，若無尾則爲人嘲笑④，即可證「衣著尾」裝束與獸皮之沿襲關係。人類最早並不以肖似動物爲恥。

④ 李一夫〈南詔王室的族別初探〉，載《南詔史論叢》一九八四年。

圖二　雲南金平縣瑤族婦女
著有後幅之外衣

圖三　泰國清邁傈僳族婦女
腰帶後繫流蘇

貫頭衣

貫頭衣爲南方民族一種特有服裝，史籍屢見記載。《後漢書·南蠻西南夷傳》：

（永昌太守鄭純）與哀牢夷人約：邑豪歲輸布貫頭衣二，鹽一斛，以爲常賦。

同傳又云：

凡交阯所統，雖置郡縣，而言語各異，重譯乃通。……項髻徒跣，以布貫頭而著之。

以我所知有關貫頭衣之記載以此爲早，然極簡略。此爲男子服裝抑爲婦女服裝？作何形式？在較晚記載中始有詳細說明。《南齊書·蠻傳》扶南國條：

扶南國……男子截錦爲橫幅，女爲貫頭。

又《太平御覽》卷七九一引《廣志》：

黑僰濮，……山居，耐勤苦。其衣服，婦女幅爲裙，或以貫頭。

《新唐書·南蠻傳》：

（黑僰濮）婦女以幅布爲裙，貫頭而繫之。

同傳又云：

圖一　雲南傣族身著桶裙之婦女

南平僚……婦女橫布兩幅，穿中而貫其首，名曰桶裙。

綜合上述可見，此物雖名爲衣，實爲裙類，乃一種婦女裝束。

爲何此裙稱爲「貫頭」，應與其穿法有關。今雲南傣族、布朗族、德昂族以及廣西壯族婦女均以長裙爲普遍服裝，至今仍稱「桶裙」（圖一）。此裙上下周徑相同，以形如圓桶而得名。其特殊處在其穿法，裙必由頭頂而套下，與古代內地婦女之裙圍之於腰迥異。推想內地移民、使臣或隊商初到邊陲，見當地民族由頭套下之穿裙法，目爲異俗，乃以「貫頭」名之。

史載古代穿貫頭衣者爲哀牢，爲濮僚，爲交阯、扶南，今日穿套頭桶裙者均爲操壯傣語民族及孟高棉語民族，而操藏緬語民族無有穿桶裙者。從貫頭衣到桶裙，可爲考察古今民族文化傳襲關係提供佐證，豈能視爲瑣屑小事而忽略之?!

古代洗滌劑

古人也有自己的衛生習慣。人體要去污，衣著要洗滌，除水外還有賴於某種洗滌劑的使用。鹼是洗滌劑中重要成份，肥皂就是鹼和脂肪的混合物。在西方，肥皂是西元前六世紀腓尼基人首先使用的，在沒有肥皂的地方人們用鹼作爲洗滌劑。長期以來，人們一直從草木灰中取得鹼的成份，直到一七九〇年才發明用電解法從食鹽中大量提取純鹼。

中國古代亦以草木灰作爲洗滌劑。《禮記·內則》：「父母舅姑……冠帶垢，和灰清漱；衣裳垢，和灰清浣」。這是說平時用灰和水爲長輩洗滌衣冠。又《禮記·深衣》「完旦弗費」下鄭玄注：「深衣者，用十五升布鍛濯灰治……」。這是說製作禮儀服裝的布要先用灰水洗滌拍打。草木灰水在古代還有一個專門名詞，稱爲「涗水」。《考工記·㡛氏》：「以涗水漚其絲。」鄭玄注：「涗水，以灰所泲水也」。同書又云：「湅帛以欄爲灰渥淳其帛。……」可見古代絲和絲織品也要用灰水浸泡洗滌。由於灰是洗滌紡織物必備之物，故（東漢）仲長統《昌言》（《御覽》卷八二六引）有云：「攻玉以石，浣布以灰」。用灰洗物，竟爲成語，可見漢代和漢代之前此法之普遍。

用草木灰爲洗滌劑，在邊陲偏僻地區保存長久，現代雲南少數民族之中仍不時可見。茲介紹我們所見的滇西景頗族的情況爲例。

景頗族製作灰水有專用竹編物，上廣下狹狀如魚簍，下有漏孔連接容器或竹槽。取草木灰（一般即用家庭爐灶或火塘中之灰），盛放於竹編物中，引小股流水注入，過濾以後經漏孔流入容器，或經竹槽流入容器，即爲灰水。洗衣時以灰水浸泡或塗抹，再加拍打、搓揉和漂淨（圖一）。

古代「涚水」如何製作，即可從景頗族製作灰水的情況想見彷彿。

灰水鹼性較强，可用來洗滌衣物，卻不利於人膚。故古人洗面洗髮，還另有一種較柔和之洗滌劑，這就是淘洗穀物留下之汁。《禮記·内則》：「五日……請浴，三日具沐，其間面垢，燂潘請靧」。鄭玄注：「潘，米瀾也」。《説文·水部》：「潘，淅米汁也」。可見這種淘洗穀物之汁也有專有名詞，稱爲「潘」。當時人洗面和洗髮，還要用不同穀物之淘洗汁。《禮記·玉藻》：「日五盥，沐稷而靧粱」。從上引《内則》已知，靧指洗面，而沐則專指洗髮而言①。前者要用淘粱之汁，後者要用淘稷之汁。

此種習慣自先秦迄於後世，史不絕書。如齊簡公時「陳氏方睦（沐），……遺之潘汁」②。西漢竇太后曾爲其弟「丐沐」③，即乞求潘汁爲弟洗髮。《齊民要術》卷五記載，冬天爲防皮膚皺裂，要「夜煮細糠水湯洗面拭乾」，再塗以「豬胰」製成之「手藥」（當如今之護膚膏之類）。

以淘洗穀物之汁爲人體洗滌劑之俗，在雲南某些少數民族之中至今仍有保存。茲以德宏傣族爲例。當地婦女習慣用淘米水洗髮（圖二），淘米水必須是第二道淘洗而留下的，要存放三天使其發酵，然後煮沸用以洗髮（據説可使頭髮光亮柔滑，其效果不亞於市場上價昂之「香波」），與古代潘汁之製作和使用情況相合。據上引《齊民要術》，糠水原是要「煮」的。

① 上引《玉藻》文下孔穎達疏。
② 《左傳·哀十四年》。
③ 《史記·外戚列傳》。

「涚水」和「潘汁」均見於古代典籍，然語焉不詳。幸賴少數民族保存同類習俗，才能有具體了解。民族志資料有助考史者，俯拾皆是，有待人們細心搜集。

圖一　景頗族製作草木灰水之裝置

圖二　傣族婦女用淘米水洗髮

原始技術研究札記

有孔骨針之製作

人類自舊石器時代晚期（如中國山頂洞人文化、歐洲梭魯特文化）即有穿孔骨針。新石器時代的骨針鑽孔者更多。

據針孔痕迹可以看出，骨針之孔至少有三種製作方法。一是用尖狀器挖成，如山頂洞人骨針；二是用石鑽類工具鑽出來的，如姜寨骨針及半坡的一部分骨針；三是使用所謂「磨切鑽孔法」，即先將針端磨扁，再於一面或兩面磨出槽來，於槽最薄處切割成孔，如半坡和大汶口某些骨針便是如此製作的①。

然而無論哪種方法，前人對其製作具體過程都未曾復原清楚。一個關鍵問題是當時人們挖孔、鑽孔或磨槽切割成孔時，如何才能避免使纖細脆弱的骨針折斷。

雲南西北部獨龍族過去尚保存骨針製作方法，可爲研究這一問題提供有用的類比材料。

---

① 《西安半坡》，文物出版社，一九六三，八一・一五二頁，圖七二：一・二。《姜寨》，文物出版社，一九八八，九八頁，圖八一：一—四。《大汶口》，文物出版社，一九七四，四七頁，圖三九：一—三

按獨龍族近數十年已不使用骨針，而一些老人尚知此物。一九六二年我訪問獨龍族頭人（原貢山縣四區區長）馬邦羌鍇於雲南省民委宿舍，詢問過去製作骨針具體方法。承告其工序是：先以鐵刀將動物肢骨切下一長條，大於尋常骨針數倍，作爲骨料；再以刀尖在一端挖出孔來（相當於上述製孔的第一種方法），然後在磨石上反覆研磨，直到磨成骨針形狀爲止，全部工作費時最久者即在於磨。據云，只有先挖孔後磨才能成功。否則，若先將骨料磨細再行挖孔，非折斷不可。

這就解決了原始技術學中一個難解之謎，即在細小之物上如何製孔問題。與我們過去想像相反，製孔應先於磨製成形。

遠古有孔骨針之製作便應與上述獨龍族製作骨針之具體過程相同。雖然，由於獨龍族已有鐵刀，故用鐵刀削下骨料，並用鐵刀尖挖孔，這樣工具自非遠古人類所能有。但這些工作在遠古時期可用別的方法完成，如削片可用「磨槽裂片技術」②，半坡即曾發現可能是使用此法留下的骨片③。而挖孔可用石器，歐洲奧瑞納文化盛行的「雕刻器」（burin）據研究即可作此用④。至於鑽孔或磨槽成孔自然也可用石器時代所能有的鑽孔工具及磨槽工具來完成。無論使用哪種製孔方法，其工序應都是先製孔再磨製成型。

然而製作一件有孔骨針終究不易，故遠古遺址（如半坡、大汶口、昌都卡若）中與有孔骨針並存

---

② C.S. Chard, *Man in Prehistory*, NY：McGraw－Hill Book Co., 1969, p.153, Fig.13：4.

③ 《西安半坡》，圖版一〇二：二。

④ *Man in Prehistory*. pp.128—130.

的還有大量無孔骨針的存在，半坡還發現一端刻出凹口以便繫線之骨針⑤，反映在於有孔骨針製作之困難。今知有孔骨針製作所以難度較大，不僅在於挖鑽成孔本身，還在於必須取用大於骨針數倍之骨料先行鑽孔，然後再費力磨細。

⑤《西安半坡》八一頁，圖七二：三。

角器上孔穴製作之法

遠古居民利用獸角爲器，有時需要穿孔或製出凹穴。如雲南麗江人文化遺物中有一件鹿角器，即有未穿透之孔穴。屬於仰韶文化的陝西臨潼姜寨遺址第一期文化層中出土一件鹿角錐，頂端有圓孔。按角器質堅且硬，在其上製作孔穴較之骨器尤爲困難。

這裏介紹雲南少數民族製作角器孔穴之一法，或可供復原原始角器製作技藝之參考。

德宏傣族有一種加工銀飾物之砧類工具，係用牛角製成，即以水牛角一支，其上作出大小不同之凹穴，將銀片置於其上，以牛角製成之小槌敲打成半圓形。少數民族銀飾中常見之圓泡及小鈴之類就是如此製出坯型的。一九七五年我在芒市農村見到挑擔串寨之銀匠，正以銀幣和舊首飾溶化爲原料，爲顧客製作各種銀飾。引起我興趣的不是加工銀飾的技術，而是所用之角砧及其上凹穴的製作法。承他們當場示範製作一件新角砧的過程，其法是以陶土搓成大小的圓球（見圖一），置火中燒紅，然後放在牛角上，排成二行，用力壓之，牛角上被烙出凹穴，然後一一修整使之光滑。

傣族學會銀器製作當然是進入文明時代以後的事，但他們製作角器孔穴之法卻屬於原始技術。遠古角器上有些孔穴（特別是一些較大而又圓整的孔穴），很可能就是這樣製成；而各地遠古遺址中常見之陶球、石球，有些可能作製作孔穴之用。當然，角器上的孔之製作，也可以用鑽法，或可以尖狀工具挖成，還可能使用其他方法。究竟使用何法，據角器孔穴的製作痕迹，不難作出判斷。上述火烙法製成之孔穴，一般較大，形狀圓整，並可能留下烙印。

這種技術也可能施於其他器物之上，如骨器上圓孔完全可用此法製成。至今民間工匠燒紅之鐵條在竹器上製孔，也是同一技術之遺留。

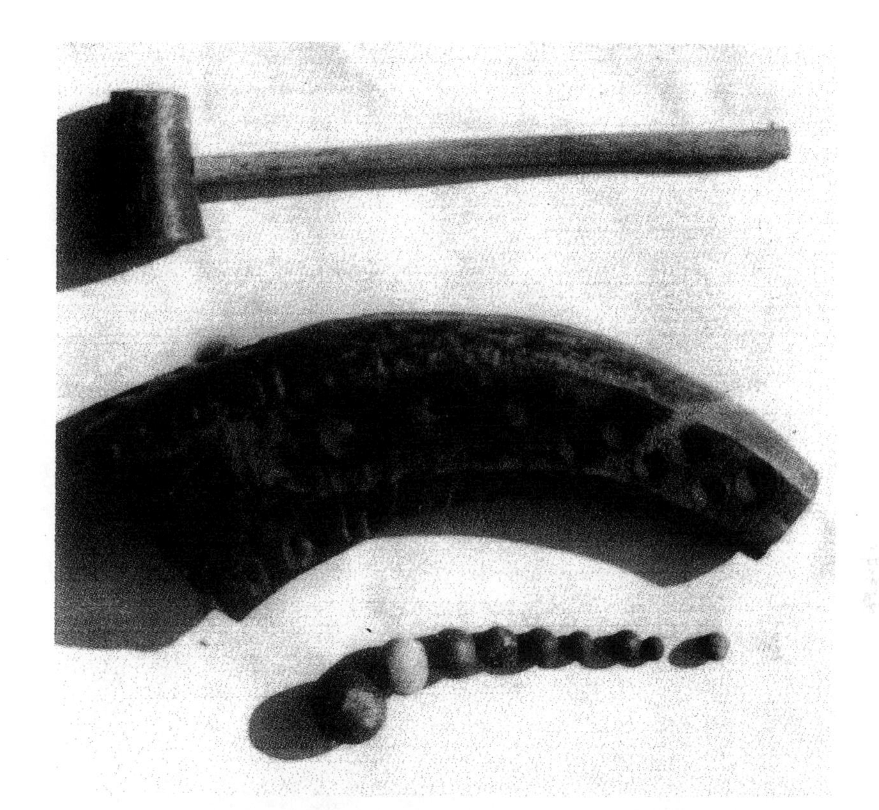

圖一　傣族加工銀飾之角砧（中）、製作凹穴之陶球（下）及角錘（上）

剖木和採石的原始方法

在木工工具中，鋸之發明較晚。考古發現中有些石製或骨製帶齒工具（如陝縣廟底溝出土所謂「骨鋸」①），很難解釋作鋸木之用。遠古居民剖木另有巧妙方法，可稱爲「楔裂法」，即以石楔或木楔按木材之紋理，排成直線釘入，則木自裂開。中國新石器文化遺址常見一端有敲砸痕跡之扁圓柱形雙面刃石斧，可能即是石楔。而古籍中之「鐫」則指木楔。《說文·金部》：「鐫，破木鐫也」。後世之楔可用金屬製作，最早當不如是，不過石製、木製而已。

這種以楔剖木之法在古籍中稱爲「劀」《詩·魯頌·閟宮》：

是斷是度（劀）

《說文·刀部》：

劀，判也。判，分也。

說明中國古代和許多後進民族一樣，剖木普遍使用楔裂法。

木剖開之後，要修整使平。出土石器中一些單面刃的錛類石器（如南方「有段石錛」之類），即可用來修整木板平面。此大概也是古代工具「斤」的功能之一。《釋名·釋用器》有云：「斤，謹

---

①《廟底溝與三里橋》，科學出版社，一九五九，八一頁，圖版柒壹。

也。板廣不得削，又有節，則用此釿之」。

人們知有金屬之後，剖木之鋸並未立即出現。晉寧石寨山②等地發現的少數銅鋸，形體甚小，只能是輔助性工具。最早出現的鐵工具是斧、刀之類，也不是鋸。在中國，框架鐵鋸是宋代《清明上河圖》中始見的。金屬使用後很長一段時期，人們仍用「楔裂法」剖木。民族志資料中有這方面豐富資料。

國內的西藏，僜人，雲南易武瑤族及滄源佤族以及國外的新不列顛島的美拉尼西亞人，都已使用金屬，但他們普遍使用「楔裂法」剖木。六十年代之初，我初至滄源調查，仍見佤族使用木楔把一棵圓木剖成幾塊厚木板，再以鐵斧砍削木板表面，用來建造村鄉公所的房屋。新不列顛島美拉尼西亞人，據報導也是當木楔剖開木板後以外面傳入鋼斧修整的③。由於有鐵工具的修整，雖仍無鋸，仍大大改進了剖木的工作。

原始的「楔裂法」畢竟費時耗力，而當時林木豐富，故後進民族對較細木材並不剖成木板，只是簡單地一剖爲二。雲南滄源佤族及其他民族建造圍柵或豬廄等所用木料都是如此。雲南晉寧石寨山青銅器模型中圍柵也由圓木或半圓木建成。

人們最早如何採石，亦爲原始技術學上饒有趣味的問題。

大體言之，古代人類有兩種來源於金屬時代之前的採石方法。第一種也是使用「楔裂法」，即在

---

② 《晉寧石寨山古墓羣發掘報告》，二九頁，圖版拾肆：五。

③ J.C.Goodale, *Blowgun Hunters of South Pacific*, National Geographic, vol129 : 6 (1966) .

石上按直線鑿出一排小孔，分別釘入木楔，再澆以水，木楔膨脹，石即裂開。古埃及神廟的巨大石柱及著名的「方尖碑」（obelisk）所用石材多以此法採得。國外學者已對此法作了詳細的復原。今埃及阿斯旺尚保存古代開採「方尖碑」留下的未完成品及鑿孔插楔痕跡，供旅遊者參觀。

第二種是利用火的力量。在石上燒火使之灼熱，突然潑上冷水，由於熱漲冷縮原理，石即爆裂。歐洲從古羅馬直到中世紀，多用此法。使用第一種方法可按需要取得整齊的建築用石材。第二種方法多用於開礦、鑿路之類。我國古代少見大型石砌建築，是否使用過第一種方法，尚待搜尋資料予以證明。而第二種方法無疑是實行過的。據記載，秦代著名工程師李冰不僅修築了至今惠及百姓的都江堰，而且鑿通了從四川宜賓到滇東北的「五尺道」。在鑿路工程中，即採取「積薪燒之」方法④。雲南礦區直至清末民初仍用火燒之法開礦。據雲南箇舊老礦工告我，每晚收工時在礦洞內燒一堆火，次晨上工各人背來冷水澆潑，礦石即開裂，易於鑿採。

---

④《華陽國志·蜀志》。

用火伐木和製造工具

在簡單社會中，火對人們生活和生產更爲重要①。火不僅爲炊爨食物、保存食物（烤乾或烟薰）、照明、取暖、防潮、抵禦野獸和昆蟲的侵襲所必需；而且還幫助人們開闢森林，清除草萊，進行圍獵和刀耕火種。在戰爭、祭祀及其他社會活動中也離不開火。火是家庭生活和社會生活的中心，是羣體會聚的信號。凡此，前人已有所認識。

但火還有其他方面的作用，有待進一步闡釋。當原始人類製造工具或器物時，火也不可或缺。製造陶器離不開火，固不待言；製造竹木器、石器、骨角器，無不需要火的幫助。

製造木器或建築上木構件，首先要準備木料。石器時代的人們砍伐大的樹木，並非如前人所想像那樣，自始至終都用石斧工作，而常要借助於火。

新幾內亞巴布亞人要砍伐一棵大樹（特別是含樹膠的大樹），先搭一個四英尺的平台與樹相連，上置火種，使火逐漸燒向樹幹。每隔一定時間，以石器刮去焦木，灰燼再燒，如此反覆進行，直至樹快要燒通易於砍倒爲止②。（圖一）

Bowditch 島居民用火伐木之法是當火燒到樹心時再用一種介殼做的短斧來砍。每砍一樹費時一

---

① W. Hough, *Fire as a Energy in Human Culture*, Bulletin of Museun of Nafural History 193, 1926.

② B. Blackwood, *The Technology. of a Modern Stone Age People in New Guinea*, Oxford, 1950. pp.47－48, pl.XV,C.

〇～三〇天。還有一法是在樹根挖一洞穴，置火燒之③。

甚至已步入文明的瑪雅人也有用火燒樹法。但他們是先砍後燒，先用石斧砍進樹的一半，然後把樹拉彎，剝去樹皮，再行燒斷。

西非布須曼人一個世紀前普遍用火伐木。最近還有人看到，一株高一三〇英尺的樹被使用此法放倒。人們先剝去樹的基部的皮，然後四周堆上火，按水平方向燒進樹幹，直到樹倒下爲止。整個工作需六〇小時左右④。

製造木器也要借助於火。原始獨木舟是用火燒空的。蘇格蘭湖沼遺址泥炭層中出土中石器時代獨木舟，內部有火燒痕迹。近世新幾內亞巴布亞人獨木舟外部是用鐵斧削砍，而內部必用火燒，「使木料變成堅硬，……另一種結果可使內部開得寬大」⑤。新喀列多里亞島居民也用火燒法製造獨木舟，人們在旁注意火勢，當一邊火勢太大時，則潑水使熄，以免燒穿⑥。

今日美國弗吉尼亞州威廉姆斯堡復原了殖民時期印弟安人村落，由印弟安人自己表現當時生產、生活面貌。我見他們製造獨木舟也使用火燒之法，一人在旁煽火，注意風向，控制火勢。（圖二）

---

③ O. T. Mason, *The Origin of Invention*, The MIT press, 1966 (1895), pp.109.
④ C. S. Coon, *The Hunting People*, Boston: Little, Brown and Co. 1971, p.23.
⑤ A. C. 海頓《南洋獵頭民族考察記》，呂一舟譯，商務，一九九〇年，一八六頁。
⑥ 上引 Mason 書，P.109.

木容器也要用火燒其內部。馬來亞塞芒人的木臼是一段樹幹用火燒空而成⑦。雲南少數民族的皮面木鼓或木槽鼓，內腔可見火燒痕迹；其他如餵豬之木槽，盛物之木桶，均用同法製成。

我國遠古時期製作木器也有火燒之法。甚至一些木建築構件，如河姆渡文化干欄式建築樑柱榫穴都是燒出來的，火燒痕迹清晰可見。

掘土棒是全世界普遍存在的原始竹木工具，其尖部一般要經過火燒。雲南西盟縣佤族的掘土棒（或木矛）雖然是用鐵刀削出尖部，仍然要用火燒之，謂不如此便不堅硬。北美印弟安人中奧馬哈（Omaha）或蘇（Sious）部落的箭桿，要用火燒以加强硬度。阿拉斯加南部除柳樹外，別無他木可用，但當地印弟安人借助反覆燒烤和擦拭，可使柳枝達到需要的硬度。

竹木通過火烤可彎曲成所需的形狀，弓背多是這樣製成的。現代木工仍然使用這一技術，實來自遙遠的古代。愛斯基摩人和美洲西北岸印弟安人採取此法可用雲杉來製碟子⑧。著名的樺樹皮器物有時借助於火而成形。

石器製造同樣離不開火。不僅開採較大石材多用火燒以後潑水之法（參見〈剖木和採石的原始方法〉條》，頁岩也經火燒後可開裂成片用以製作較小器物，雲南有些雙孔半月形石刀取材於頁岩，據我觀察即曾經過火燒。

---

⑦ C. D. Forde, *Habitat*, *Economy and Society*：*A Geographical Introduction to Ethnology*, London：Methuen&Co. Ltd., 1934, p.17.

⑧ 上引 Mason 書，p.108－109.

角器上孔穴可用火烙（參見〈角器上孔穴製作之法〉條）；而要使骨角片彎曲成形，有時需要火烤，如複合弓即是這樣製成的。

在遠古製造業中，火既是一種能源和動力，又相當於一種工具，而且是非常重要的加工工具。

圖一　新幾內亞巴布亞人火伐大樹

圖二　美國印弟安人表演過去火燒獨木舟方法

原始切割工具——竹刀

在石器時代，最有效的切割工具並非石質，而是由其他材料製成。鯊魚齒、野豬牙、貝殼、獸的肋骨或肩胛骨、鳥的肢骨，均可製成合用的刀具。

當然在沒有合適材料的地區，人們也費力製作石刀。但它必須是非常寬大而薄的（這方面著名的例證莫過於二三百年前愛斯基摩婦女剝皮片肉用的所謂「婦人刀」了）。考古遺址中發現的類似刀形的石器，雖被命名爲「石刀」，未必都能用於切割。

最普遍的原始切割工具當爲竹刀，熱帶、亞熱帶或溫帶多竹地區都有它的流行。只是實物不易保存，未曾引起人們注意。

玻利尼西亞諸島（如薩摩亞島）除竹刀外，別無其他刀類。它由竹青部分做成，有鋸齒狀刃①。安達曼羣島也有竹刀，係一根竹片以貝殼加工而成形，用於切割肉食。有的另一端附有木籤，進食時以竹刀割下肉塊，然後以木籤取食（圖一）②。

新幾內亞麥威塔地區的竹刀，專供獵頭之用。每當殺死敵人，必須用竹刀割下頭顱，這是一根剖開的竹片，手執處由繩索纏繞。每用一次便撕去一條，取得新的鋒利刃口，其情況頗類似我們的「磨刀」。爲了不使手執處破裂，削前以貝殼在刃柄結合部切一缺口，這缺口兼有原始記事的功能，數一

---

① O.T. Mason, *The Origins of Invention*, The MIT Press, 1966（1895）, p.45.

② A.R. *Radcliffe－Brown*, N.Y.：the Free Press, 1964（1922）, p.449, Fig.28.

數刀上的缺口便知此刀已切過多少人頭③。

馬來亞的塞芒人的竹刀要用火燒烤刃部，使其堅利，用這樣的竹刀甚至可以劈開竹子本身④。

新幾內亞巴布亞一個部落也有竹刀。長約三〇公分，有斜尖，利用竹皮爲刃。用之既久，可用牙齒撕下一條，以保持鋒利（圖二）。用它甚至可以加工其他竹工具⑤。

此外，東非和東南亞（如老撾）地區曾有竹刀流行。中國古代產竹地區甚多，竹刀應很普遍，惜實物難以保存。惟雲南苦聰人幾十年前尚有竹刀，前人只簡略提及，未有詳細記錄。一九八九年我去苦聰人地區調查，詢問此事，當地人已瞠目不知所答。

---

③ A.C. 海頓《南洋獵頭民族考察記》，呂一舟譯，商務，一九九〇年，一一八～一一九頁。

④ C.D. Forde, *Habitat, Economy and Society* : *A Geographical Introduction to Ethnology*, London : Methuer & Co., Ltd.,1961 (1934), p.17.

⑤ B.Blackwood, *The Technology of a Modern Stone Age People in New Guinea*, Oxford University Press, 1964, p.ss, Pl. vll : B.

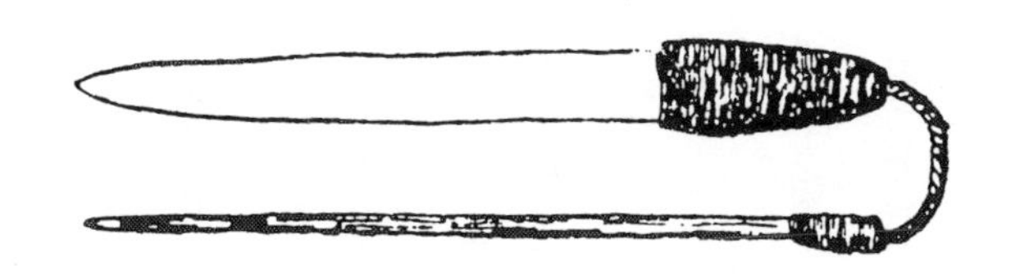

圖一　安達曼人的竹刀和木籤

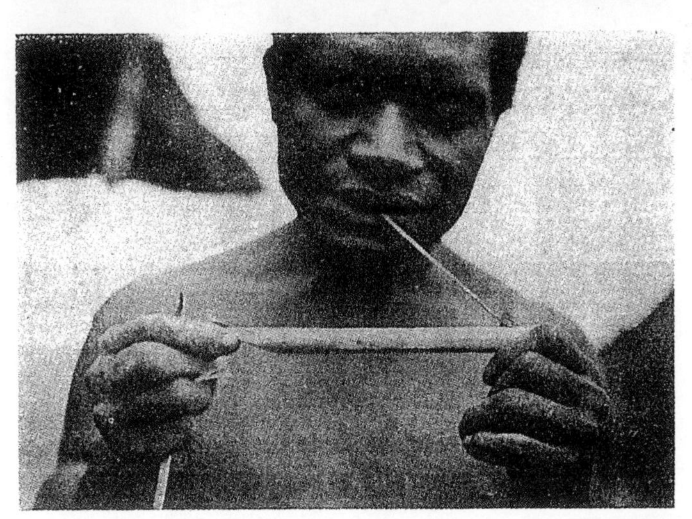

圖二　新幾内亞巴布亞一個部落製造竹刀（上）和撕下竹條保持竹刀鋒利（下）方法

水上房屋如何建造？

原始居民爲了便於漁撈和取水，有在水邊或水上建造房屋的習慣。古代如分布於瑞士等地的「湖居文化」，近代如老撾、泰國、印尼等東南亞及太平洋島嶼地區一些後進民族，都有這種水上房屋，作爲棲身之所。

近數十年來，中國南方也發現了水上房屋遺址多處。如廣東高要茅崗發現的新石器時代干欄式建築，「建於水濱的低窪地帶」①；雲南劍川海門口距今約三〇〇〇年的房屋遺存沿著河岸排列，「木樁打入水中」②；湖北圻春毛家嘴西周時期木結構建築，則建於水塘之上③。凡此證明中國古代也有水上房屋的分布。

今天要進行「水下作業」有各種先進的機械和設備，在大江大河之中打樁，亦非難事。而在原始的技術條件下，如何能使一根根木樁牢固地豎立於水中，則是使考古學家、建築學家時感困惑的問題。

民族志資料中有一條記載可以解開這個疑團。上世紀末本世紀初的英國著名人類學家 A. C. 海頓曾去托勒斯海峽進行探險，在新幾內亞等地搜集到許多極有價值的資料和文物（他搜集的文物至今仍

---

① 楊耀林〈廣東高要茅崗發現的新石器時代的干欄式建築〉，《史前研究》一九八五年一期。
② 〈劍川海門口古文化遺址清理簡報〉，《考古通訊》一九五八年六期。
③ 〈湖北圻春毛家嘴西周木構建築〉，《考古》一九六二年一期。

陳列在劍橋大學的考古學和人類學博物館）。當他見到當地巴布亞人建造在海邊淺水之上的一排排「長房」時，不禁聯想到歐洲「湖居文化」的房屋。他對怎樣打下支房的樁柱，尤感興趣。因此，他要求當地人們表演打樁的過程，進行實錄。這條寶貴的資料見於他所著的《南洋獵頭民族考察記》。此書已有中譯本，並不難覓，但這條資料至今尚未見引用，故值得摘錄於下：

一根柱買下來了。它的一端粗糙地削尖，別一末端則繫有兩條長繩，一個人於低潮時到暗礁上用手挖掘一個洞，然後由幾個人把樁柱支撐於那個洞中。二三個人抱住那根樁柱，同時有幾個人……把它往復搖動。那抱住樁柱的人們則防止它失去平衡，逐漸藉它本身的重量，那樁柱就徐徐進入地中。有人報告我說：當一根樁柱眞正地沉入海中的時候，就於靠近樁柱的頂端建立起一個輕的踏腳架，二三人立於這個架上。因此，由於他們添加的重量，那樁柱可以更快地沉入④。

可以想像，考古發現中的遠古水上房屋的樁柱，也是這樣一根一根豎立起來的。有志於實驗考古學的研究者，不妨以上述辦法一試。

樁柱既立，再在上建造一個房身，就和在地面建造木結構房屋一樣易於進行。

---

④　見該書，呂一舟譯本，一九三七年，一九〇—一九一頁。

玉器如何磨光？

考古發現中的有些玉器（無論是環、璧之類還是圭、璋之類），平滑光亮，色澤如新，其精美程度決不遜於用先進技術製造出來的現代玉石工藝品，常使今人讚嘆不已。

遠古玉器是如何磨平，且使它具有光澤的？這裡介紹有關玉器磨光的一種簡單原始方法，以供參考。

按雲南騰衝縣爲著名的玉器製作地和集散地，想已爲衆所知。這裡至遲自明代起，碾玉業已相當發達。近百年來採用了較高技術。我於一九六一年及一九七三年兩次路過騰衝，曾順道對製玉技術進行調查，見他們用足踏的圓盤（據云百年前尚用銅盤）剖解玉材，用弓鑽鑽孔或取圓心，用粗細不一多種砂輪琢磨等等，其工藝水平與內地玉器之製作已大體相當。但老玉工告訴我，他們年青時去緬甸「玉石廠」地區採玉或購買玉材，有些需要就地加工，而又無法攜帶的笨重設備，不得不使用「祖先傳下」的磨光方法。

這就是當玉器琢磨成型後，準備好兩種砂子——粗砂和細砂，將玉器置於磨石上蘸水加砂磨之，先用粗砂，後用細砂，使玉器表面達到細膩平滑而後止。最後還有一道工序他們稱爲「拋光」，即爲玉器上光，其法是將粗竹一節剖爲兩半，用其一半覆蓋於地，將玉器在竹皮上來回磨擦，磨到一定程度玉器上即出現光澤。

遠古玉器是否也經過「拋光」這一工序？如有之，是否使用上述一類方法？若對玉器進行微痕研究或採用其他自然科學手段，或不難得出結論。

但這一方法無疑曾存在於內地。一位西方學者調查北京近代碾玉技術①，記錄下類似拋光方法，惟不用竹，而在精細木片或葫蘆皮上摩擦，可使玉器呈現美麗的光澤。這便是遠古碾玉技術的孑遺。

① Bushell, *Chinese Art*, London, 1924, vol 1, Chapter 6, pp.120–135.

溜索如何架設？

我國雲貴高原上有些地區山陡峽深，水流湍急，既無法擺渡，更難以架橋。人們要橫渡江河，不能不利用一種傳自遙遠古代的原始交通設施——溜索。據《漢書·西域傳》，漢代西域地區有「縣度之厄」，是區分內地和邊疆的標誌。中華書局標點本把它作爲地名處理，我以爲「縣度」即「懸渡」，也是溜索。大概古代溜索的分布是很普遍的，只是雲貴高原上的溜索保存最多，直至今日仍未絶迹。（圖一）

今日雲南尚存之溜索，已多換上鋼纜，而五〇年代初期尚用三股竹篾扭成之纜索。製成粗大牢固的纜索，並將這纜索拴於巨石或樹樁之上，全憑人手之力。這對少數民族來説，並不困難，他們是做這些工作的「行家」。對他們來説，架設溜索最大困難之處，乃在如何使纜索到達對岸。這需要在纜索一端繫上較細之繩，或稱「引繩」，要先使「引繩」過岸，才能把整個纜索拖過去。

爲了把「引繩」弄到對岸，當地人民使用過多種多樣的方法。據我過去在滇西北一帶了解，綜合起來共有下列幾種：

一是將「引繩」一端繫以重物抛擲到對岸，這要在兩岸相距不遠之峽谷才可實行；

二是將「引繩」繫於箭末，用弩射到對岸；

三是在水流較緩處帶上「引繩」之一端冒險擺渡過去，再拖到架設溜索之處，這一方法多擇枯水季節進行。

最近翻閲報刊文字，他人又記錄下一種有趣方法，即通過放風箏使「引繩」一端飛到對岸，傈傈族即用這一方法①。風箏雖是玩物，卻爲後進民族解決了重大的技術問題。

然架設溜索畢竟是困難工作。在新的地點架設自非使用上述某種方法不可；已有溜索之處則盡量不待其斷即加更換。這樣只要有人帶著「引繩」通過溜索過岸即可。故滇西北民族規定每隔一定時期不管溜索是否朽壞即予更換，既減少斷索之危險，又免舊索斷後架設新索之麻煩。

溜索雖是原始渡水工具，對人類交通貢獻甚大。西南地區一些鐵索橋均位於原來架設溜索之處，而且常是通過溜索把鐵橋的鋼纜弄到對岸的。

圖一　滇西北的溜索

① 張一峰〈傈傈族的篾溜索〉，《大理民族研究》一九八九年，二期。

古器物研究札記

龜甲器

四十年前夏鼐先生爲《考古通訊》一九五八年六期一篇簡報寫的按語云：「考古工作者常將自己不能解釋用途的東西，都歸之於可能是宗教上用的東西」。「這種推想也只是推想而已」。這一現象至今仍然存在。我們對一些特殊的器物的用途，不能永遠停留在推想階段，應盡可能找來證據予以說明。即使是宗教用物，也要弄清楚究作何用，有何證據。史學前輩傅斯年先生曾經說做學問要「上窮碧落下黃泉，動手動腳找東西」。只要努力搜尋，證據還是不難找到的。試舉大汶口等地出土的龜甲器爲例。

新石器時代墓葬中時見隨葬完整龜甲。內裝小石子或砂子等物，背甲和腹甲上端或被截去一段，或有人工鑿成之孔穴，有的背甲邊緣又有一排小孔。

此物最早被認爲只是大汶口的文化特徵。最近發現表明，其他新石器文化也有這種器物存在。出土龜甲器的遺址屬於裴李崗文化的有河南舞陽賈湖①，屬於仰韶文化的有河南淅川下王崗（僅發現一例）②，屬於大汶口文化的有山東兗州王因③、泰安大汶口④、鄒縣野店⑤、江蘇邳縣劉林⑥、大墩子⑦。（圖一）

根據對上述新石器文化現有的年代學知識，龜甲器的流行大約距今七〇〇〇—五〇〇〇年。龜甲器過去被推測爲「巫師用物」或佩帶於腰的甲囊，未有確證。一九九一年我訪問加拿大境內的易洛魁印第安人保留地，了解到那裡有一種龜甲做的響器，或有助於揭開中國史前龜甲器之謎。

易洛魁人過去實行母系社會，爲中國讀者所熟悉。現在分居美加兩國於十五個保留地中，固有的社會組織和傳統文化均已發生很大變化，一部分信仰基督教，還有一部份人信仰傳統的宗教（稱爲

---

① 〈舞陽賈湖遺址的試掘〉，《華夏考古》一九八八年二期，頁四五，圖七。〈河南舞陽賈湖遺址新石器時代遺址二至六次發堀簡報〉，《文物》一九八九年一期。張居中：〈舞陽賈湖遺址出土的龜甲和骨笛〉，《華夏考古》一九九一年二期。

② 《淅州下王崗》，北京：文物出版社，一九八九年，頁二五，圖一五。

③ 〈山東兗州王因新石器時代遺址發掘簡報〉，《考古》一九七九年一期，頁一二，圖版九九：一—二。

④ 《大汶口》，北京：文物出版社，一九七四年。頁一〇三。

⑤ 《鄒縣野店》，北京：文物出版社，一九八三年。頁九七，圖版七六：一、二。

⑥ 〈江蘇邳縣劉林新石器時代遺址第一次發掘〉《考古學報》一九六二年一期。〈江蘇邳縣劉林新石器時代遺址第二次發掘〉，《考古學報》一九六五年二期，頁二九—三〇。

⑦ 〈江蘇邳縣四户鎮大墩遺址探掘報告〉，《考古學報》一九六四年二期，頁二九—三〇，圖二二。〈江蘇邳縣大墩子第二次發掘〉，《考古學集刊》第一集，一九八一年，頁四二，圖一〇。

「長房宗教」）⑧。龜甲響器便是他們傳統節日及宗教儀式中使用之物。

龜甲響器用當地稱爲「泥龜」的整個甲殼製成。早期美國人類學家 L.H.摩爾根《易洛魁人同盟》一書有一條注釋，專門介紹其製作方法：先清除龜的內臟及四足，留下龜甲及周邊相連的皮，俟其乾卻，把皮縫合，形成完整而中空的龜殼，放入一種堅硬的玉蜀黍粒後，從龜頭部位插入木柄。若木柄較粗，鋸去腹甲一片以增大孔穴。爲了安柄牢固，要在背甲和腹甲各鑿兩個小孔，插入細棒，再和木柄綁扎在一起。最後把事先切下的龜頭，套在木柄頂端，這樣便做成一件保持龜形的響器。搖動木柄，便可發出清脆的響聲。（圖二、三）

易洛魁人有好幾種響器，有南瓜殼製的，有獸角製成的。但龜甲響器只有重要節日（一、二月間的仲冬節和八、九月間的青玉蜀黍節）舉行儀式舞蹈時才能使用。這支舞蹈隊伍一般由經過挑選的十五個到二十個男子組成，他們身穿華麗服裝，圍繞著議事房（Council House）進行舞蹈，另有兩人坐在房內唱歌，手中即持有龜甲響器打著節拍，以此指導舞蹈者的舞步，使大家保持一致。節拍頻率一般爲一秒兩次或三次。一曲既終，響器節拍放慢，表示休息，這時舞者便停止舞蹈，但仍隨著緩慢的節奏而走步。約兩分鐘後，響器又急促地擊打起來，兩個歌手開始唱另一首歌，一場新的舞蹈又開始了。婦女如經過安排，也可參加這種舞蹈，她們跟著男性舞蹈者行列的後面⑨。男女使用的龜甲響器略有不同，婦女所用的形體較小。

---

⑧ 汪寧生〈易洛魁人的今昔〉，《社會科學戰線》一九九四年一期。

⑨ L.H. Morgan, *League of the Iroqucis*, Secaucus, New Jersey: The Citadel Press, 1962. pp. 279－238.

龜甲的響器使用另一場合是驅鬼治病儀式。易洛魁人相信生病是邪惡的鬼作祟，必須請求神祇協助治療，爲此他們組成若干個巫醫會社（Medicine Society），專門進行這一儀式。這樣的會社塞內卡（Seneca）部落有十一個，卡尤加（Cayuga）部落有十三個。其中以塞內卡的「假面會社」（False Face Society）最爲著名，勢力最大⑩。只要是受到這種儀式的治療者，或夢見過有關神祇者，不分男女老幼都可以參加。當舉行儀式時，會社成員都要戴上木雕的或玉蜀黍棒外皮編成的面具（它們本身就是神祇），手中持龜甲響器。每年春秋兩次，假面會社爲全村人民舉行大規模的驅鬼儀式（頗類似中國古代的儺）。會社成員分爲兩羣，分別從村落兩端進入村內，依次拜訪每一座房屋，邊走邊呼，驅鬼逐邪。最後大家集中於議事房中，用龜甲響器摩擦窗框和擊打門户，這時必須由等候在房內的人（一般是首領）出去迎接，焚燒從各户搜集來的菸草，向諸神致謝辭，感謝他們爲保護村落作出的貢獻。若不如此，據信神祇將被「激怒」而焚毀房屋。有趣的是在感謝諸神之餘，還要向龜甲響器致意。謝詞中有一段話是這樣的：

> 啊！強有力的 *Shagadyoweh* 神，請你享受菸草。你住在大地邊緣，站得高，到處都去爲人治病。還有你，在森林中面對著樹，我們稱爲伴侶的臉（指木雕面具），也請接受菸草。還有你，用玉蜀黍棒外皮做的臉，請接受菸草，……你也盡了自己的責任。……現在請你們的泥龜響器也接受菸草。

---

⑩ H.E. Driver, *Indians of North America*, The University Press Chicago, 1975.p.357.
A.F.C. Wallace, *The Death and Rebirth of the Seneca*, New York：Vintage Books, 1972.pp. 78－85.

若是平時村中有人生病，則驅鬼治病儀式可以在病者家中舉行。面具會社成員圍繞著病人跳舞呼叫，用龜甲響器擊打門窗，並把灰撒在病人的頭上或身上⑪。（圖四）

關於龜甲響器之由來，在易洛魁人「創世紀」神話中有所反映。據云原來地球上是一片汪洋，天空一位「首領」之女，沿著「生命和光線之樹」向下降落，動物「議事會」開會商量，如何給予幫助。大家都束手無策，只有泥龜挺身而出，在牠背上給她一塊立足之地；水鳥們又各叼一小片泥土放在龜背上，這才形成了大地。後來此女無夫而孕，生下雙胞兄弟，分別成爲善惡兩神。善神即「大神」，用泥土造人，才繁衍了人類。由於龜是「大地的基礎」，故只有祭祀重要神祇的活動中才使用龜甲響器⑫。按這一神話之形成應當在龜甲響器既已使用之後，是爲了解釋爲何使用龜甲製作響器的。初民解釋事物起源的神話都是如此。在易洛魁人開始製造龜甲響器之時，未必便對龜甲有什麼特殊的信仰和崇拜。在沒有金屬的時代，要使響器能發出脆亮的響聲，什麼材料能比得上龜甲呢？

這種龜甲響器之分布不限於易洛魁等東部森林區印第安人，在西北海岸印第安人原來似也有存在。一九九二年我在美國西雅圖見到出售給旅遊者者的龜甲響器（圖五），惟不知現實生活中是否仍在使用？

---

⑪ A. McMillen, *Native People and Cultures of Canada*, Vancouver : Douglas and Maintyre, 1988. p. 84. 又見上引 Driver 書，七二二頁。

⑫ P. T. Furst and J. L. Furst, *North American Indians Art* N. Y. : Rizzoii, pp. 224 – 225, 又見上引 Wallace 書，85 – 92 頁。

由於北美印第安人龜甲響器所給予的啓發，我認爲大汶口等地史前龜甲器也是一種響器，可據前者形象來進行復原。讓我們細細檢查各地龜甲器留下的痕迹及出土情況，看是否足以支持以上看法。

首先，龜甲器內多裝有小石子或砂粒，顯然爲了發出響聲。有些其中已無物，亦不足怪，若像易洛魁人龜甲響器那樣放入植物籽實，則可能早已腐爛。甲上的孔，一直使考古學家感到迷惑。邊緣上一排小孔（圖一：四），可以解釋爲繫綴流蘇或其他裝飾物，而背甲和腹甲正中的孔究作何用呢？現從易洛魁人龜甲響器可知，它是出於安柄牢固的需要，是爲了插入支撐物以便縛紮於柄而留下的，有些腹甲截去前端，亦與易洛魁人龜甲響器的情況相似，是爲了增大龜甲的頸穴以便安柄。邳縣大墩子一件龜甲器的腹甲有繩索痕，便是將器身綁紮於柄而遺留。

其次，龜甲器並非都發現於死者的腰部，不能解釋爲佩帶之物。龜甲器既是一種響器，是手執之物，隨葬時自必將柄置於死者手邊，木柄早腐而龜甲器身可留下在死者腰部也可留在或其他部位。這就是爲什麼發現時龜甲器並無固定位置的原因。

一個有待探討的問題是邳縣大墩子於和兗州王因兩個遺址的龜甲器，有的內裝骨錐或骨針，應作何解釋？這裡骨錐或骨針似乎寓有特殊的含意。一般來說骨針僅爲女性用物。而內裝骨針的龜甲器竟發現於男性墓葬（如大墩子的M四四）之中。故這幾件龜甲器仍是響器（骨錐或骨針放入其中，仍可發響）呢？抑另有用途？詳細觀察器物的痕迹（如有無裝柄？頸口部分如何處理？），或不難作判斷。

龜甲器原來的形制及用途既已明瞭，還可對其使用者的身份略作推測。各地龜甲器僅發現於成年男女的墓葬，孩子的墓葬中迄未發現，說明它是當時成年人活動中使用之物。出土有此物墓葬較多，似乎所有者的身份並非巫師，否則巫師或薩滿人數不可能如此之多。但它又非發現於所有墓葬，並不是全體成員都有之物。它似乎像易洛魁人龜甲響器那樣，是某種宗教儀式或節日舞蹈中所用的樂器或法器，而對使用這種器物的人有一定的限制和規定。

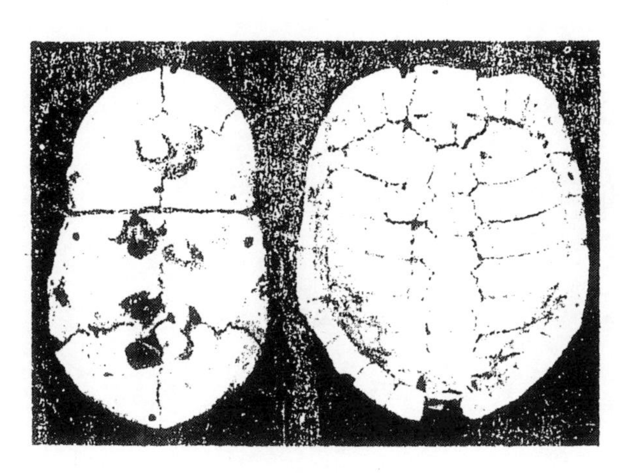

1.舞陽賈湖出土含有小石子的龜甲器

2.舞陽賈湖一座墓葬中龜甲器均發現於死者脛骨之上

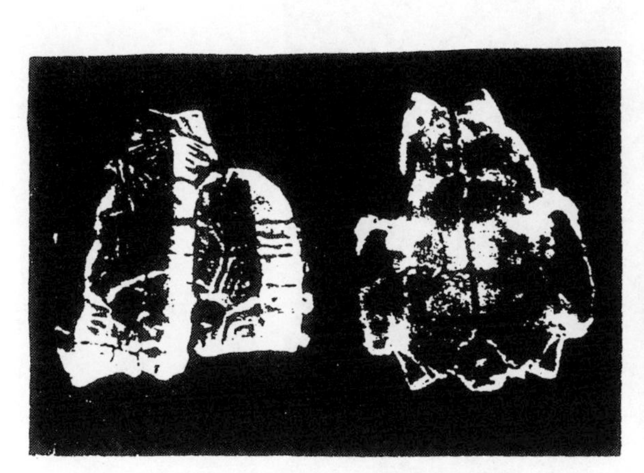

3.泰安大汶口出土龜甲器（背甲上有孔）

4.邳縣劉林出土龜甲器（背甲上及邊緣均有小孔）

圖一　各地出土的龜甲器

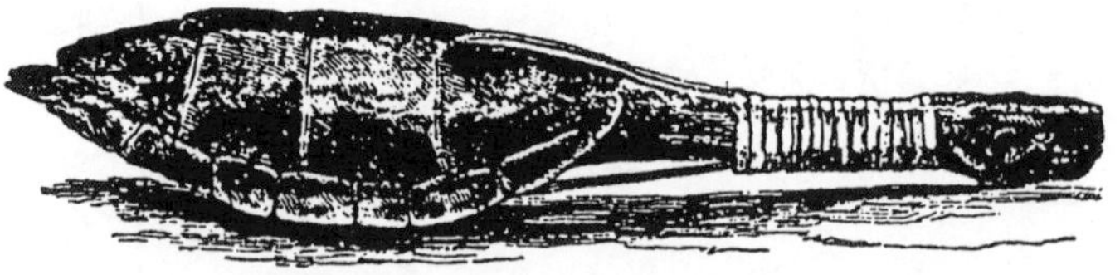

圖二　易洛魁人龜甲響器（採自《易洛魁人同盟》）

圖三　地易洛魁人的龜甲響器

（現藏紐約州博物館）

圖四　六部保留地假面會社成員手持龜甲響器舉行儀式

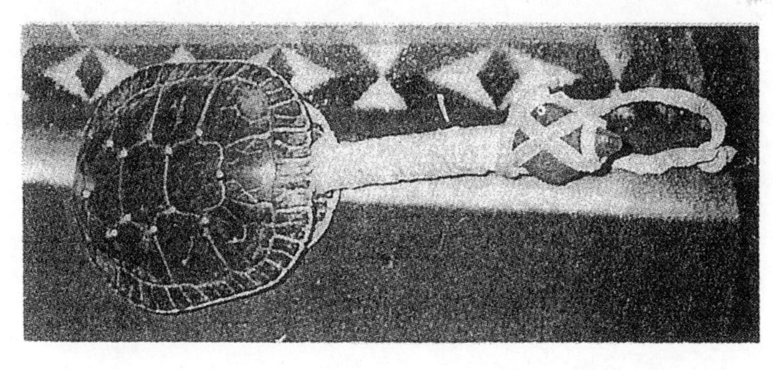

圖五　美國西北部印第安人製作的龜甲響器（作爲旅遊紀念品）

三角形石器

在中國考古學論著中，有些非生産性的器物常誤釋爲生産工具，三角形石刀是一個例子。

江浙地區良渚文化及較晚的湖熟文化中，常見一種器體略呈三角形頂端有一斜柄而刃在底邊的三角形石器。比較典型的標本出土於下列諸遺址：杭州良渚和古蕩（老和山）①，吳興錢山漾②，黄岩雙寳珠③，嘉興雙橋④，舟山孫家山⑤，上海馬橋⑥，松江廣富林和湯廟⑦，昆山綽墩，滎莊和陳墓

---

① 施更昕《良渚：杭縣第二區黑陶文化遺址初步報告》，杭州，一九三八年，頁三六，圖版拾陸：2a、2b。《杭州古蕩新石器時代遺址之試探報告》，杭州，一九三六年，圖版貳柒、叁叁。蔣纘初〈杭州老和山遺址一九五三年第一次的發掘〉，《考古學報》一九五八年二期，頁一〇，圖版貳：一。

② 〈吳興錢山樣第一、二次發掘報告〉，《考古學報》一九六〇年一期，頁八二。

③ 沙孟海〈略談浙江出土的石鉞〉《考古通訊》一九五五年六期，頁五五，圖版拾伍：三。

④ 趙人俊〈浙江嘉興雙橋附近新石器時代遺址調查〉，《考古通訊》一九五八年七期，頁四八—四九，圖一。

⑤ 王和平、陳金山〈舟山羣島發現新石器時代遺址〉，《考古》一九八二，頁七—八，圖四：一一、一八。

⑥ 〈上海馬橋第一、二次發掘〉，《考古學報》一九七八年一期，頁一二一，圖一五：九、十。

⑦ 〈上海松江縣廣富林新石器時代遺址試探〉，《考古》一九六一年九期，頁四六七，圖版叁：一，圖四：五。〈上海松江縣湯廟村遺址〉，《考古》一九八五年七期，頁五八七—五八八，圖六：一〇、一一。

鎮⑧，吳江梅堰和龍南⑨，蘇州虎山⑩，常州圩墩⑪，南京太崗寺⑫。此外，在太湖周圍及錢塘江沿岸也有不少發現。在江浙以外地區，僅見於著名的山西襄汾陶寺龍山文化遺址及附近屬於同一文化的曲沃方城遺址⑬。（圖一）

根據現有的對良渚文化，龍山文化及湖熟文化的年代學知識（基於放射性炭素測定），可以認爲，這種三角形石器流行年代應爲西元前三〇〇〇—前一五〇〇年。

這種石器自三十年代首次在杭州良渚發現以來，以其形制特殊，一直受到人們的注意。最早釋爲「斧」「鉞」或「犁」，後來釋爲「破土器」，認爲是繫繩曳引開溝排水的農業生產工具⑭。最近始有學者指出，此物乃供「宰割和庖廚所用」之物⑮。此說比較正確。一九九一年我承加拿

---

⑧〈江蘇昆山綽墩遺址的調查與發掘〉，《文物》一九八四年二期，頁八，圖六：一〇、一一，八、一〇。尹煥章、張正祥〈對江蘇太湖地區新石器文化的一些認識〉，《考古》一九六二年三期，頁一五〇—一五一，圖版捌：四、九。

⑨〈江蘇吳江梅堰新石器時代遺址〉，《考古》一九六三年六期，頁三一〇，圖一：六。〈江蘇吳江龍南新石器時代遺址第十二次發掘簡報〉，《文物》一九九〇年七期，頁一二、一五，圖六、四四：六。

⑩〈江蘇市和吳縣新石器時代遺址調查〉，《考古》一九六一年三期，頁一五二—一五三。

⑪〈江蘇常州圩墩新石器時代遺址的調查和試掘〉，《考古》一九七四年二期，頁一一三。

⑫〈南京西善橋太崗寺遺址的發掘〉，《考古》一九六二年三期，頁一一九，圖五：五。

⑬〈山西襄汾縣陶寺遺址發掘簡報〉，《考古》一九八〇年一期，頁一九、二七，圖三：九、八：一一、九：一。〈一九七八—一九八〇年山西襄汾陶寺墓地發掘簡報〉，《考古》一九八三年一期，頁四〇，圖八：二，圖版柒：七。

⑭牟永抗、宋兆麟〈江浙的石犁和破土器〉，《農業考古》一九九一年二期，頁八〇—八二。

⑮紀仲慶〈略論古代石器的用途和定名問題〉，《南京博物集刊》六期（一九八三年），頁一三。

大駐華使館提供研究基金（FRP），有機會對因紐特人（Inuit）（過去稱愛斯基摩人）作短期訪問。發現那裡有一種稱爲ulu（或uLo）的傳統工具，可爲此說提供新的證明，且可對它如何安柄如何使用作出全面的復原。

因紐特人以狩獵、捕魚爲主，他們經常用ulu剝取和刮淨馴鹿、海豹及大魚的皮，當然也用以切割肉類。由於這工具主要爲婦女所用，亦稱「婦人刀」。

最原始的「婦女刀」就是一塊打製而成的略呈三角形的燧石片，安上木或骨做的把手，用膠粘緊，把手安在一個斜邊上⑯。著名的人類學家F·鮑亞士在《中部愛斯基摩人》一書中介紹的一件，已經磨光並鑽孔，孔排列在斜邊上⑰，說明仍安有斜柄。後來，這種「婦人刀」改用銅製或鐵製，柄安在頂端，但器體仍作三角形，有的邊緣仍有鑽孔，保存原來安有斜柄的痕迹。他們今天所用切割肉類的長刀，其長柄仍安在鐵刃的斜邊上⑱。（圖二：一—四）

這種器物在美州大陸之分布並不限於北極地區。美國德克薩斯州、新墨西哥州、蒙大拿州等地曾發現三角形附有斜柄的石刀。美國早期人類學家對這種刀作過調查研究，有一種意見認爲其用途正與因紐特人「婦人刀」相同。在普埃布洛印第安人（Pueblo — Indians）的崖屋（cliff — dwell）遺址中

---

⑯ Otis T. Mason, *The Origins of Invention*, Cambridge：The MIT Press, 1966（1895）, Fig. 5, pp.45～46.

⑰ Franz Boas, *The Central Eskimo*, Lincoln：University of Nebraska press, 1964, Fig. 74, PP.109～110.

⑱ Asen Balikci, *The Netsilik Eskimo*, N.Y.：The Natural History Press, 1970, Fig. 3,7；pp.10～11,16。這是中部因紐特人的一支，分布於今加拿大西北地區的威廉王島布西亞半島一帶。Netsilik，因紐特語，意爲海豹。也是當地一個湖名。

也能找到這種石刀。惟現在他們對石刀已不再作爲實物使用，而作爲靈物（fetish）供奉⑲。（圖二：五）

據因紐特人「婦人刀」及印第安人三角形石刀的情況，可以看出良渚等地出土三角形石器也是一種割肉和剝皮的刀類。它一般長二〇—三〇公分，少數大者可達四〇—五〇公分，小者僅一〇多公分。器形不大，而刃又在三角形底部，器身扁薄，不適合砍劈而利於切割，故它不可能是「斧」「鉞」之類武器，亦非「犁」或「破土器」之類農具。已有學者取標本作過微痕觀察，發現器身沒有與泥土擠壓留下的痕迹，而尖端之刃「棱角明顯，……完全沒有與外物碰撞而留下的碴口」，碴口分布在刃的中間較多，而且「碴口較小，……應是與硬度不高的外物碰撞而形成的」⑳，以實驗方法證明了它不能是任何利用尖端刺土的農具。

在襄汾陶寺墓葬中這種三角形石器與木俎同出，也可說明它屬於刀類。

迄已發現三角形石刀大體可以分爲三種型式。第一種是斜柄與三角形一個斜邊相連，如杭州良渚、上海馬橋、昆山綽墩等地出土者。第二種是斜柄甚短而器身上有鑽孔，如黄岩雙寶珠出土者。第三種是三角形器身上鑿出缺口以形成斜柄，如松江湯廟、昆山陳墓鎮、襄汾陶寺出土者。參考上述因紐特人「婦人刀」安柄方法，這三種不同型式之三角形石刀的安柄方法應如圖三。這種刀類的特點是既可以切，又可以劃，而且作幅度較大的劃的動作時可使整個刃部接觸物體，優越性更大。剝取較大動物的皮，肢解動物，分割大塊肉類，大概就是這種三角形石刀的主要用途。

---

⑲ Waltes Hough, *A New Type of Stone Knife*, American Anthropology, Vol 29, 1927. pp.296～299.

⑳ 季曙行〈石質三角形器、三角形石刀用途考〉，《農業考古》一九九三年一期。

1.良渚出土

3.上海馬橋出土

2.昆山綽墩出土

4.黄岩雙寶珠出土

5.襄汾陶寺出土

6.松江湯廟

圖一　各地出土三角形石器

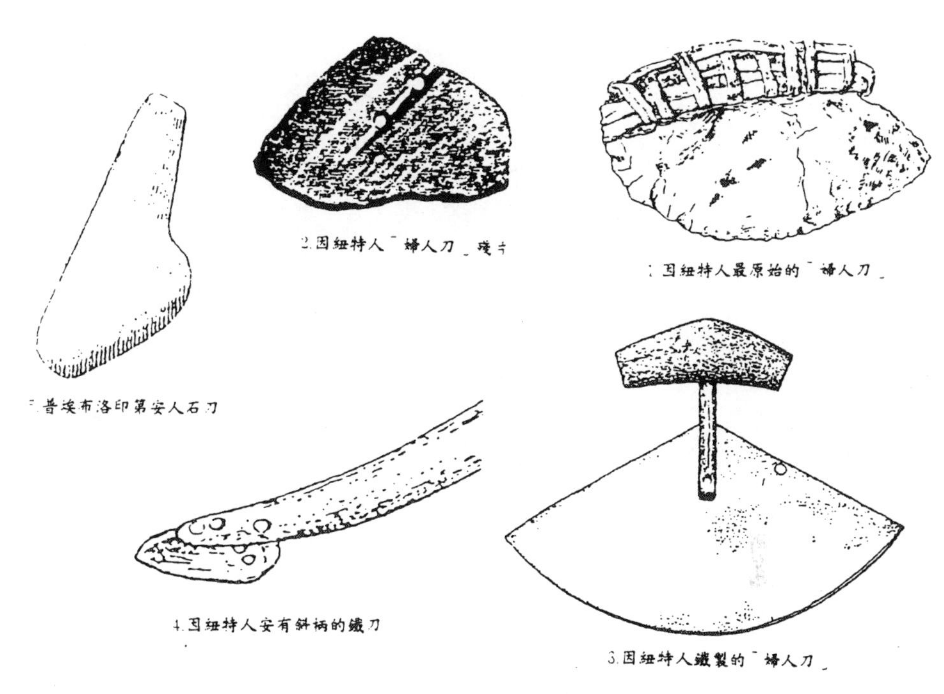

圖二　因紐特人「婦人刀」及普埃布洛印弟安人石刀

圖三　三種類型三角形石刀安柄方法的復原

肩胛骨器

遠古人類可用動物肩胛骨做成用途不同的器物。然近年新石器時代遺址發現的肩胛骨器，在發掘或調查報告中幾乎毫無例外地被劃入「生產工具」一類。

據國內外民族志材料，肩胛骨至少可做成下列五類用途、用法均不相同的器物：

(1)刀：以肩胛骨的一側邊緣磨薄成刃，以骨臼爲柄，便可用於切割。澳大利亞阿納姆蘭地區即用袋鼠肩胛骨製成的這種「骨刀」，專供薯類切片之用①。（圖一）

(2)刮：以肩胛骨寬薄一端略加修整而成。因紐特人（愛斯基摩人）有鹿肩胛骨做的刮子，用以刮淨已剝下的獸皮②。（圖二）

(3)炊具：我在西盟佤族之中親見他們用豬肩胛骨做成的「鍋鏟」，僅將骨臼和骨脊部分稍加修治，以便手握。烹煮食物時用以攪拌或鏟清鍋底，有時也可用來「炒菜」。（圖三）

(4)鋤：以竹木棒爲柄，一端鑿孔或剖開插入骨臼，縛以繩索。北美東部森林區及大草原地區的印第安人，例如，希達查印第安人（Hidatsa Indians）即有用牛或鹿肩胛骨做成的這類工具，用以平整

---

① F.D. McCarthy, *Australian Aboriginal Stone Implements*, Sydney, 1976,p.91,Fig.69：9.

② F. Boas, *The Central Eskimo*, University of Nebraska press,1964, p.112, Fig.77.

地面，壅土或點種③。（圖四）

⑸鏟：即以肩胛骨安上一個竹木直柄而成。雲南景頗族即有牛肩胛骨做的鏟子，稱爲「申邊」，用以刮土、鏟草或清除牛糞。（圖五）

上述肩胛骨器有些確是用於生產，大部分只是生活用具或至多在生產中做點輔助性工作。對這類器物應據微痕觀察及其與周圍器物關係分別確定其具體用途，未可一概歸入「生產工具」。

值得注意的是本世紀七十年代浙江餘姚河姆渡遺址出土肩胛骨器一百多件④，原來安有直柄，與景頗族的「申邊」形同（圖六）。此器自來稱爲「骨耜」，被認爲是深耕細作的挖土工具。然民族志材料表明，肩胛骨做的工具，只能用於土壤表面工作。不能用於深挖。景頗族告訴我們，「申邊」不能挖土，「多麼厚的牛膀，也經不住挖幾下子」。印第安人的肩胛骨器也是這樣，前人報導說「由於材料的脆弱性，它不能刺破土壤，而只能像希達查印第安人那樣，限於爬刮疏鬆的表土，在生長植物的根部形成小堆」⑤。

「骨耜」還曾被復原爲有足踏橫木，現已證明不能成立。第二期發掘中有一件標本（T二二四①

---

③ H.E. Driver, *Indians of North America*, The University of Chicago 1975, p.78。C.D. Forde, *Habitat Economy and Society：A Geographical Introduction to Ethnology*, London：Methuen&Co.Ltd, 1961（1934）,p.254,Fig.84.

④ 〈河姆渡遺址第一期發掘報告〉，《考古學報》一九七八年一期。五四、七三、八〇頁；圖一〇、二六、三三；圖版伍，陸：一—三，拾貳：八—一〇〈浙江河姆渡第二期發掘的主要收獲〉，《文物》一九八〇年五期，六頁，圖版叁：二。

⑤ 上引 C.D. Forde, 二五四頁。

：一七五），橫孔內有十多道藤圈繞過的痕迹，不可能再穿過橫木。原來橫孔之設是爲了縛紮柄使之牢固（圖七）。「骨耜」足踏翻土之說已失去依據。

更重要的是各地自然環境不同，原始農業形態有異。黃土高原是半乾旱的草原，森林較稀，土壤鬆軟⑥，可能從新石器時代起就以短期休閒和每年翻土來恢復地力。這就需要使用耒耜之類翻土工具。而像河姆渡遺址所在的江南地區，氣候潮濕，植被茂密，土壤內原有豐富的腐植物，每年進行文獻中所說的「火耕」⑦，即焚燒樹木取得灰燼爲肥料，根本無須再翻耕土地來恢復地力。

看來，河姆渡「骨耜」的真正用途當與景頗族的「申邊」類似，是一種用於土壤表面的工具。

圖一 澳大利亞人骨刀

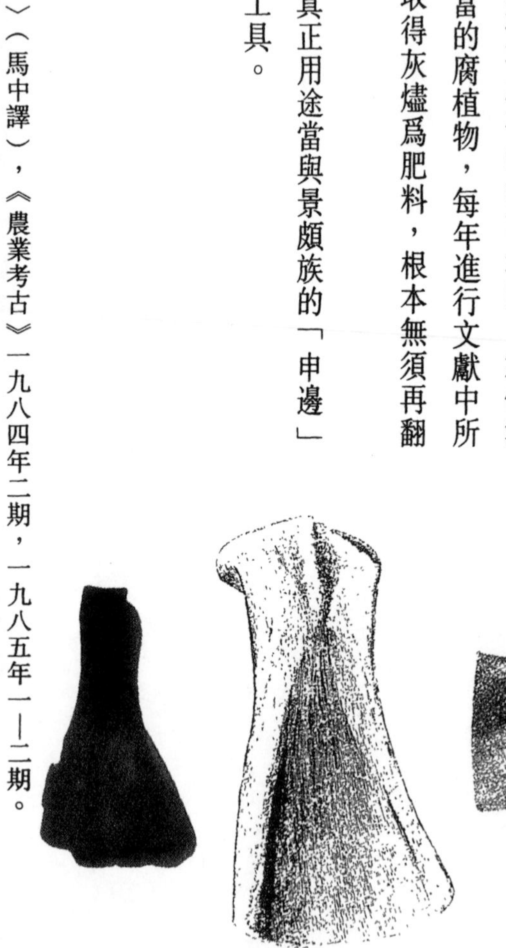

圖二 因紐特人骨刮

圖三 佤族骨鍋鏟

⑥ 何炳棣〈中國農業的本土起源〉（馬中譯），《農業考古》一九八四年二期，一九八五年一—二期。

⑦ 《史記·貨殖列傳》：「楚越之地，地廣人稀，飯稻羹魚，或火耕而水耨」。《漢書·地理志》：「江南之地，或火耕水耨，民食魚稻」。

圖四　希達查印第安人骨鋤

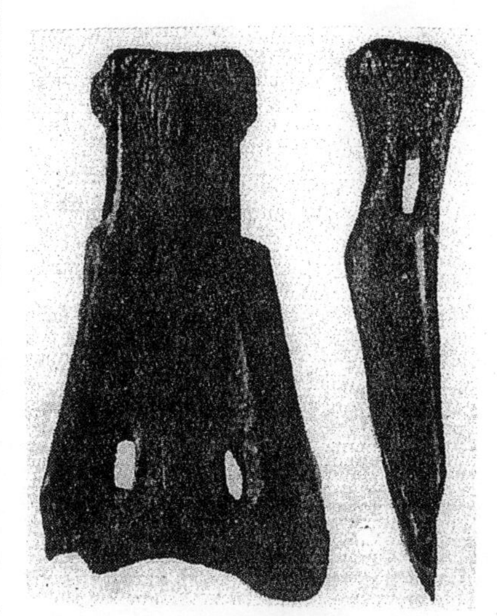

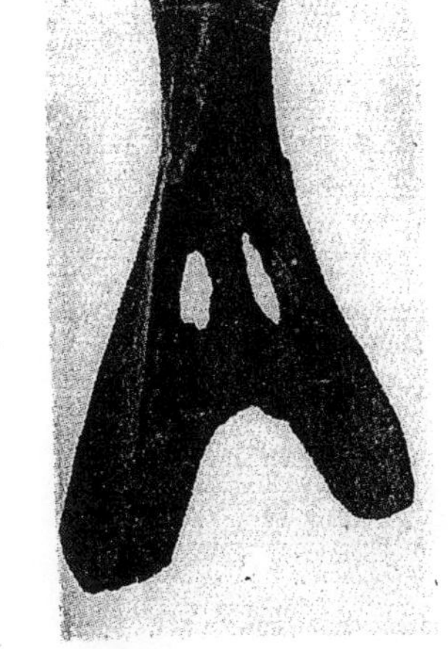

圖五　景頗族骨鏟

圖六　餘姚河姆渡遺址出土「骨耜」

圖七　河姆渡「骨耜」縛柄藤條

鼓風皮囊

人類最早應如北美印弟安人等後進民族以口吹風助燃，後始使用器械。中國古代長期使用皮囊鼓風。《老子》第五章：

天地之間，其猶橐籥，虛而不屈，動而俞（愈）出。

《淮南子·本經訓》：

鼓橐吹埵，以銷銅鐵。

此處之「橐」即指皮囊，「籥」與「埵」則分別指皮囊相連之吹管與吹口。橐又稱鞴①，或簡寫作「排」，以水力拉動者爲「水排」②，以人力拉動者爲「人排」③。

自先秦迄於中古，皮囊使用不衰。（前蜀）薛昭《幻影錄》：

疊炭埋鍋，鞴而焰起。

又（前蜀）牛嶠《靈怪錄》：

①　見《說文》及《玉篇》。
②　《後漢書·杜詩傳》。
③　《晉書·杜預傳》。

見一革囊，喘若鞴囊。

似直至五代時期，鞴橐仍然存在。木製風箱不知起於何時，《天工開物》中始留下明確形象④，稱之爲「鼓鞴」，仍沿襲皮製風箱古老名稱。

關於皮囊實物，未見考古發現。僅河南鞏縣鐵生溝及鄭州古滎鎮等礦冶遺址中見有陶質吹管。吹管連接大型冶爐，必須耐火，自以陶質爲佳。又在山東滕縣宏道院畫像石中，留下東漢時期鼓橐冶鑄形象。王振鐸先生已據此作出研究⑤。

但滕縣畫像石等所反映者乃大規模冶鑄作坊的情況，所用鼓風設備形體甚大，懸吊於架，必須兩人上下拉動，已是橐鞴的發展形式，不足以代表其原始面貌。

雲南少數民族一直使用原始鼓風皮囊，或可供復原遠古時代內地橐鞴形制參考。（清）檀萃《滇海虞衡志》卷五鑾冶條：

挾皮囊與冶事數件沿寨賣冶，冶時掘一小窟，置炭（其）中，上加以鐵，以皮囊鼓之，炭熾鐵溶，以其簡便。

---

④ 宋應星《天工開物·冶鑄》、《五金》。

⑤ 王振鐸〈漢代冶鐵鼓風爐的復原〉，《文物》一九五九年五期。

又（清）余慶遠《維西聞見錄》：

皮爐，以全羖羱皮爲之，腹際爲孔，入竹筒二三寸，縫合之，人足踏皮後足，手提皮頭自上至下按之，則筒之風忽吹而出以扇火，及冶皆用之。古宗（藏族先民）旅宿野處，帶葉之柴而煙少者，恃此器也。

清代內地已無皮囊鼓風之事，故流寓滇南文人竟視爲殊俗，不知內地自古有之。

直至五六十年代，此物在西南偏僻地區仍未絕迹（圖一）。我在滇西北、大小涼山乃至滇西南地區調查，常見走村串寨修補農具之鐵匠（即所謂「沿寨賣冶」者），遠途跋涉之馬幫，使用此物鼓風，其形制與清人所描繪者無異，仍爲整片羊皮縫成，羊毛亦不刮去，插以竹管爲吹筒（蓋修理鐵器需用火力不大，故不妨用竹，然竹筒口部常見燒焦痕）。這種鼓風皮囊既用於冶鑄，又用於炊爨。炊爨當是其原來用途，冶金術發明之後，乃借用以爲冶爐鼓風。

近遊挪威，見偏僻山區農家用木柴炊爨或取暖，亦備有鼓風之皮囊以助燃，其形制與雲南少數民族所用者並無大的差異，僅製作較爲精緻形狀較爲規整而已。據了解，此物在北歐比較普遍，且有古老的歷史，而雲南與北歐古代幾無文化接觸可言。人類思維方法原有共同性，可設計出相同之器械。兩種文化或兩個民族之間若見有相同或類似之器物及其他文化現象，不必盡以文化傳播、文化影響解釋之。皮囊吹風，即爲一例。

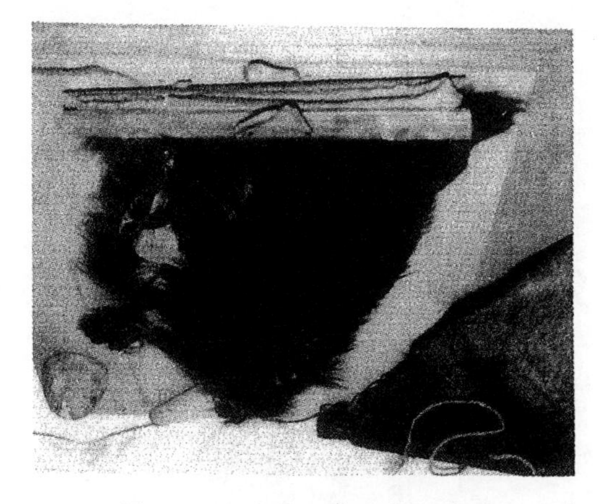

圖一　四川涼山彝族鼓風皮囊

蹶張弩

弩與弓同列爲遠射武器，故弩名「十字弓」（cross bow）而弓稱「長弓」（long bow）。弩與弓類同而實異，弩有郭，設機括以扣弦，用「懸刀」（有如今手槍之板機）以釋弦，而弓則無之。弩較弓進步，其發明較晚。《吳越春秋》卷五有云：

弩生於弓，弓生於彈（彈弓）。

弩晚於弓自無可疑。今世學者謂中國之弩戰國時期始有，則非事實。此乃據出土之銅弩機年代立論，然在金屬時代以前，弩可全用竹木製成。西南少數民族所用之弩多屬此類。我曾調查滄源佤族製弩之法，弩臂爲一種用特殊之竹稱爲「奧安克」（意爲「製弩之竹」）者所制；弩身用一種稱爲「靠班安克」既輕又不易變形之木製成，而機郭部份則用另一種稱爲「斯巴安克」特別堅硬之之木製好後嵌入。懸刀材料則爲木片或骨片。此類材料在地下很難保存，故原始之弩難有實物發現，然不可謂銅弩機之前無弩也。

弩有機關，可於射前張設給予敵人以集中打擊。戰國時著名之馬陵之戰中，孫臏即賴「萬弩齊發」，大敗龐涓①。又弩之張設可利用畜力（如「八牛弩」之類），甚至機械之力（即用弩床之類設

---

①《史記·孫子吳起列傳》。

備借輪軸絞動以拉弦，如「絞車連弩」之類②），故可製成强弩、大弩，其射程遠大於弓。

然戰士隨身佩帶之强弩，仍賴人體之力張設，此即所謂「蹶張弩」，較一般之弩不同之處在於僅憑雙臂之力已難張設，而要兼用足力。例如《漢書·申屠嘉傳》云：

（嘉）以材官（一種低級軍職）蹶張，從帝擊項籍。（如淳注云：（「材官之多力，能腳踏彊（強）弩張之」）。

即指此弩。關於蹶張弩考古資料已發現多起。過去發現的山東武梁祠③及近年發現山東沂南及河南唐河縣馮孺人墓④等東漢畫像石中，均見蹶張弩形象。沂南漢畫像石上武士口噙一箭，足踏弩臂而雙手拉弦，表現尤爲生動。據研究，此武士實代表善射之后羿，繪於墓室可以驅鬼除疫⑤。然現實生活中蹶張之法當亦如是。

弩蹶張之法在內地自早消失，惟邊隅地區尚有保存。一九六五年我在雲南滄源佤族調查製弩時得見各種張弩之法。有一種强勁之弩，單憑臂力無法張開，射者必須坐於地，以雙足踏弩臂，以雙手拉弩弦而扣於機括之上，其姿態與沂南漢畫像石所見者完全一樣，誠爲復原古代蹶張弩最佳比較資料

---

② 《六韜·軍用》。

③ 瞿中溶《漢武梁祠堂石刻畫像考》圖三十、三十一。

④ 《沂南古畫像墓發掘報告》，文化部文物管理局，一九五六，圖版二七。〈唐河漢郁平大尹馮君孺人畫像石墓〉圖一六、一八，《考古學報》一九八〇年二期。

⑤ 周長山、魏仁華〈蹶張圖考〉，《考古與文物》一九八三年三期。

（圖一）。原始之弩亦須蹶張，不必待銅製弩機之後，此於佤族之弩可以證之。

弩與弓雖屬同類，卻爲不同文化之產物。中國西南民族自古有弩而無弓。如（明）王惲《秋澗先生大全文集》卷八一有云：

百夷（指今傣族先民）……兵械，有手弩而無弓矢甲冑。

又（明）錢古訓《百夷傳》云：

百夷……用長鏢干（盾牌）弩，不習弓矢。

而中國北方及西北民族卻多弓而少弩，如西漢前期曾禁止弩這種有力武器北傳匈奴，特設「弩關」⑥稽查，即其一例。此一南北民族文化差異，至今猶然，凡常至邊地作調查者，均能言之，故弩之原始形態及蹶張之法今猶保存於西南民族之中，自非偶然。

中原地區古代兼用弓弩，再次證明文化上曾匯集南北少數民族的文化因素。

---

⑥《漢書・昭帝紀》：「始元五年，罷天下……馬弩關」。顏注引孟康曰：「舊馬高五尺六寸齒未平，弩十石以上，皆不得出關，今不禁也」。

圖一　雲南滄源佤族蹶張木弩之情景

初民時間、空間和數字概念探源

年

真正的曆法和文字一樣，是人類進入文明時代才出現的。而在此之前人類早對年、月、日等時間單位有初步概念，並有了原始的計時（time－reckoning）方法。歐洲發現舊石器時代晚期骨板上刻有圓點和線條符號（圖一），據近年馬歇克（A. Marshack）研究，就是當時人的計時記錄①。

要探討人類原始計時方法困難很大。文明時代以前還沒有真正的文字，也就不會留下什麼文字記載。考古學者也不都有像他們歐洲同行那樣的「幸運」，能夠發現關於計時的實物。但人們有了歷法後，原始計時方法在社會上還會有若干遺留，世界上淺化民族又保存不少原始計時方法可供類比，我們仍可以對遠古人類的時間概念和計時方法進行探索。

爲了敍述方便，我們對各個時間單位分別討論，雖然討論中仍要涉及日、月、年等之間的關係。茲篇先言年。

年的概念最早是看到氣象物候變化而逐步形成。一年中氣候冷熱周期是人們會普遍感覺到的。此

---

① A.Marshack, *The Roots of Civilization*, N.Y.：McGraw, 1972；*Exploring the Mind of Ice Age Man*, National Geographic：147：1, 1975.

外，漁獵民族或畜牧民族根據某些動物活動規律（如赫哲人以大馬哈魚一年一度的進入內陸河流產卵）②，或植物榮枯，得到年度概念；農業民族多以農作物收獲一次作爲一年。埃及古老象形文字中「年」字作𓆳，表示植物茂盛之意③；中國甲骨文字中之「年」作𠦬，作負載禾穀之狀，都是這方面的例證。

早期人類當然不知上述氣象物候變化由地球繞太陽公轉一周而引起，更不知一個「回歸年」的確切長度。雖然早有月、日概念，他們對一年相當於多少個月多少日子，是不關心的。愛斯基摩人，阿爾貢琴（Algonquin）印弟安人，加拿大卑詩省的印第安人、婆羅洲人可以有連續不斷的「月曆」，而不管一年究有幾個月④。湯普遜（Thompson）的印第安人只計算十一個月，其他時間便不再過問⑤。臺灣的鄒族一年僅計算十個月，農事終了，不再計月。泰雅族不知一年有多少月⑥。非洲部落有的把一年等於三五〇天，有的一年等於三九〇天。這些或可代表早期人類並不把年和月、日聯繫起來的情況。

爲了有利於安排生產和生活，淺化民族發現還是應找到一個辦法把舊的一年和新的一年分開。最

---

② 凌純聲《松花江下游的赫哲族》，中央研究院歷史語言研究所單刊甲種，1934年。

③ E. A. Wallis Budge, *An Egyptian Hieroglyphic Dictionary*, N.Y.：Dover Publications, Inc., 1978（1920）,cxxi.

④ E. Hadingham, *Secrets of the Ice Age*, N. Y.：Walker Publishing Co. 1979.p.250

⑤ F. Boas, *General Anthropology*, Boston： D. C. Heath and Co., 1938,p.274.

⑥ 董作賓〈瑞岩山胞的時間觀念〉，載《董作賓學術論著》（下）世界書局，一九六二年。凌純聲《中國古代豐收祭及其與曆年的關係》。

初大概就以某一物候變化作爲年度更替的標誌。如古代女真人以「草一青爲一歲」⑦；美國利得桑納州的馬里科帕（Maricopa）印第安人以樹發芽爲一年開始⑧；臺灣泰雅從收獲完畢那一個月（不管是幾月）第一個不見月光之夜開始結繩紀日，三十天後那一天定爲新年之始，此日稱爲Smato，相當於我們的元旦⑨。

物候變化伸縮性很大，人類經過長期摸索終於發現天體和氣象物候一樣有周期性變化，可以作爲一年開始的標誌。新西蘭毛利人有十三個月，當六月見到Puanga星升起即算爲新年開始之日⑩；埃及人原以尼羅河泛濫這一物候現象作爲一年的開始，而後來發現天狼星（Sirius）會在這天日出時出現，遂以天狼星爲標誌，此日就被稱爲「洪水帶來之日」。初民也早發現太陽的周期性的變化，知道太陽雖然每天升起和下落，一年之中照射時間卻有長有短，升落位置有所不同。中國西南的拉祜族、佤族、涼山彝族都知道以自己所在村寨周圍山名來描述太陽一年之內不同的起落位置。拉祜族還把冬天太陽稱爲「木尼木計」（太陽騎馬），夏天太陽稱爲「木尼瓦計」（太陽騎豬）⑪，認爲冬天太陽走得「快」，夏天太陽走得「慢」，以此形容太陽照射時間長短不同。這已可看作是夏至冬至概念的

⑦（宋）徐莘《三朝北盟會編》卷（洪皓《松漠紀聞》略同）。
⑧ R. H. Lowie, *Cultural Anthropology*, N.Y.: Farrar & Rinehart, Inc., 1940, p.332.
⑨ 上引〈瑞岩山胞的時間觀念〉文。
⑩ *General Anthropology*, p.274.
⑪ 盧央、邵望平〈雲南四個少數民族天文曆法情況調查報告〉，《中國天文學史文集》（二），科學出版社，一九八一年。

萌芽，但他們不知如何具體測定兩至。秘魯古代印加人則有了較科學的測定方法。他們在王國首都庫斯科周圍山頂東西各豎立兩根柱子，觀看日影以定夏至和冬至⑫，精確的觀測只能屬於象印加人這樣已進入文明的社會。但淺化民族還是知道粗略地測定兩至的。景頗族（大山支）在江心坡一帶有過豎立六根杆子測日影之俗。美洲西北岸海達（Haida）印第安人在東牆戳出小孔，讓初升之日影射在西牆，日影停在標誌一年日影移動線一端便是至日，他們的新年被定在冬至之後第一個新月第二天⑬。看來，冬至和夏至的概念的形成，開始是爲了確定年度的更換。

一個「回歸年」約等於三六五·二五日，一個「朔望月」實際長度約爲二九·五三日，不掌握天體運行知識的淺化民族易於覺察到的只能是一年十二月一月三十日。但這種整數的劃分與日月實際運行時間存在矛盾，幾年過去即會發現物候現象與過去不同。爲了解決這一問題，隔幾年要多加一個月，這就是所謂置閏。我國西南少數民族有些已全盤接受漢族的農曆，有些（如哈尼、基諾、拉祜、佤……）直到五十年代前還實行一年十二月一月三十日不知置閏的固有計時方法，但到了年底便看周圍已有較進步曆法民族何時過年，是否置閏，以此糾正誤差。故雲南西南邊疆有「過年看漢族，閏年看傣族」之諺，德宏地區景頗族則有「盈江的看漢族，隴川的看傣族，緬甸的看老緬」之諺。那麼他們在未和漢族接觸之前是否也有自己的置閏方法呢？如何才能避免整數的年月劃分與日月實際運行間的

---

⑫ Father B. Cobo, *History of the Inca Empire*, translated and edited by R. Hamilton, Austin：University of Texas Press, 1983, pp.251－252.

⑬ *Cultural Anthropology*, p.333.

矛盾呢？有不少研究這問題有用資料值得介紹。如西盟佤族有些村寨已隨周圍民族置閏，如岳宋寨每到冬季看近代已學會漢曆的附近拉祜族若還不過年，便實行十三月制，他們對多出的一個月不能理解，便稱爲「怪月」。還有一些村寨則完全依靠自己的觀察，如十二月過去應有物候現象未出現，便知那年「月要多了」、「今年要糧荒了」，於是他們就自己解決置閏問題。翁戞科寨在這方面有很好的經驗，每年二月由「窩朗」（頭人）去南錫河某一固定地點捉魚，如魚上水則不閏月，如三月魚才上水就加閏月。此外還去看某一固定地點岩石上野蜂是否按時來到，如不見則是閏月⑭。滇西北勒墨人（白族支系）先定一年爲十三月，二月稱爲「多餘的月」，看三月桃花是否開放，如開了則二月算三月，此年便只有十二月⑮。這種根據物候現象臨時決定是否加月可以代表早期人類置閏法。

由於年的計算不精確，故淺化民族過年時間是不固定的，甚至同一民族不同村寨之間也不統一，每到年終村寨頭人舉行集會商量那一天過年，在西南少數民族之中屢見不鮮。

原始計時方法中還有一個特點，即年月日等不用數字而以事件記錄。對他們來說，時間不過是現在發生或已經發生一系列事件的組合。某時做什麼才是重要的，其時間順序無關緊要，故他們的年、月、日及至時刻多以事件命名。或稱此爲「事件曆法」，以此區別於我們以數字順序紀年、紀月、紀日、紀時刻的「數字曆法」。據研究，全非洲除去兩個民族以外，都實行「事件曆法」⑯。

---

⑭《佤族社會社會歷史調查》（二），雲南人民出版社，一九八三年，三五、一一四頁。

⑮張旭《白族的古老曆法》，天文學史會議（昆明，一九八五年）論文。

⑯J. S. Mbiti, *African Religions and philosophy*, N. Y.: Doubleday & co, Inc., 1970, p.24.

事件紀年最典型的例子是印弟安人的「冬季紀事」。每當年終他們就把這一年最大事件繪在牛皮上作爲紀錄。最著名的達科他（Dakota）印第安人一位名叫「長狗」的首領留下的一卷，長達七十一年（圖二）。第一年畫一人滿身斑點，表示這年有天花流行；第二年用黑色畫三十個線條，表示這年本部落有三十個人死亡；第三年畫一匹馬身有曲線，表示本部落此年曾從克洛人（Crow）偷了捲毛馬，如此等等⑰。

由於没有數字紀年，一個人出生之年只能以這一年某件「大事」進入記憶。在西南少數民族之中調查，詢問人的年齡，常會得到這樣回答：「我生那一年某某人剛結婚」或「我是種某棵樹那一年出生的」。這些人不知自己的確切年齡。實行刀耕火種的民族一塊地種幾年後丟荒是固定的。景頗族記得自己開某塊地時出生。臺灣泰雅族耕地固定五年換一次，便以一生換了多少塊耕地計算年齡。這樣推算出來的年齡自不能保證全部準確。

從甲骨文中可看出華夏民族那時已有了陰陽曆（或以爲最早行太陰曆⑱，已無法追溯），已知置閏，殷代初年閏月多在年終。卜辭中常見「十三月」；後改年中置閏，或在六月，或在七、八、九

---

⑰ G. M. Mallery, *Picture – Writing of the American Indians*, N. Y.: Dover Publications, Inc., 1972（1988 – 89）, p. 266 – 328.

⑱ （日）新城新藏《東洋天文學史研究》，沈璿譯，中華學藝社，一九三三年，一九〇頁。

月。無論如何當時曆法很不精確⑲。甲骨文和殷周銅器還有「十四月」的字樣⑳，是年終連加兩個閏月的結果。我懷疑整個當時還無固定的置閏方法，仍和上述少數民族一樣，根據物候現象糾正誤差，物候不符才置閏。《左傳·襄公二十七年》云：「司曆過也，再失閏矣」，說明直至春秋時期失閏仍是常見現象。

先秦時期無精確的曆法，也沒有統一的曆法。史家爭論不休的三正問題，其實質就是原爲不同民族的夏商周以何時作爲一年開始原本不同，就像西南少數民族過年日子不一致一樣。在秦統一前，中華大地上不會有一個完全統一的曆法。

關於紀年方法，殷商時期雖早有干支，僅用以紀日並不用紀年。干支紀年從漢代開始，清儒對此已有考證㉑。紀年除用「隹王×祀」「隹××年」外，事件紀年的習慣在甲骨文、銅器銘文、古文獻甚至陶文中多有保存：

惟王來征夷方　前編2.15

惟王楚征盂方　後編上8.6

惟明保殷成周年　《細卣》

⑲ 陳夢家《殷虛卜辭綜述》，科學出版社，一九五六年，二一七－二二三頁。

⑳ 丁山《商周史料考證》，上海龍門聯合書局，一九六〇年。孫海波〈卜辭曆法小記〉，《燕京學報》十七期（一九三五年）。

㉑ （清）顧炎武《日知錄》卷二十古人不以甲子名歲條，（清）趙翼《陔餘叢考》卷三四干支條。

惟公大保來伐反夷年	《旅鼎》
惟王來各（格）於成周年	《厚趠鼎》
惟王大龠（禴）於宗周祰饔（館）莽京年	《臣辰盉》
惟十又三月既生霸丁卯臤從師雝父戍於𠧟阜之年	《臤尊》
王令東宮追　六𠂤之年	《㚔貯簋》
惟王令南宮伐反虎方之年	《中甗》
國差立事歲	《國差𦉜》
陳猷立事歲	《陳猷釜》
惟克周二年	《書·金縢》
惟周公誕保文武受七年	《書·洛誥》
王孫陸陵立事歲	《簠齋藏陶》，2.8

在事件紀年情況下，先秦人們和上述少數民族一樣不可能知道自己準確年齡。甚至重要人物如太公望者，其相周年齡在歷史記載中有近十種的說法㉒，如欲考證明白實爲徒勞之舉，因爲當時他本人也不一定是知道自己確切年齡。

《禮記·曲禮》云：

㉒ 顧頡剛《史林雜識》太公望年壽條，中華書局，一九六三年。

問天子之年，對曰「聞之始報衣若干尺矣」。問國君之年，長曰「能從宗廟社稷之事矣」，幼曰「未能從宗廟社稷之事矣」。問大夫之子，長曰「能御矣」，幼曰「未能御也」。問士之長子，曰「能典謁矣」，幼曰「未能典謁也」。問庶人之子，長曰「能負薪矣」，幼曰「未能負薪也」。

這裡反映的不僅是不同等級應對言詞應合乎禮貌問題，而且是一種遠古沿襲下來不計年齡習慣。

又《左傳·襄公三十年》記晉悼公施食，一位老人就食，人們疑其年齡，他說：

「臣小子也，不知紀年。臣生之歲，正月甲子朔，四百有四十五甲子矣，其季於今，三之一也」，吏走向諸朝……師曠曰：「魯叔仲惠伯會欲成子於承匡六歲也……七十三年矣」。

生動地反映了春秋時普通人民自己還不能計算年齡的情況，僅記得自己出生已有多少甲子，說明干支僅用以紀日，而事件紀年仍在使用。

干支紀年從漢代開始。而在此稍前，曾出現一套紀年方法，這就是從「攝提格」到「赤奮若」的十二名稱㉓，周而復始。此雖非數字，已屬數字紀年範疇。屈原《離騷》說他自己「惟攝提格之孟陬兮，惟庚寅吾以降」，是戰國晚期人已以此記自己年齡。然這套紀年方法當時似僅行於上層人士之間。

㉓《爾雅·釋天》。

季節

季節是從屬於年的，是根據一年中氣象物候現象的變化粗略劃分出的幾個階段。它從來不是一個有確定長度的時間單位。最早的季節與月毫無關聯。像我們今天一年分爲四季一季等於三個月，是淺化民族不能有的。

各地季節因地理環境氣候條件差異而有不同的分法。最簡單的是分爲兩季，如雲南普米族，勒墨人及海南黎族一年僅分冷季和熱季。景頗族（大山支）分爲乾季和雨季。滄源佤族已採取傣族曆法，但在季節上仍按自己傳統分爲二季：「日姆良」（乾季）和「日姆惹」（雨季）。也有分爲三季的，哈尼族的三季爲「造他」（冷）、「渥都」（吹風轉熱）、「熱渥」（濕熱的雨季）；德宏傣族的三季是「哈買」（熱季）、「哈侯」（雨季）、「哈特」（冷季），他們稱此爲「古都三哈」，一年三季之意；涼山彝族的三季則是「播種季」「收獲季」「農閒季」。即有分爲四季的，其名稱和含意與我們的春夏秋冬也不盡同。如景頗族（小山支）的四季是「以里教羅」（「出嫩芽」）、「攢網」（「下雨」）、「從脱」（熬出來了）、「覺渺」（冷）。

季節的時間長短、起訖月分甚至同一民族之間也會因地而異。例如上述涼山彝族的「農閒季」在美姑爲五個月，而在普格爲三個月㉔。又如傣族的三季具體時間也是各地說法不同，差異很大。而且從這一季到次一季的界限更是不明顯的。

㉔ 陳宗祥等〈涼山彝族天文曆法調查報告〉，載《中國天文學史文集》二。

不僅淺化民族如此，即使進入文明時代以後的人們對季節也没有整齊的四分法。埃及人一年分爲三季：「洪水」、「生長」、「收獲」。希臘人則分爲 Thallo（發芽開花）和 Kanpos（果實）兩季。

淺化民族一般從物候現象知道季節的轉移，例如植物發芽，作物成熟等。有些也會通過星象來掌握季節，安排生産。如臺灣蘭嶼雅美族稱南十字架星爲「魚紋星」，知道該星出現於海上某處時，飛魚的汛期將至㉕。鄂倫春人不僅以北斗七星定方向而且看斗柄指向何方以定季節，傍晚指東爲春季，天快亮時指南爲冬季。基諾族看昂星團（Pleiades，他們稱爲「鷄窩星」）在日落時出現便知撒種季節已到。

華夏民族劃分季節也是很晚的。多數學者認爲甲骨文中只有「春」「秋」字而無「夏」「冬」，「今春」「今秋」均作今年解釋，「今春」之下常綴以三、四或五月甚至七、十一或十二月㉖。《尚書》早期篇章仍是有春秋無冬夏。《詩經》晚期詩篇才有「冬」「夏」字。戰國銅器銘文中才能看出明顯的四季劃分㉗。但不能説在此以前完全没有季節的概念。在四季名稱中春秋最早出現，古籍中言四季多言「春秋冬夏」而不像今天説「春夏秋冬」，春、秋又可以代表一年，編年史書便稱《春

㉕ 林衡立〈雅美曆置閏法〉，載《中央研究院民族學研究所集刊》第十二期（一九六一）。
㉖ 商承祚〈殷商無四時考〉，《清華周刊》三七卷九－十號。胡厚宣〈殷代年歲稱謂考〉，載《甲骨學商史論叢》初集，一九四九年。
㉗ 于省吾〈歲時起源初考〉，《歷史研究》一九六一年四期。

秋》。疑最早華夏民族曾如上述一些西南民族一樣把一年簡單地分爲兩季，稱爲「春」和「秋」。從語源上説，假借有草木萌生之意的「屯」字爲春，假借有收斂五穀之稱的「𪓐」字爲秋㉘，也完全符合淺化民族以物候爲季節命名之通例。（晉）杜預《春秋經傳集解·序言》解釋春秋之名由來有云：「年有四時，故錯舉之以爲所紀之名也」。實際上，以春秋代表一年不是「錯舉」，而是一年曾經是僅分春秋兩季之故。

月

月是很早出現的時間概念。在晴朗的夜空，人們抬頭便見到月亮這一永恒報時者。月亮圓缺明晦的周期性變化易於察覺。它的周期較短，對數字觀念不發達的初民來説，又易於記錄和計算。上述歐洲舊石器時代骨板上所刻就被認爲是月相的記錄。科學史家認爲，太陰曆是世界上最早出現的曆法，甚至以太陽曆著稱的古埃及人最初使用的仍是以三十日爲一月的十二個月太陰曆㉙。

以什麼時候作爲一個月的開始，處理方法各有不同。早期報導臺灣原住民是以第一個月圓到第二月圓爲一月㉚，不知今屬哪一族羣；而耶美族、鄒族卻是以新月初現爲月的開始㉛。雲南滄源佤族也

㉘ 唐蘭《殷虛文字記》釋屯旾、釋𪓐[illegible]，中華書局，一九八一年（一九三四）年。

㉙ F. Singer and others (ed.) , *A History of Technology*, Oxford, 1956, voll pp. 793 – 794.

㉚ 林惠祥〈臺灣番族之原始文化〉，《中央研究院歷史語言研究集刊》三，一九三〇年。

㉛ 上引〈中國古代豐收祭及其與曆年之關係〉及〈雅美曆置閏法〉兩文。

是如此。黎族則以早晨不見月亮爲該月最後的一天。埃及人每月都從早晨不見殘月那天開始，而巴比倫人卻以黃昏再見月牙作爲一月的第一天㉜。

單靠看月亮，淺化民族時常面臨難題，因爲一個月中有兩三天是完全不見月亮的。如遇惡劣天氣，月亮更是隱藏不見。爲了更好確定一月的開始日期，他們要借助於觀察物候和天象。溫哥華島的印第安人以 Olachen 魚隨潮汐而來到作爲一個月的開始。非洲霍屯督人和南美印第安人以昴星團升起作爲一個月的第一天㉝。

前已述及，淺化民族經常定一月爲三十日，而一個朔望月的實際時間約爲二九·五三日。按照三十日計算，幾個月後新月出現的日子便會提前。分出月大月小就是爲了解決這一問題。淺化民族不知道月亮繞地球運行的事實及實際時間，但他們在長期對月亮的觀察中早已發現三十天爲一月的缺失，他們也有自己一套辦法加以糾正。雲南西盟佤族和很多淺化民族一樣定一月三十日，每當月終看月亮的出現情況，如有「不合」，可以任意減少一天。大概人類最早大小月的設置與此類似，帶有隨意性。

滇西北勒墨人的辦法是先定一月三十日，新月出現之日爲初三，月圓之日爲十五。初二那天觀看夜空，如能見新月，那天就算初三，此月便只有二十九日；如不見新月，則仍算初二，此月便有三十

㉜ *A History of Technology*, p. 794.

㉝ *General Anthropology*, p. 274.

日㉞，基諾族、赫哲族、鄂倫春族也有同樣辦法。這樣做可以留下伸縮的餘地。總之，原始計時方法中大小月是每月臨時決定的，正和每年過年日期及是否閏月臨時商定一樣；而真正的曆法必須有事先對一年時序作出固定安排的曆譜；這就是兩者根本區別所在。

還有些少數民族自己不知分大小月。像「過年看漢族」一樣，每隔一段時間據漢族月朔來糾正誤差。這實際上已採用了漢族的農曆，雖然表面仍沿襲本族一年十二月一月三十日的古老計時方法。

淺化民族紀月也用事件而不用數字。月的名稱取自該月物候和生產、生活方面某一顯著特徵。盈江景頗族（大山支）的十二月名稱，承本族人士爲我直譯並加解釋，依次是（月份與農曆大體相當）：

1月　普遍歡喜之月（是月過年，故大家歡喜）。
2月　燒火之月（是月爲刀耕火種農業燒山之時）。
3月　眼睛閃光之月（是月萬物復甦，鳥語花香，心中高興）。
4月　末尾之月（指乾季於是月結束）。
5月　使力氣之月（是月農業勞動繁忙）。
6月　憂愁之月（是月青黃不接，又不斷下雨）。
7月　一對月份（是月仍是青黃不接）。
8月　寬心之月（是月包穀出穗，有了希望）。

㉞ 上引《白族的古老曆法》文。

9月　天亮之月（是月開始收穫，終於從饑餓中走出，像黑夜終於盼到天亮）。
10月　發芽之月（指櫻桃花樹於是月發芽）。
11月　縮手縮腳之月（是月開始寒冷）。
12月　飽月（是月飽食終日）。

傈僳族十二月的名稱與景頗族各有相似處。據前人記錄㉟依次是：

1月　過年月　2月　蓋房月　3月　花開月
4月　鳥叫月　5月　燒山月　6月　饑餓月
7月　採集月　8月　採集月　9月　收獲月
10月　收獲月　11月　酒醉月　12月　狩獵月

這裡有兩個月同一名稱，其他民族亦見，如上述景頗族青黃不接之月就有二個。某月之中某一「重大事件」尚未結束，下月仍以此命名，是很平常的事情。有人竟據此認爲傈僳族也行十月曆㊱，未免武斷。

事件紀月的月名都是根據當地物候變化及生產生活情況而命名，故名稱各異，甚至同一民族內部不同村寨之間也會互不一致。西盟佤族就屬於這樣情況，馬散寨有一套月名，岳宋、永廣等寨又各另

㉟《傈僳族簡史》，雲南人民出版社，一九八三年，一二四頁。
㊱劉堯漢、陳久金〈彝族太陽曆考釋〉，載《中國天文學史文集》（二）。

有一套月名㊲。

雲南少數民族以初級農業爲主要生計，事件紀月反映農事較多。不同地理環境下從事其他生計的民族會有完全不同的紀月名稱。例如，上述湯普遜印第安人的十一月依次是：

1. 鹿的發情月
2. 住入避冬房屋之月
3. 公鹿的角脱落之月
4. 春風月
5. 走出避冬房屋之月
6. 捕魚月
7. 挖根月
8. 漿果收獲之月
9. 夏至月
10. 大馬哈魚遷徙月
11. 魚到達河頭之月

湯普遜印第安人以漁獵採集爲主要生計，故月名多與此有關。

華夏民族早在甲骨文時代已知分大小月，但大月小月是否已有固有的排列方法尚無從得知。中國古代曆法把每月開始之日即朔日固定在新月初現稱爲「朏」㊳之前三日，似乎華夏民族有一個時期也和上舉勒墨人一樣對大小月是每月初臨時決定的。正因每月臨時決定朔日，是件大事，故每月統治者都要告朔於太廟㊴。

㊲《佤族社會歷史調查》（一），一六三頁；（二），三四·八一頁。
㊳《白虎通·日月篇》：「月三日成魄，八日成光」。《書·康誥》「載生魄」下《釋文》引馬融注：「魄，朏也。」
㊴《日知條》卷四王正月條。

甲骨文中已可見當時普遍採用數字紀月之法，但事件紀月仍有出現，如「秉月」，「𥜽月」之類，字雖不釋，當與農事有關㊵。又《爾雅·釋天》：

> 正月爲陬，二月爲如，三月爲寎，四月爲餘，五月爲皋，六月爲且，七月爲相，八月爲壯，九月爲玄，十月爲陽，十一月爲辜，十二月爲塗。

一九四二年長沙子彈庫發現的帛書，上書十二月㊶，與《爾雅》所述略同（有些字同音異寫）。這一套月名先秦時期一直在使用。例如，陬月見於《離騷》及《說文·序》，餘月見於《詩·小雅·小明》，玄月見於《國語·越語》，陽月見於《詩·小雅·採薇》。在當時銅器銘文中還見有「咸（月）」（《國差𦉜》）、「冰月」（《陳逆簠》）、「稷月」（《子禾子釜》），等等。

這些月名取意於一月中物候現象和社會生活中大事，如「冰月」當指結冰之月，「稷月」當指收稷之月或祭祀稷神之月，此皆無待解釋者。此外，如「辜月」之辜爲有罪㊷，後來又引申出殺戮之意㊸。上述戰國帛書每月之旁說明文字多有殘泐，惟辜（姑）月下可辨有「姑，曰相殺伐，可以攻

㊵《殷虛卜辭綜述》，二二八頁。

㊶參見商承祚〈戰國帛書述略〉，《文物》一九六四年九期；安志敏，陳公柔〈長沙戰國繒書及其有關問題〉，《文物》一九六三年九期，N. Barnard, *The Chu Silk Manuscript*: *Translation and Commentary*. Canberra: ANU, 1973, Part Ⅱ.

㊷《詩小雅·十月之交》：「無罪無辜」，《雨無正》：「舍伏有罪，既伏其辜」，《說文》辛部：「辜，辠（罪）也」

㊸《周禮·大宗伯》：「以疈辜祭四方萬物」。《說文》桀部：「磔，辜也。」

城，可以聚衆，會諸侯，刑百事（吏？），戮不義（善？）」等語。按辜（姑）月爲十一月，正屬肅殺之季。

日

日更是很早就有的時間概念。太陽永恒地一天一次升起和降落，極易爲遠古人類發現，用作計算時間的天然標尺。故在很多語言中，作爲時間單位的日總是與太陽同意。在早期文字中，日也借助於太陽來表示。美國阿利桑納的阿巴契（Apache）印第安人爲了説明通過他們領土要多少天，便畫一個太陽，下綴以線條相連的十個圓圈，表示共需十一日之久㊹（圖三）。俄亥俄州印第安人一幅樹皮布上，繪有一個人面形太陽，下綴十要短線（圖四），記錄一七五八～一七五九年當地印第安人攻打英國兵站取得勝利，共花費了十日㊺。

初民計算日子並不與月相聯繫，狩獵、戰爭、行路花費多少日子才是重要的，這些日子在那一月份不必關心。即使要説明在哪一月份也只是需要一個大致日期，這可以用月相來表示。很多少數民族以月圓爲中心，把一個月份簡單地分爲兩半。如黎族分一月爲「生月」和「死月」。也有分爲好幾個部分的，如臺灣泰雅族把一個月除去不見月光兩三天外分爲五個階段：「初生之月」、「青春之

㊹ *Picture – Writing of the American Indians*, p.698.

㊺ W. A. Mason, *A History of the Art of Writing*. N. Y.: The Macmillan Co., 1920, pp.71－72.

月」、「篏籮之月」（或「圓月」）、「虧缺之月」、「將滅之月」㊻。以這些概念可大體表達出某一事件究竟發生在什麼時位。

景頗族雖有十二支紀日之法，過去僅爲巫師（「董薩」）或高層人士掌握。民間另有其法。他們一般五天一街，以「街一」、「街二」、「街三」、「街四」、「街五」五天周而復始來計算日子。這也是一種完全脱離月份的事件紀日法。對他們來説，趕街子就是大事，記錯了街期有可能白跑一天山路。

有些民族民已知數字紀日法，仍離不開月相。如涼山彝族把上半月下半月分別稱爲「明月」和「暗月」，以「明一」代表初一，「暗一」代表十六。傣族已有較進步曆法，已有干支紀日，仍把初一説是「月出一日」，十六説是「月下一日」，如此等等。

干支紀日當然屬於數字曆法範疇，在西南少數民族中已很普遍。有些全部採用了漢族的干支，有些保留了自己的方法。如傣族有干有支用以紀年紀月紀日，但各有其傣語名稱。黎、景頗、哈尼、拉祜等族僅有相當「十二支」一套名稱紀日。相對應的十二生肖或與漢族相同，或大同小異。如傣族十二支中以「大蛇」代龍，另有「小蛇」。黎族以「蟲」代虎，以「肉」代馬，以「人」代羊㊼，大概海南遠古時期少有馬、羊，可能少數民族十二支有自己的來源。

另一些民族僅用相當十干一套名稱紀日。西盟佤族紀日法是這方面的例子。永廣等寨使用以下十

㊻　上引〈瑞岩山胞的時間觀念〉文。
㊼　《保亭縣毛道鄉海南黎族合畝制調查》，廣州，一九五八年，一三〇頁。

個名稱周而復始以紀日：「攏」、「島」、「戛」、「戛普」、「那伴」「萊」、「悶」、「布克」、「卡特」、「垮特」，與傣族十干名詞全同，但排列次序有異（傣族從「戛普」開始），兩者可能有淵源關係。馬散，岳宋等寨則僅用九個紀日名稱：「司若姆」、「瑞」、「米仰」、「歐」、「布拉克」、「拉」、「鬧姆」、「入昂」、「高姆」。芒杏寨九天名稱又與上不同。或謂九天法是數完再重複第一個，即從「斯洛木」到「斯洛木」。下一個十天便從「瑞」到「瑞」，仍是十天紀日法㊽。

少數民族干支含意始終未能調查清楚，但知多與禁忌有關。如上述佤族九天或十天，哪些日子爲吉，哪些日子爲凶，而凶日又禁做某事，都有一定規定。上述馬散九天之吉凶是：

司若姆	吉日
瑞	忌蓋畜廄、宜生產、砍過牛尾巴者忌做鬼
米仰	宜蓋畜廄
歐	宜蓋畜廄
布拉克	忌蓋畜廄
拉	忌蓋畜廄
鬧姆	吉日
入昂	忌蓋畜廄

㊽〈有關佤族計算時間一些材料〉，載《雲南佤族社會經濟調查材料》（七），民族研究所，一九八〇年。

高姆　吉日

景頗族十二支紀日，也各分吉凶，例如：

牛日　宜豎柱子

虎日　官家使用之日，民間忌用。

龍日　官家使用之日，民間忌用。

羊日　宜撒棉花

鷄日　不用之日，即忌日。

狗日　宜結婚。

豬日　宜住入新房。

這是從隴川拱瓦寨了解到的，他寨説法又有不同。

甲骨文中可見當時已有干支紀日法。但從一些迹象來看，原來似還有其他計日方法。如衆所知，中國古代有「四分一月」之法，即把一月按月相分爲「初吉」、「既生霸」、「既望」、「既死霸」㊾四個階段，一段約爲七八日。但在銅器銘文中常見月相後又附干支，如：

《師晨鼎》：「惟三年三月初吉甲戌……」

㊾ 王國維〈生霸死霸考〉，載《觀堂集林》卷一。按王氏四分一月説，曾受到學者的質疑（見董作賓〈周金文中生霸死霸考〉，載《董作賓學術論著》下）。本文暫從王説。

《大簋》：「惟十有二年三月既生霸丁亥……」

《舀鼎》：「惟王元年六月既望乙亥……」

《頌鼎》：「惟三年五月既死霸甲戌……」

古文獻中亦見同樣的例子：

《書·召誥》：「惟二月既望，越六日乙未……」。

其實在後一例中只要像後世一樣說「二月乙未」已可說明是那一天（同時代的文獻已有這樣簡單紀日的，如《書·多方》「惟五月丁亥……。」），因爲一個月內不可能有兩個乙未。還要加上「既望」，只能解釋爲在不知干支紀日之前，原以四個月相名稱表示日子，（如《書·顧命》「惟四月哉（載）生魄（霸），王不懌」，就未附干支，當屬古老方法。）後來有了干支紀日，積習難改，仍要加上月相名稱。

古代中原地區紀日還有一個習慣是干支之外還要注明朔日之干支㊿，如：

《魯相瑛孔子廟碑》：「元嘉三年三月丙子朔，七日壬寅」

《史晨孔子廟碑》：「建寧二年三月癸卯朔，七日己酉」

其實如後一例只要說「三月己酉」即可，何必如此架床疊屋？有時當天即是朔日，還要重複一次。

㊿《日知錄》卷二十年月朔甲子條。

如：

《綏民校尉熊君碑》：「建安廿一年十一月丙寅朔，一日丙寅」

這真是「繁而無用」（顧炎武語）。在較早文獻中還有注明朏日（即初見新月之日）干支的，如：

《書·召誥》：「越若未三月，惟丙午朏，越三日戊申……」。

《書·畢命》：「惟十月二年、六月庚午朏，越三日壬申……」。

這些都是如何形成的呢？原來和上述干支之外又加「初吉」等四個月相名稱一樣，是古老紀日法在干支紀日中一種沉澱。上述幾個民族在有了數字紀日之法，仍離不開月相，有「明一」或「月出一日」等名稱。這與「朏」後加日情況尤爲相合。大概古代紀日原用「朏×日」或「朔×日」的方法，有了干支後，竟將朔（或朏）日干支及當日干支一起加上，遂成爲「××朔（或朏）×日××」這樣一種繁瑣的紀日法。

關於古代二十二個干支名稱，前人的考證無得到學術界公認的。南方少數民族中有的僅有十干，有的僅用十二支，各有自己的名稱，是一個新的線索值得研究。過去總認爲少數民族從漢族學會干支紀日，爲何不可考慮是古代華夏民族從一些少數民族借用了十干，從另一些少數民族借用了十二支，從而形成了六十甲子，先用以紀日，後用來紀年呢？中國大地原是一個「大熔爐」（melting pot），今天中國文化是周圍各族文化不斷匯入不斷擴大而形成。中國二十二個干支的語源或可從少數民族干支名稱中得到解釋，而且可能與禁忌吉凶意義有關。此有待於語言文字學家未來的探索。

時刻

一日之內分爲幾個時段也爲安排生產生活所必需。但像今天一天二十四小時一小時四刻這樣整齊的劃分卻非遠古人類所知，他們劃分的時刻是粗略的，不以數字爲次序，而且是互不相等的。

西盟佤族把一天分爲「天亮」、「太陽出」、「太陽高」、「太陽中」、「太陽落」、「蒙買磨」（意爲「什麼人」，是黃昏時盤查外來者的問語）、「青年人串寨」、「找睡處」、「睡好了」、「夜中」、「鷄叫」。滄源佤族分爲「天剛亮」、「天大亮」、「太陽出」「太陽斜」（相當於我們的「日上三杆」）、「太陽直」（中午）、「太陽瞌睡了」、「天快黑」、「晚飯時」、「深夜」、「鷄叫」。景頗族（小山支）分爲「天亮而太陽未出時」、太陽升起時、「早飯時」、「太陽很高」、「太陽正中」、「午飯時」、「太陽下斜」、「太陽落」、「天黑」、「晚飯時」、「深夜」。但他們還有一種更簡便的劃分法，因爲他們有占日用的木牌（稱爲「樣母」），骨制或木制，一邊是日子一邊是時刻，劃分成25個小方格，內刻表示吉凶五個符號：∷（好）、×（不好）、□（空）、：（女）、●（男），看卜問時是何日何時刻，一查便知吉凶。五個日子按街期排列（見上），時刻日夜各分五段，白天是「太陽出」、「吃早飯」、「上工」、「吃餉午」、「太陽落」，夜間是「吃晚飯」、「睡覺」、「夜中」、「鷄叫」、「天亮」。這樣景頗族的一天就有十個時刻。

上述時刻均據太陽升落情況、吃飯及生產安排而命名，它正是「事件曆法」的特點。特別是以太陽升落表示時刻大概是世界上淺化民族共有的。例如，奧吉貝（Ojibwa）印第安人圖畫文字就以人們

視覺中太陽在天空運行位置表示時刻[51]。（圖五）

從事某種特殊生計者會有另一套事件紀時法。例如，烏干達的 Ankore 人，完全靠養牛爲生，牛成爲生活中心，時刻的劃分和命名便離不開牛。他們的一天分爲「擠奶時」（早晨）、「人牛休息時」（正午）、「抽水以便飲水時」、「牛飲水時」、「牛飲水後開始吃草時」、「牛回家時」、「牛入廄時」、「再次擠奶時」[52]。這是一個很特殊的例子。

大多數民族主要看太陽劃分時刻，遇到陰天如何辦呢？初民也有足夠智慧解決這一問題。第一是看植物。向日葵隨日轉動的習性是很多民族都了解的。滄源佤族還發現一種草（名「日不斯魏」）也和向日葵一樣隨日仰俯的習性。西盟佤族看一種稱爲「格拉」植物的葉子捲了起來，或「解放草」低下頭來，便知天色已晚。基諾族看一種名叫「豬草」的植物下彎，盞西景頗族看稻穀葉子上沾水，便知太陽落山。第二是看動物。牛等牲口不分陰晴都自己知道按時回家，這是放牧者都知道的常識。此外，羣鳥歸巢、鴉聲噪晚也爲在陰沉天氣下勞作的人們起著報時的作用。景頗族大山支和小山支都是如此，他們說過去在山上種地，「鳥回去，我們也可以回去了」。又到了傍晚，蚊子便猖獗起來，盞西景頗族感到蚊子咬叮得厲害，即知天已快黑。

日出而作，日入而息。淺化民族對夜的時刻劃分一般較白天更爲簡單粗略（見上），很不注意。有些民族也知道夜間斗轉星移現象。大概天快亮時啓明星在東方出現是很多民族知道的。此外，赫哲

---

[51] *Picture – Writing of the America Indians*, pp. 697 – 698.

[52] *African Religions and Philosophy*, pp.25 – 26.

族還知道看北斗星和三星的位置估定夜間的時刻。

淺化民族當然没有時鐘，但也有自己簡單的測時工具。哈尼族以一根木棍豎於太陽照射之下，視日影長短變化可知時間早晚。德宏芒市傣族也有類似之法，他們以足測影，看影長短測時，一個足印（「泡窪」）爲一個時數。此外，曼老寨佛寺中大佛爺在屋頂留下小孔，視日影轉移測時。瑞麗傣族過去還有一種自製日晷，一九七三年我曾請著名歌手莊相複製一個模型（現存雲南省博物館），木製圓盤上有中柱，四周劃分出十六格，看日影轉移以定時（圖六），但製作者自己認爲「做得不如過去準確」。芒市佛寺中過去也有此物，據說是半圓形，我們未能親見。

漢代以前，中國人對一日內時刻劃分一直是粗略不定的，而且採用事件命名。關於兩個小時爲一時段的以十二支紀時刻法的系統記載初見於晉代[54]，但漢代已見「時加於未」「時加於卯」等等[55]，與事件命名的時刻並存。漢代大概是兩者的交替期。根據前人研究成果，可將漢代及以前時刻劃分情況列表對照如下：

殷商時代（根據甲骨文）[56]	周秦時代（根據古文獻）[57]	漢代（根據漢簡）[58]
	昧爽	

[54]《左傳·昭公五年》杜預傳。

[55]《漢書·五行志》、《翼奉傳》。

[56] 董作賓〈殷代的紀日法〉，載《董作賓學術論著》（下）。

[57]《日知錄》卷二十，古無一日分爲十二時條，《陔餘叢考》卷三，四日十二時始於漢條。

[58] 勞榦《居延漢簡考釋》考證之部卷二。

明	旦	平旦、日出
大采	大采	
大食	蚤（早）食	食時
中日	日中	隅中、日中
昃	昃側	日昳
	下昃	
小食	餔	下餔
小采	少采	
	日入	日入
		黃昏
		人定
		夜半
	鷄初鳴、鷄鳴	鷄鳴

從上表所列名稱可見，古代中原地區也以太陽的升落位置及吃飯等爲一日劃分出來的時刻命名，其劃分也有時代愈早愈粗略的情況。這和上述少數民族時刻劃分和命名情況若合符節。

四方

動物雖有辨識道路回轉巢穴的能力，惟人類才能有意識地區分方向，並各賦予名稱。然今人視爲極簡單的東南西北四方概念，卻非遠古人類所知。某些後進民族直至近代只有東西，不知南北。如雲南西盟佤族僅有東（「里赫斯艾」，意爲「日出」）和西（「里吉斯艾」，意爲「日落」）兩個方向[59]。在海南島黎族語言中，東方與日出、西方與日落是同一意思，「南北概念並不顯著」[60]。

有些民族感到只區分東西無法正確地辨識環繞自己的茫茫大地，便對太陽升落兩個方向之外的空間另以其他概念表示。雲南基諾族稱東爲「略奈」（日出）西爲「略格納」（日落），而另有「阿比納」一詞，統稱南北兩方。雲南景頗族一般只有東西兩個方向，分別稱爲「背脱」和「背網」，意爲日出和日入[61]。據我自己在隴川拱瓦了解，他們有時也把南北統稱爲「背準」，「背」是太陽，「準」是旁邊，與基諾族情況相同。這樣他們便有三個方向。但把南北兩個適好相反的方向合而爲一，仍是極不方便且易弄錯的。爲了說明究竟是在太陽那一邊，他們又把「背準」分爲「背脱準」和「背網準」，意爲「太陽出來方向之旁邊」和「太陽落下方向之旁邊」。這樣就有了四方概念，與我們的東南西北大體相當。

類似的情況還有：雲南德宏傣族四個方向分別是「望奧」（日出）、「望奪」（日入）、「斬望奧」（日出之方旁邊）、「斬望奪」（日入之方旁邊）。臺灣泰雅族的四個方向，分別以「日出之方」、「日入之方」、「日之左方」、「日之右方」來表示[62]。鄂倫春族也有四個方向，太陽升處爲

---

[59]《佤族社會歷史調查》（一），一六四頁。

[60]《保亭縣毛道鄉海南黎族合畝制調查》，一三一頁。

[61]《景頗族社會歷史調查》（二），雲南人民出版社，一九八五年，二一五頁。

[62]上引〈瑞岩山胞時間觀念〉。

東，太陽落處爲西，太陽當頂爲南，而與之相反一方便是北[63]。由上可見，這些民族南北兩方向仍是靠太陽爲標識的。

川西及滇西北地區是橫斷山脈地區，河流多爲南北流向，居住這一地區民族則以河流上下表示南北。永勝他魯人稱東爲「伯杜」，西爲「伯究」，分別意爲太陽「出來之方」和「落下之方」；稱北爲「伯烏」，南爲「伯馬」，分別意爲「頭的方向」和「尾的方向」，「頭」和「尾」即指河的上流和下流。在納西族的圖畫文字中，東爲[象形字]，象朝陽噴薄而出之形（下爲音符）；西爲[象形字]，象落日無光之形（下爲音符）；北爲[象形字]，表示水頭；南爲[象形字]，表示水尾[64]。瀘水勒墨人除以日出和日落表示東西外，另有「江上截」（北）和「江下截」（南）兩個方向概念。

四川涼山彝族諺語有云：「不知東和西，看太陽和月亮；不知南和北，看水流和候鳥。」他們除以當地安寧河等河流辨別南北外，還較其他民族多出一種看候鳥飛的方向辨別南北的方法。

夜晚不見太陽，無法辨物，初民會觀星辨別方向。很多少數民族（如鄂倫春、赫哲……）和漢族一樣對北斗星是很熟悉的，他們雖不會背誦「惟北有斗」的詩句，知道那七顆亮星組成的星羣總是位於北方。鄂倫春族、赫哲族、涼山彝族、滇西北勒墨人還知道觀看啓明星，知道它在天亮時出現之處爲東，在傍晚時出現之處爲西。涼山彝族不知道這原是一種星，竟把前者稱爲「公鷄啼星」，後者稱爲

---

[63] 王勝利、鄧文寬〈鄂倫春天文曆法調查報告〉，載《中國天文學史文集》（二）。

[64] 李霖燦《麼些象形文字字典》，四川李莊，一九四四年。三八，三九，一八四，一八五。方國瑜、和志武《納西象形文字譜》，雲南人民出版社，一九八一年，一五八，一五九，一六〇，一六一。

「晚星」。

若是陰雨天氣，有憑植物和地理面貌以定方向的民間知識。鄂倫春族觀看樹木，樹枝長而多者爲南，短而少者爲北。赫哲族認爲樹枝乾燥光滑一面爲南，粗糙潮濕且長苔蘚一面爲北。涼山彝族夜間走路，手摸山上石頭，乾燥光滑一面爲南，潮濕多苔一面爲北。鄂倫春族又看山坡積雪，融化較多之面必向南，融化較少之面必向北。

華夏民族早在造字時期之前已有四方概念，甲骨文中東西南北四字均已具備：

據甲骨文所見四字原形來看，《說文》對此四字解釋多有附會，如謂東爲「日在木中」，西爲「鳥在巢上」，南表示「林木至南方有枝任也」，等等，已難憑信。多數古文字學家同意的說法是「東」原爲象兩端來緊包裹之「橐」字，與東爲雙聲字，故假借爲東。「西」原爲甾字，因聲近而假借爲西。「南」原爲鐘鎛之類樂器，其字應讀爲㲉，奴空切，與南音相近，又鐘鎛之類總是陳列於南方，故孳乳爲南。「北」字確如《說文》所說作兩人相背之狀，北方背陽，故假借爲北(65)。唐立庵先生《釋四方之名》一文曾對此四字歸納說：

---

(65) 丁山《說文闕義箋》引徐中舒《東字說》；郭沫若《甲骨文字研究》釋南，科學出版社，一九六二年；唐蘭〈釋四方之名〉，《考古社刊》四期（一九三六年）；《殷虛文字記》釋吉𣪘，中華書局，一九八一（一九三四）年。

依文字學觀點，四方之名，均無專字，僅就他字引申或假借爲之。……就語源言之，……東西者日出而動（東），日入而息（西），南方受陽而北方則背陽也。

此說極有見地，遠古華夏民族應與上述幾種淺化民族一樣，四方概念均因用太陽作爲標識而得名。但在我們祖先在分辨四個方向之前，是否也有一個時期只有東西兩個方向而不辨南北呢？假如允許作一點大膽的推測，應是如此。今漢語中仍以「東西」一詞泛指一切物件，是值得注意的一條線索。梁章鉅《浪蹟續談》卷七東西條有云：

物產四方而約舉東西，正如史記四時而約言春秋耳。

他已看出作爲空間概念東西代表萬物之原由，但此非「約舉」，應因爲最早僅有東西兩個方向，是古俗在語言中的沉澱。

在漢俚語中，還有「找北」一詞，以北作爲最難辨方向，找不清方向或摸不到頭緒就稱「找不着北」。我們不知道這原是何處方言，然所反映的也許正是四個方向之中東西易識南北難辨的情況。

左右

左右是很早形成的空間概念。遠古狩獵者要向同伴說明野獸所在方位，伸出左手或右手指點一下，是最爲簡單易行的方法。這就是爲什麼淺化民族語言中，「左」與「左手」、「右」與「右手」總是同詞。

雲南西盟佤族稱左爲「達力奧克」、右爲「達力俄」；瀾源佤族稱左爲「達高姆」、右爲「達怪」；永勝他魯人稱爲左爲「拉我」，右爲「拉由」；都是左手和右手的意思（其中「達」「拉」單言之，就是手）。

古老的圖畫文字或象形文字中，左右便直接畫作左手右手之形。納西族東巴文中左作一人伸出左手臂之形♀ᄉ，右作一人伸出右手臂之形♀ᄉ[66]。埃及象形文字中已夾有大量音符，但左與左手、右與右手仍是相通的[67]。中國甲骨文中左右寫作左手（𠂇）右手（又）之形。受甲骨文影響的水族象形文字中，左右也象兩手之形，但寫法與甲骨文適好相反[68]。左和右兩個空間概念起源於左手和右手，可說是世界上普遍現象。

有一個問題要在此順帶討論，這就是左右兩個方位在中國古代尚有尊卑之分。大體言之，尚左尚右因時代而異，戰國至漢尚右，六朝唐宋尚左，元代以右爲上，明清又改爲以左爲尊[69]。然追溯三代及以前情況，則尚左應較流行。《左傳·桓公八年》有云：

楚人尚左

《老子》第三十一章有云：

---

[66]《納西象形文字譜》，166，167。
[67] *An Egyptian Hieroglyphic Dictionary*, pp. 53A, 602B.
[68] 吳支賢、石尚昭《水族文字研究》，三都，一九八五年油印本。
[69]《陔餘叢考》卷二一尚左尚右條。

> 君子居則貴左，用兵則貴右，……吉事尚左，凶事尚右。

兵事凶事所以尚右因屬「不祥之事」，故意反其道而行之，使與常禮有別。在《詩》、《書》等早期記載中，凡言這兩個方位必言「左右」而不說「右左」，今人口語仍是如此，應是尊左賤右習俗留在語言中的遺迹。又左屬陽右屬陰，在古人陰陽觀念中自來是陽尊陰卑（詳見《陰陽觀念探源》）。

爲何古人要對左右兩個方位分出高下？此與它們來源於左手右手有關。據研究，今人多用右手實有古老的淵源。據歐洲舊石器時代石斧使用痕迹判斷，當時有使用右手的習慣；北京人腦部一邊發達一邊不發達，也是長期使用右手造成的(70)。何以遠古人類多用右手？則由於當猿人在森林活動時，爲保護心臟免於樹枝刺傷或他物襲擊，即常以左手護住左胸右手從事勞動。右手勞動固爲謀生所必需，而左手時刻保衛要害器官，關係生命安全，起著更重要的作用。在遠古人心目中，左右兩個方位所以有高下之分，或即由於左手和右手起著不同的作用。這一看法無多證據，志此準備一說。

計數和進位制

淺化民族使用手指足趾計數。用卵石、樹枝等物件計數原不過是代替手指足趾的。正如早期人類

(70) 蘇聯《世界通史》第一卷，十五、二三頁。

學家E.泰勒所說：手指足趾是人類「天然的計算器」[71]。因此，最早的數字概念多用手足表述。

南美印第安人中的塔馬納克人（Tamanacs）稱「五」爲「一隻手」；「六」爲「另一隻手之一」，表示一手之指已經數完再加另手一指；「十」是「兩隻手」；「十一」是「足之一」，表示雙手之指已經數完再加一個足趾；「二十」是「一個印第安人」，即一人手指足趾之總和；「二十一」是「另一個印第安人的手之一」；「四十」便是「二個印第安人」；「一百」便是「五個印第安人」。北美印第安人與此類似，格陵蘭居民稱「二十」爲「一個人完了」；「五十三」爲「第三個人第一隻腳之三」等等[72]。

非洲祖魯人語言中，「六」是「拿拇指」，表示左手數完加上右手拇指；「七」是「他指了」，表示再加上右手食指，因爲指指點點總是食指的工作[73]。

原始文字中數字多以短線或圓點抽象符號代替。但阿茲特克人圖畫文字的「一」，還是直接畫出一個手指原形，反映手指計數的古老習慣[74]。

手指足趾計數或稱爲「指數法」（digit numerals），曾普遍流行。據研究，此並非各族之間相互模仿，實屬獨立產生[75]。人類思維方法原有共同性。

---

[71] 泰勒《人類學——人及其文化研究》，連樹聲譯，上海文藝出版社，一九九三年，二八九頁。

[72] E. Tylor, *Primitive Culture*. N. Y.: Brentano's Publishers, 1924, vol I, chap. Ⅶ, pp.247－249.

[73] 《人類學——人及其文化研究》，287頁。

[74] *General Anthropology*, p. 276.

[75] *Primitive Culture*, p. 247.

指數法除用手指足趾外，也可使用人體其他部位。這種習俗流行於澳大利亞、新幾內亞一帶。法人列維·布留爾（L.levy－Bruhl）《原始思維》一書搜羅資料甚多，茲舉新幾內亞人爲例。他們以每一手指和人體其他部位代表一個數字，從右到左逐一點數，依次是：「一」爲右手小指，「二」爲右手無名指，「三」爲右手中指，「四」爲右手食指，「五」爲右手拇指，「六」爲右腕，「七」爲右肘，「八」爲右肩，「九」爲右耳，「十」爲右眼，「十一」爲左眼，「十二」爲鼻，「十三」爲嘴，「十四」爲左耳，「十五」爲左肩，「十六」爲左肘，「十七」爲左腕，「十八」爲左手拇指，「十九」、「二十」、「二十一」、「二十二」依次爲左手食指、中指、無名指、小指(76)。

手腳足趾計數頗爲不便，較進步民族數字便脫離「指數法」而使用象徵事物來表述。如印度人以「月亮」或「大地」代表「一」、「眼睛」、「翅膀」、「手臂」代表「二」，「火」代表「三」或「多」……「太陽」爲「十二」。僅「二十」稱「指甲」(77)，仍保留最早以手指足趾計數的痕跡。

總之，原始計數雖然多用手指足趾，情況頗爲複雜，各種語言中數字不可能均以「指數法」加以解釋。

手指足趾計數方法及習慣各地不同，或把二十個指趾一次數完，或只用其中幾個，這就導致了各種進位制的產生。

若僅用一手計數，數完五個手指爲限，便會產生五進位制。南美的奧納人（Ona）人說「八」，

(76) L.列維·布留爾《原始思維》，丁由譯，商務，一九八六年，一八二頁。

(77) *Primitive Cultrue*, p. 252.

先舉一隻手，再豎三個手指[78]。塞內加爾人說「六」是「五－一」、「七」是「五－二」[79]。凡此均可證明五進位制與一手計數的關係。部分北美印第安人、愛斯基摩人均曾實行五進位制。

一手計數又有不同習慣，或手指逐一彎曲數完五個爲止，或以拇指指點其他四指而拇指不在計算在內（內地偏僻農村老人還會這樣計數）。後者便會產生四進位制。南美巴拉圭的瓜拉尼人（Guranis）數詞到四爲止，應是僅數四指產生的[80]。

若兩手十指計數，便產生了十進位制。這是世界上最常見最流行的進位制。若數完十個手指再加十個足趾，當然便產生二十進位制。馬雅人二十進位制是較爲著名的。凡此已爲人所熟知，不再贅述。

最原始簡單的進位制是二進位制，它流行於澳大利亞人、非洲布須曼人、安達曼島民及南美的印第安人之中。例如，澳大利亞人僅有二個數詞「一」和「二」，「三」便是「二－一」，「四」便是「二－二」，「五」便是「二－二－一」等等[81]。它的產生可能與「指數法」無關，疑來源於人類早有的「二元對立」（binary opposition）觀念。遠古居民看到宇宙事物之間存在著兩兩對立的現象，如男與女、天與地、生與死等等，以爲「二」便是最大數字。據最近研究，壯族基本數詞就僅有

[78] *Cultural Anthropology*, p. 330.
[79] 《人類學—人及其文化研究》，二八八頁。
[80] 《原始思維》，一七七頁。
[81] 《原始思維》，一七九頁。

「一」和「二」，分別源於男女性器官，「五」與「多」同源於一手之數，其他數詞借自漢語是後來的發展[82]。

由於與其他民族的文化接觸和相互影響，有些民族可以有不止一種的進位制，或一種進位制已占統治地位，而另一種還會留下痕迹。加大的阿塔帕斯坎（Athapaskan）印第安人計數以十位進爲主，在愛斯基摩人影響下有時也使用五進位[83]。馬雅人行二十進位制，但基本數字一至四以圓點符號表示，五以上以橫線符號表示，可能最早亦曾實行四進位制。英人當然行十進位，但英語中仍保留代表「二十」的 Score 一詞，一個人七十歲可以説「three scores and ten years old」，反映過去曾有二十進位的痕迹。法語中六十以下行十進位，六十至一百行二十進位。

從甲骨文看，華夏民族早在造字時期已有了系統的十進位制，計數到萬，早已脱離了原始計數階段。但最早人們如何計數？漢語中從一到十基本數字如何產生？至今尚無結論。

郭沫若説從一到十應分爲兩個系統，均屬假借，而華夏民族原先實行四進位制，後來改爲十進位制[84]。華夏民族曾實行四進位制是有史可徵的。從古代度量衡制即可見，十進位制之中常混雜著四進

---

[82] 覃聖敏《壯族原始數概念的「一二五」模式簡論》，壯學國際會議論文，南寧，一九九九年。

[83] H. E. Driver, *Indians of North America*, The University of Chicago Press, 1969, p.36.

[84] 郭沫若《甲骨文字研究》釋五十；《卜辭通纂》七頁。

位制，兩者交叉使用[85]，這和上引世界上其他民族常有二種進位制並存的情況相合。現在問題是從一到四可用一手四指計數方法加以解釋，而其他數字又是如何產生的呢？此決非「均屬假借」一語就能了結的。

我懷疑，遠古華夏民族也和上述澳大利亞新幾内亞等地淺化民族一樣計算除手指足趾外還用人體其他部位。四以上數字中有些就與人體其他部位有關。例如，據古文字學家研究，「七」甲骨文作十，即切字，或指手腕（今中醫把腕診脈，猶稱切脈）。「八」相背之形（《說文》），可釋爲背。「九」是肘之初文，或謂九象臂形，臂節可屈可伸，故有糾屈意[86]。這些迹象是否反映我們祖先在數手指後也用人體其他部位點數呢？這是值得思考的。

---

[85] 《左傳·昭公三年》：「齊舊四量：豆、區、釜、鍾，四升爲豆，各自其四，以登于釜，釜十則鍾。」《小爾雅》：「四兩謂之斤，斤十謂之衡。……鈞四謂之石，石四謂之鼓。」《廣雅·釋器》：「秉四曰筥，筥十曰稯，稯十曰秅。」

[86] 丁山〈數名古誼〉，《中央研究院歷史語言研究所集刊》一本一分。馬叙倫《馬叙倫學術論文集》，一六五、一九六頁。

圖一　歐洲舊石器時代晚期記錄日期的骨板

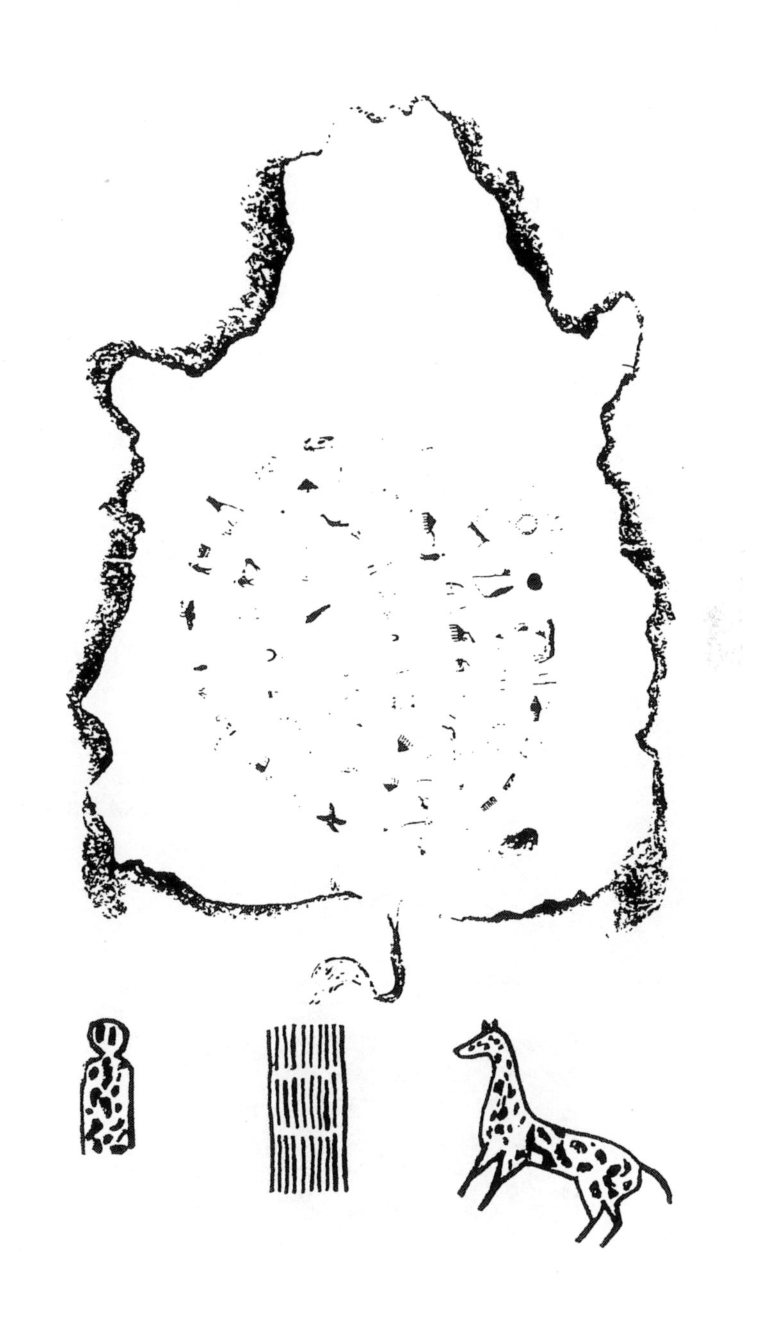

圖二　達科他印第安人牛皮上「冬季紀事」。

左：遍身斑點人形代表該年天花流行。

中：三十根黑色線條代表該年本部落有三十人死亡。

右：身有曲線的馬代表該年本部落從他處偷了一匹捲毛的馬。

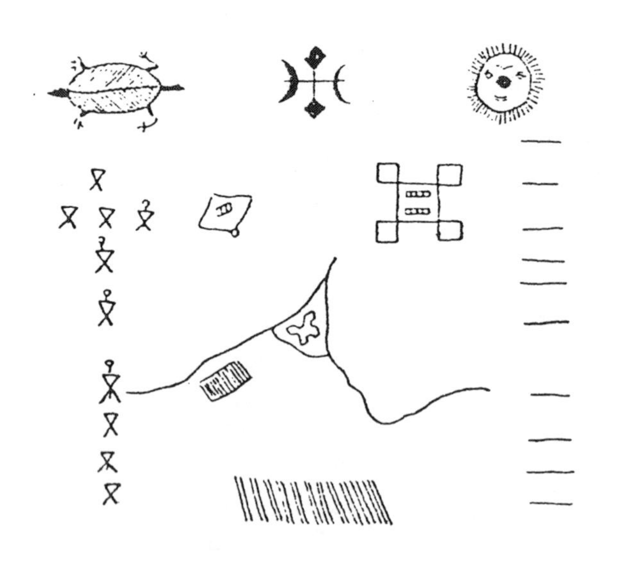

圖四　美國俄亥俄州的印第安人樹皮畫上表示日數的方法（右側太陽及十根短線表示十天）

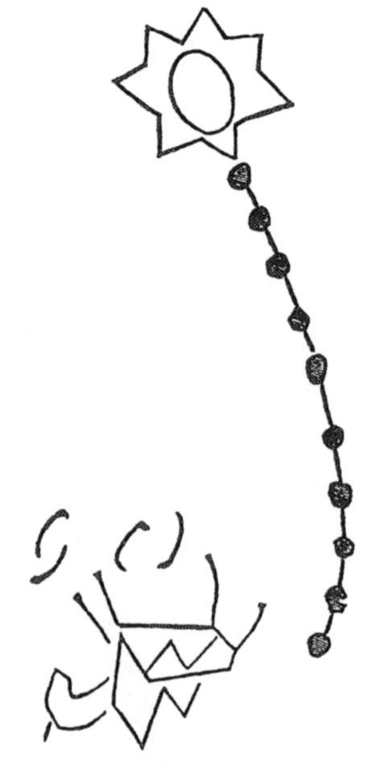

圖三　阿巴契印第安人表示日數的圖畫文字（右側太陽和十個圓點共代表十一天）

圖五　奧吉貝印第安人表示一天內不同時刻的圖畫文字

圖六　雲南瑞麗傣族的日晷模型

國家圖書館出版品預行編目資料

古俗新研 / 汪寧生著,--初版.--臺北市：蘭臺,
民90（蘭臺文史叢書；8）
面；　公分.--

ISBN　957-9154-41-4（精裝）

1.禮俗－中國－研究與考訂
2.風俗習慣－中國－論文，講詞等
3.文化史－中國－論文，講詞等

538.82　　　90002471

蘭臺簡牘文物考古論叢:	古俗新研

圖書目錄:LTH008(01－03)

作　　者:汪寧生
總 審 訂:蘭臺編審委員會
編　　輯:蘭臺編輯部
封面設計:楊子萱
發 行 人:盧瑞琴
出 版 者:蘭臺網路出版商務股份有限公司
行政院新聞局出版事業登記臺業字第六二六七號
地　　址:台北市中正區懷寧街七十四號四樓
電話(02)2331－0535・傳真(02)2382－6225
劃撥戶名:蘭臺網路出版商務股份有限公司
帳　　號:18995335
總 經 銷:成信文化事業股份有限公司
地　　址:台北縣中和市橋和路 112 巷 10 號 2 樓
電話(02)22496108
網路書店:www.5w.com.tw
E－MAIL:service@mail.5w.com.tw
lt5w.lu@msa.hinet.net
出版日期:中華民國 90 年 3 月初版
定　　價:新台幣 680 元(精裝)

ISBN:957-9154-41-4